Peter Preisendörfer

Organisationssoziologie

Peter Preisendörfer

Organisations-
soziologie

Grundlagen, Theorien
und Problemstellungen

2. Auflage

VS VERLAG FÜR SOZIALWISSENSCHAFTEN

Bibliografische Information Der Deutschen Nationalbibliothek
Die Deutsche Nationalbibliothek verzeichnet diese Publikation in der
Deutschen Nationalbibliografie; detaillierte bibliografische Daten sind im Internet über
<http://dnb.d-nb.de> abrufbar.

1. Auflage 2005
2. Auflage 2008

Alle Rechte vorbehalten
© VS Verlag für Sozialwissenschaften | GWV Fachverlage GmbH, Wiesbaden 2008

Lektorat: Frank Engelhardt

Der VS Verlag für Sozialwissenschaften ist ein Unternehmen von Springer Science+Business Media.
www.vs-verlag.de

Umschlaggestaltung: KünkelLopka Medienentwicklung, Heidelberg
Druck und buchbinderische Verarbeitung: Krips b.v., Meppel
Gedruckt auf säurefreiem und chlorfrei gebleichtem Papier
Printed in the Netherlands

ISBN 978-3-531-15680-4

Inhalt

Vorwort

Die Organisationssoziologie hat mit dem Vorurteil zu kämpfen, eine eher trockene Teildisziplin der Soziologie zu sein. Ihr Gegenstand und ihre Aufgabe, organisationale Strukturen und Prozesse zu beschreiben, zu erklären und zu gestalten, erinnert an Buchhaltung, Controlling, Kostenrechung, Verwaltungsvorschriften und ähnliche bürokratische Verrichtungen. Es ist eines der Anliegen dieses Lehrbuches, an diesem Vorurteil etwas zu rütteln. Diese Möglichkeit besteht freilich nur bei der kleinen Zahl derer, die das Buch überhaupt zur Hand nehmen und (Teile davon) tatsächlich lesen. Leider ist genau bei diesen wenigen ein Rütteln vermutlich von Anfang an am wenigsten notwendig. Wie dem auch sei, das Buch will aufzeigen, dass die Organisationssoziologie und allgemeiner die wirtschafts- und sozialwissenschaftliche Organisationsforschung über weite Strecken eine durchaus spannende Angelegenheit ist: mit wichtigen Konzepten, herausfordernden Problemstellungen, einem Fundus aufschlussreicher Theorien und einer breiten Palette praktischer Anwendungen.

Die Inhalte dieses als Einführung in die Organisationssoziologie konzipierten Buches basieren auf Lehrveranstaltungen, die ich an verschiedenen Universitäten gehalten habe. Im Endergebnis hat beharrliches und sanftes Nachfragen von Frank Engelhardt, dem Lektor von VS, den Ausschlag gegeben, dass ich meine Organisationssoziologie-Vorlesung in Buchform gebracht habe. Diese „Verschriftlichung" war dann allerdings doch mit zahlreichen Modifikationen, Erweiterungen und Vertiefungen verbunden, die mir viele zusätzliche Lesestunden und in einigen Bereichen etwas mehr gedankliche Klarheit gebracht haben. Neben Frank Engelhardt haben u.a. und v.a. meine Mitarbeiter Ulf Liebe, Klaus Marel und Maren Rinn, mein langjähriger Weggefährte Andreas Diekmann sowie die Anti-Bürokratin Claudia Diehl hilfreiche Hinweise gegeben. Dankbar bin ich auch für Anregungen und kritische Kommentare, die mir Leser/innen der ersten Auflage zukommen ließen und die ich mit der gebotenen Selektivität in die vorliegende zweite Auflage eingearbeitet habe. Es würde mich freuen, auch weiterhin konstruktive Rückmeldungen zu erhalten (preisendoerfer@uni-mainz.de).

Mainz, Oktober 2007   *Peter Preisendörfer*

1. Einführung: Organisationssoziologie im Überblick

Das Anliegen des vorliegenden Buches besteht darin, einen Einstieg und einen Einblick in die sozial- und wirtschaftswissenschaftliche Organisationsforschung zu vermitteln. In diesem ersten Kapitel soll es darum gehen, die Zugangswege zu verdeutlichen, die Organisationsforscher/innen[1] gerne wählen, wenn sie sich wissenschaftlich mit Organisationen beschäftigen. Diese Zugangswege bzw. Herangehensweisen lassen sich unter die Stichworte subsumieren: Analyse-ebenen organisationssoziologischen Arbeitens, Basiselemente von Organisationen, Schlüsselprobleme von Organisationen, Organisationskonzeptionen und Organisationstheorien. Bevor jedoch damit begonnen wird, seien zwei nicht unwichtige Vorfragen behandelt, nämlich was Organisationssoziologie überhaupt ist und warum es sinnvoll ist, sich mit diesem Gebiet auseinander zu setzen. Am Ende des Einführungskapitels werden kurz die Besonderheiten dieses Lehrbuchs thematisiert, und sein Aufbau wird in wenigen Worten erläutert.

1.1 Was ist Organisationssoziologie?

Im Kanon des dreigliedrigen Gesamtprogramms der Soziologie, bestehend aus „allgemeiner Soziologie", „empirischer Sozialforschung" und „speziellen Soziologien", fällt die Organisationssoziologie in den dritten Bereich. Es handelt sich um eine spezielle Soziologie, eine so genannte Bindestrich-Soziologie, die sich die Beschreibung, die Erklärung und die Gestaltung/Steuerung von Organisationen zur Aufgabe gemacht hat.

Als spezielle Soziologie zeichnet sich die Organisationssoziologie im Vergleich zu anderen Bindestrich-Soziologien dadurch aus, dass sie zum einen in hohem Maße interdisziplinär arbeitet und zum anderen stark in eine internationale Diskussion eingebunden ist. Bei vielen Einzelbeiträgen lässt sich schlicht nicht entscheiden, ob sie nun von einem Ökonomen, Soziologen oder Psychologen geschrieben wurden. Nur am Stil der Argumentation oder an gewissen fachspezifischen Termini kann man eventuell noch erkennen, aus welcher Disziplin der jeweilige Autor vermutlich kommt. Die interdisziplinäre Verflechtung geht so weit, dass es an zahlreichen Stellen in diesem Buch problemlos möglich wäre, den Begriff der Organisationssoziologie durch den allgemeineren Begriff der Organisationsforschung zu ersetzen.

---

[1] Zwecks sprachlicher Vereinfachung wird im gesamten Text zumeist auf den „innen"-Zusatz verzichtet.

Auf der internationalen Ebene hat sich die Organisationssoziologie, mit einem deutlichen Schwerpunkt in den USA, im Wesentlichen in der Zeit nach dem zweiten Weltkrieg etabliert (für einen kurzen Abriss der Geschichte der Organisationsforschung vgl. Scott 2006). Heute ist die einschlägige „scientific community" länderübergreifend vernetzt, die zentralen Publikationsmedien sind fünf englischsprachige Fachzeitschriften (Administrative Science Quarterly, Organization Science, Organization Studies, Academy of Management Journal, Academy of Management Review), und sogar die europäischen Organisationsforscher haben in der EGOS, der European Group of Organization Studies, zu einer stellenweise fruchtbaren Kooperation zusammen gefunden. Die Organisationssoziologie ist relativ erfolgreich, was die Platzierung von Beiträgen in den allgemeinen soziologischen Fachzeitschriften anbelangt. Und dass die Organisationsforschung insgesamt ein lebendiges und ertragreiches sozialwissenschaftliches Unterfangen ist, lässt sich exemplarisch daran ablesen, dass mehrere Ökonomie-Nobelpreisträger (wie Herbert Simon und Ronald Coase) schwerpunktmäßig in diesem Bereich arbeiten bzw. gearbeitet haben.

Im Rahmen der oben zuerst genannten Aufgabe der Deskription bemüht sich die Organisationssoziologie u.a. um eine Aufdeckung von Regelhaftigkeiten im Ablauf organisationaler Prozesse und um ein Raster von Kategorien zur systematischen Erfassung der Struktur von Organisationen. Das Spektrum der beschreibenden Arbeiten reicht dabei von detaillierten Fallstudien einzelner Organisationen, über quantitativ vergleichende Organisationsuntersuchungen, bis hin zur Charakterisierung der gesamten Organisationslandschaft in einem Bereich oder einer Region. So könnte man mit deskriptivem Interesse z.B. der Frage nachgehen, ob und inwieweit es Unterschiede in der organisationalen Ausgestaltung von Industriebetrieben im Ländervergleich von Deutschland und Frankreich gibt (vgl. dazu den inzwischen fast schon klassischen Beitrag von Lutz 1976, der in Kapitel 5 etwas genauer besprochen wird).

Geht man den logisch nächsten Schritt und fragt nach Gründen für beobachtete Unterschiede in der Ausgestaltung organisationaler Abläufe und Strukturen (weshalb z.B. sind die Hierarchien in deutschen Unternehmen zumeist flacher als in französischen?), ist man bei der zweiten Aufgabe angelangt, bei der Erklärung des Geschehens in und im Umfeld von Organisationen. Die gewiss elementarste Erklärungsfrage dabei lautet: Warum gibt es überhaupt Organisationen? Unabhängig von Vorläufern, die sich in der Literatur fast immer „ausgraben" lassen, wurde diese Frage zuerst von Ronald Coase (1937) in einem wegweisenden Artikel aufgeworfen und behutsam zu beantworten versucht. Sie wird uns in den Kapiteln 2 und 3 noch näher beschäftigen. Laut Coase entstehen Organisationen (Firmen) bevorzugt in Situationen eines Marktversagens, wobei er freilich keineswegs davon ausgeht, dass in solchen Situationen Organisationen dann reibungslos funktionieren. Im Gegenteil, für Coase und andere Organisationsforscher gehört es zu den Grunderfahrungen, dass man in Organisationen – trotz eines oft und gerne vermittelten Eindrucks der Wohlgeordnetheit und bürokratischer Routine – auf „ein ganz normales Chaos" (Perrow

1992) trifft, das es zu erklären und eventuell zu bändigen gilt. Robert Gibbons (2000) hat dies in die schöne Frage gekleidet: „Why are organizations such a mess?". Zu solchen Leit- und Orientierungsfragen gesellt sich selbstverständlich ein ganzer Berg von „kleineren Warum-Fragen", denen sich Organisationssoziologen zuwenden und von denen etliche im weiteren Verlauf dieses Buches noch zur Sprache kommen werden.

Die Beschreibung und Erklärung organisationaler Strukturen und Prozesse ist sehr oft kein Selbstzweck und bloßer Ausfluss wissenschaftlicher Neugierde oder Entdeckerfreude, vielmehr steht hinter dem Ganzen nicht selten die Erwartung einer sozialtechnologischen Verwendung des Wissens. Dass die erfolgreiche Gestaltung und Steuerung von Organisationen „schwierig" ist, gehört dabei in Verbindung mit der gerade angesprochenen „mess"-Erfahrung zu den historischen Leit- und Leiderfahrungen der Organisationsforschung. Schließlich sind Organisationen in der Regel keine „one man-show", in der eine Führungsfigur das Ziel setzt und die Mitarbeiter emsig und unverzüglich der Ziellinie zustreben. Es sind Kollektivveranstaltungen mit eigeninteressierten individuellen Akteuren, die z.B. an ihrem Schreibtisch gerne bummeln, aber dem Chef in jedem Gespräch erklären, dass sie völlig arbeitsüberlastet sind. Wenn Organisationsgestaltung erfahrungsgemäß mühsam ist und Überraschungseffekte in sich birgt, dann bedeutet das allerdings nicht, dass sie unmöglich ist, und auch nicht, dass sie nicht gebraucht würde. Die deutsche Bundeswehr z.B. hatte und hat wohl noch immer ein Problem mit ihrem Beförderungssystem: Regelmäßig müssen junge (40- bis 50jährige), körperlich gut durchtrainierte und hoch bezahlte Offiziere in den vorzeitigen Ruhestand geschickt werden, um ein „Stauproblem" bei den Beförderungen auf den oberen Rängen der Militärhierarchie zu entschärfen. Dies kostet die Steuerzahler sehr viel Geld, das durch den Einsatz von Organisationsforschern, die sich mit organisationsdemographischen Modellen auskennen (vgl. dazu z.B. bereits Stewman 1976, 1988), zum Teil eingespart werden könnte.

Beschreibungs-, Erklärungs- und Gestaltungsobjekt unserer Bindestrich-Soziologie sind Organisationen, sodass einige Leser an dieser Stelle wohl eine Organisationsdefinition erwarten würden. Das, was in der Organisationsforschung und inzwischen auch schon im alltäglichen Sprachgebrauch als Organisation bezeichnet wird, ist zweifellos sehr weit gespannt. Es reicht vom Militär, Psychiatrieanstalten und Gefängnissen (so genannten totalen Organisationen), über Industriebetriebe, Banken, Kaufhäuser und Behörden, bis hin zu Gewerkschaften, Greenpeace, dem ADAC und dem Opel-Fan-Club in meiner Nachbarschaft. Dieser Versuch einer „Enummerativdefinition", d.h. einer Definition durch Aufzählung von Beispielen, genügt zur Verdeutlichung des Tatbestandes, dass die Organisationsforschung mit einem sehr breiten und dementsprechend losen und flüchtigen Organisationsbegriff antritt.

Sogleich taucht dabei natürlich die Frage auf, ob es überhaupt sinnvoll ist, mit einem so offenen Organisationsbegriff ein derart weites Feld auf zu spannen. Im Gegenzug ließe sich die Position vertreten, dass man genauer zuge-

schnittene Subdisziplinen braucht, etwa eine Militärsoziologie, eine Betriebs-
soziologie, die Bankbetriebslehre, eine Verwaltungswissenschaft oder eine Soziologie der Non-Profit-Organisationen. In der Tat gibt es die genannten Spe-
zialfächer, wobei allerdings die Gefahr einer Verzettelung nicht von der Hand
zu weisen ist. Letztlich kann man nicht vorab entscheiden, ob vorgeschlagene
disziplinäre Grenzziehungen sinnvoll sind oder nicht, sondern nur an den Er-
trägen der einschlägigen Forschungsbemühungen lässt sich dies ablesen. Und
hier hat die Organisationsforschung in ihrer dynamischen Entwicklung seit den
1950er Jahren hinreichend unter Beweis gestellt, dass sie eine ergiebige und
fruchtbare Fokussierung der sozial- und wirtschaftswissenschaftlichen Forschung darstellt. Subdivisionen wie die Militärsoziologie oder die NGO-For-
schung (non-governmental organizations) blühen auf und vergehen und folgen
länderspezifischen Vorlieben, aber sie beziehen ihre wesentlichen Kategorien,
Problemstellungen und Theorieperspektiven nachweislich aus der allgemeinen
Organisationsforschung. Auf dem Kontinuum von wissenschaftlicher Abstrak-
tion und Praxisbezug hat sich die Organisationsforschung offenbar in einem
Bereich angesiedelt, der interessantes und hilfreiches Wissen über das Funktionieren der Gesellschaft hervor bringt.

Das Hauptargument für eine breit ausgreifende Organisationssoziologie ist
die Einsicht, dass es einen Satz von weitgehend gleich gelagerten Problemen
gibt, die – trotz aller Unterschiede – in verschiedenen Arten von Organisationen auftreten und mehr oder weniger erfolgreich bewältigt werden müssen.
Welche allgemeinen und übergreifenden Probleme sind es nun, die die Bundeswehr und der oben genannte Opel-Fan-Club gemeinsam haben? Ohne Anspruch auf Vollständigkeit seien im Folgenden einige aufgeführt: Beide müssen
sich ab und an mit der Frage befassen, was sie überhaupt wollen, d.h. welche
Ziele sie haben und mit welcher Priorität sie die verschiedenen Teilziele verfolgen wollen. Weiterhin sind gelegentlich neue Mitglieder (Soldaten, Autoenthu-
siasten) zu gewinnen, d.h. Personalauswahl und -rekrutierung ist zu betreiben.
Die neu hinzu gekommenen Mitglieder müssen eingewiesen, geschult und motiviert werden, d.h. es stellen sich Motivationsprobleme und dafür müssen ge-
eignete Anreizstrukturen etabliert werden. Sowohl das Militär, als auch der
Freizeit-Club sind arbeitsteilig organisiert, sodass stets die Frage nach dem Umfang und der Art der Arbeitsteilung virulent ist. Die arbeitsteilig erledigten Aufgaben müssen koordiniert werden, und dies erfordert eine Autoritätsstruktur
mit einer mehr zentralen oder einer mehr dezentralen Konfiguration. Ausgehend von diesen und weiteren gemeinsamen Organisationsproblemen um-
schreiben Organisationsforscher ihr Anliegen gerne in der Form, dass sie nach
Regelhaftigkeiten und Verallgemeinerungen jenseits spezifischer Organisationsformen suchen.

1.2 Warum Organisationssoziologie?

In fast allen Lehrbüchern zur Organisationssoziologie wird zu Beginn darauf hingewiesen, dass wir in einer „organizational society" (Presthus 1979) leben und dass uns Organisationen von der Wiege bis zur Bahre begleiten, d.h. vom Krankenhaus, in dem wir geboren wurden, bis hin zu unserem Bestattungsinstitut. Letzteres ist zumeist in der Form eines kleinen Familienbetriebes organisiert, obwohl so genannte Sarg-Discounter das traditionell biedere Bestattungsgewerbe seit einigen Jahren kräftig in Unruhe versetzen (vgl. dazu Nölle 1997 sowie diverse Klagen auf der Homepage des Bundesverbandes des Deutschen Bestattungsgewerbes). Wir alle sind in unserem Lebenszyklus in eine große Zahl von Organisationen eingebunden, und Organisationen prägen und durchdringen unser Leben. Dieser Tatbestand erscheint trivial, aber er wurde in seinen konkreten Konsequenzen lange Zeit viel zu wenig wissenschaftlich reflektiert und beachtet.

Diverse Klassiker der Soziologie, angefangen von Max Weber bis Robert Michels, ebenso wie zahlreiche Theoretiker der verschiedenen aktuellen Theorieschulen in der Soziologie stimmen darin überein, dass Organisationen ein zentraler, vielleicht sogar der zentrale Baustein moderner Gesellschaften sind. Für Talcott Parsons (1969) war die Bildung formaler Organisationen der wichtigste Mechanismus im Übergang von einfachen zu differenzierten Gesellschaften. Niklas Luhmann (1964) begann sein wissenschaftliches Werk mit der Arbeit „Funktionen und Folgen formaler Organisation", und er wurde nicht müde, die enorme Leistungssteigerung zu betonen, die moderne Gesellschaften durch die von Organisationen getragene funktionale Differenzierung erreichen (zuletzt Luhmann 2000). Gemäß James Coleman (1974, 1990) bestehen moderne Gesellschaften aus zwei wesentlichen Strukturelementen, aus zwei Typen von Akteuren, nämlich aus individuellen Akteuren auf der einen Seite und korporativen Akteuren auf der anderen Seite. Während sich für die individuellen Akteure und deren Funktionieren mehrere Wissenschaftsdisziplinen zuständig fühlen (allen voran die Psychologie), fehlt bzw. fehlte bei den korporativen Akteuren eine klare Zuständigkeit. Genau an dieser Stelle setzt die interdisziplinäre Organisationsforschung ein.

Anders als andere Bindestrich-Soziologien, die zum Teil recht eigene und eigenartige Wege gehen, ist die Organisationssoziologie mit der allgemeinen Soziologie, d.h. mit dem Nachdenken und Forschen über die Gesellschaft insgesamt, eng verflochten. Dies belegen nicht nur die gerade gegebenen Hinweise auf Parsons, Luhmann und Coleman, sondern auch die innerhalb der Organisationssoziologie immer wieder vorgetragenen Befürchtungen, die Organisationssoziologie würde schrittweise in der allgemeinen Soziologie aufgehen. Stefan Kühl (2003, S. 41) z.B. spricht in diesem Zusammenhang von dem „theoretischen Kurzschluss", die Gesellschaft als Organisation zu bestimmen bzw. sie wie eine einzige große Organisation (etwa nach dem Muster einer Deutschland AG) zu behandeln. Für Teilbereiche der Organisationssoziologie mag die Kühlsche Kurzschluss-These zutreffen, aber andere Autoren plädieren im Gegenzug für eine „Rückkehr der Gesellschaft", d.h. für eine stärkere gesellschaftstheoretische Anreicherung und Verankerung der Organisationsforschung (z.B. Ortmann et al. 2000; Nassehi 2002). Wie dem auch sei, im Endergebnis ist diese Debatte ein Beleg dafür, dass die Organisationssoziologie für die Entwicklung der Soziologie insgesamt ein offenbar bedeutsames Forschungsfeld ist. Auf das spannungsreiche Verhältnis von Organisationen und Gesellschaft wird in den Kapiteln 9 und 10 dieses Buches genauer eingegangen.

Aus dem Blickwinkel der alltäglichen Praxis in Organisationen ließe sich gegen das Projekt der Organisationsforschung einwenden, dass es letztlich auf das Handeln und die Aktionen von Menschen ankommt und dass die formale Organisation eher den Charakter von nutzlosem „Organisationsklimbim" hat. Prononciert wurde diese Position angeblich von Henry Ford vertreten, dies u.a. mit seinem Kommentar: „To my mind there is no bent of mind more dangerous than that which sometimes is described as the ‚genius of organization'. This usually results in the birth of a great big chart showing, after the fashion of a family tree, how authority ramifies. The tree is heavy with nice round berries, each of which bears the name of a man or an office ... It takes about 6 weeks for a message from a man living in one berry at the lower left-hand corner of the chart to reach the president or chairman of the board" (zitiert bei Milgrom und Roberts 1992, S. 4). Ford bringt hier sein Unbehagen gegenüber so genannten Organigrammen zum Ausdruck sowie gegenüber Verzögerungen und Trägheiten in der innerbetrieblichen Kommunikation. Allerdings war Ford selbst ein ausgesprochenes Organisationstalent und wurde nicht nur durch die Innovation der Fließbandproduktion weltweit bekannt (fordistische Produktionsweise), sondern experimentierte auch mit neuen Arbeitszeitmodellen und ausgeklügelten Entlohnungsschemata.

Die Gegenposition zum Organisationsklimbim tritt in der Regel mit dem Leitspruch an: „organization matters". An einer Sammlung von historischen und aktuellen Fallbeispielen aus der Automobilindustrie, dem Großhandel und dem Bankgewerbe demonstrieren z.B. Milgrom und Roberts (1992, Chap. 1), dass oft schon relativ bescheidene Änderungen organisationaler Strukturen und Prozesse beträchtliche Auswirkungen haben und die Performanz einer Organisation entscheidend verbessern können. Bezogen etwa speziell auf die aktuelle Situation in Deutschland erscheint durchaus die Diagnose gerechtfertigt, dass die meisten Krisenerscheinungen in ihrer konkreten Fixierung mit Schwachstellen unseres Organisationsgefüges zu tun haben. Die Sozialversicherungssysteme wie Kranken-, Renten- und Arbeitslosenversicherung bedürfen eines Umbaus; die Schulen und Universitäten haben offenkundige Schwächen in ihrem Organisationsdesign; die Bundeswehr muss nicht nur umgerüstet, sondern auch umorganisiert werden; und Zukunftsunternehmen wie die Deutsche Bahn AG gilt es auf neue Bahnen zu lenken.

Es gehört mit zu den stabilen und gut begründeten „Voreingenommenheiten" soziologischen und ökonomischen Denkens, dass die Menschen im Kern weitgehend ähnlich „gestrickt" sind und dass es mithin entscheidend auf die jeweiligen Restriktionen und „Constraints" bzw. auf die Gelegenheiten und Opportunitäten ankommt, wenn man Verhalten und Verhaltensabläufe erklären und/oder beeinflussen will. Solche Restriktionen und Constraints zu setzen bzw. Gelegenheiten und Opportunitäten zu eröffnen, ist typischerweise das, was beim Aufbau, der Gestaltung und bei Änderungen von Organisationen versucht wird. Im günstigen Fall kann eine geschickte Organisation bewirken, dass Menschen ihr Leben hingeben, um größeres Unheil (z.b. den Tod vieler Menschen) zu verhindern. Und im ungünstigen Fall können skrupellose Machthaber eine Stasi-Organisation aufbauen, in deren Mühlen sich Täter und Opfer als Rädchen nahtlos einfügen. Dies mag hinsichtlich des Menschenbildes eine pessimistische Grundhaltung sein, nur leider ist sie durch historische Erfahrungen und psychologische Experimente reichlich gesättigt (vgl. z.B. Milgram 1982; als Überblick Kühl 2005). Immerhin kann man das Ganze durchaus auch positiv und optimistisch sehen, denn es ist ja nicht ausgemacht, ob wir eine segensreiche Mutter-Theresa-Station oder aber eine verbrecherische Mafia-Organisation aufbauen wollen. In beiden Fällen ist Wissen über Möglichkeiten der Gestaltung von Organisationen und damit verbundene Effekte hilfreich. Brauchbares Wissen zeichnet sich bekanntlich in der Regel dadurch aus, dass es zum Wohle ebenso wie zum Schaden der Menschheit eingesetzt werden kann.

1.3 Zugangswege und Herangehensweisen an Organisationen

Überblickt man diverse Veröffentlichungen, Seminarprogramme und Syllabi zur Organisationsforschung und zur Organisationssoziologie, lassen sich fünf Formen des Zugangs, des Herangehens und der Systematisierung des Wissensgebietes heraus destillieren: Eine erste Ordnung in den Strom von Einzelstudien bringt die Unterscheidung verschiedener Analyseebenen organisationssoziologischen Arbeitens. Zweitens werden zur Vermittlung einer Idee, was beim Blick auf Organisationen wichtig ist, gerne bestimmte Basiselemente von Organisationen differenziert. Während die Basiselemente primär Strukturparameter im Auge haben, zielen im dritten Schritt Schlüssel- oder Kernprobleme von Organisationen zumeist auf organisationale Abläufe und Prozesse. Viertens hat es sich eingespielt, grundlegende Organisationskonzeptionen als Ausgangspunkt zu wählen. Und mit diesen Konzeptionen geht fünftens ein Werkzeugkasten von Theorien der Organisationsforschung einher. Diese fünf Herangehensweisen sind in Abbildung 1.1 festgehalten und sollen im Folgenden in einer ersten Annäherung knapp umschrieben werden.

Analyseebenen organisationssoziologischen Arbeitens: Abstellend auf das, womit sie sich konkret beschäftigen, können Arbeiten der Organisationsforschung danach unterschieden werden, ob sie sich von ihrer Themenstellung her (1) auf die sozialpsychologische Ebene, (2) auf die strukturelle Ebene oder (3) auf die ökolo-

Abbildung 1.1: *Formen der Systematisierung der Organisationsforschung*

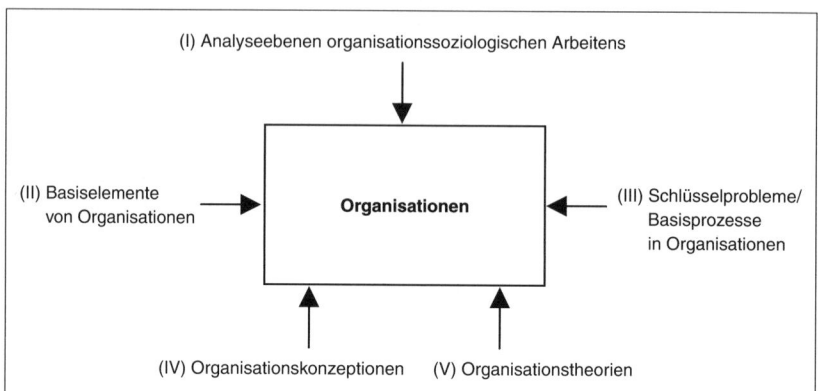

gische Ebene erstrecken (Scott 2003, Chap. 1). Arbeiten auf der sozialpsychologischen Ebene untersuchen individuelles Verhalten im Kontext von Organisationen; also z.b. die Leistungsbereitschaft von Arbeitnehmern, Hilfeleistung unter Kollegen, Mobbing, Arbeitszufriedenheit, Absentismus oder auch innerbetriebliche Aufstiegsprozesse. Arbeiten auf der strukturellen Ebene betrachten Arbeitsgruppen, Abteilungen oder die gesamte Organisation; dies mit Themen wie Konflikte in Arbeitsgruppen, Organisationswandel oder Strukturmerkmale der Organisation (Ausmaß der Zentralisierung, Grad der Formalisierung, Umfang der Standardisierung etc.). Auf der ökologischen Ebene schließlich werden Organisationen in ihrer Gesamtheit mit ihrem Bezug zur Umwelt ins Blickfeld genommen; untersucht werden zwischenbetriebliche Beziehungen, Netzwerke von Organisationen oder die Entwicklung der gesamten Organisationspopulation in einem Bereich. Auf welcher Ebene eine Studie angesiedelt ist, kann man im Fall von empirischen Arbeiten an der Art der Daten erkennen, die verwendet werden.[2]

Basiselemente von Organisationen: Ein Mindestsatz von Basiselementen beinhaltet (1) die Ziele einer Organisation, (2) die Organisationsstruktur und (3) die Organisationsumwelt (vgl. statt vieler Mayntz und Ziegler 1977; Hatch 1997; Scott 2003; Endruweit 2004). Dies bedeutet, dass wir bei einer Organisationsanalyse auf jeden Fall die drei Fragen stellen, was die Organisation will, wie sie aufgebaut und strukturiert ist und in welcher Umwelt bzw. welchem Umfeld sie sich bewegt. Zusammen mit den Organisationszielen werden oft noch organisationale Strategien behandelt, wobei unter Strategien in der Regel Ziele in

---

2 Relativ oft liegen die gesammelten Daten allerdings auf unterschiedlichen Ebenen (z.B. auf der
   Personenebene und der Arbeitsgruppenebene). Die Analyseebene ergibt sich in diesen Fällen jeweils aus der abhängigen Variable, also aus dem, was als Zielvariable untersucht wird.

Verbindung mit Handlungsplänen zur Erreichung dieser Ziele verstanden werden. Eine gängige Differenzierung bei der Organisationsstruktur ist die Unterscheidung von formaler/formeller und informaler/informeller Struktur.[3] Der Hauptakzent bei der Organisationsstruktur liegt in der Organisationspraxis und -forschung eindeutig auf der formalen Struktur, da sie der zentrale Gestaltungs- und Handlungsparameter ist. Die Umwelt ist zwar im eigentlichen Sinn kein Basiselement einer Organisation, aber sie ist erfahrungsgemäß für das Verständnis von Strukturen und Abläufen in Organisationen so wichtig, dass sie bei einer Organisationsanalyse keinesfalls fehlen darf.

Schlüsselprobleme und Basisprozesse in Organisationen: Die genannten Basiselemente legen den Grundstein für das, was im Endergebnis in einer Organisation tatsächlich geschieht. Im Rahmen dieses Geschehens gibt es eine Reihe von Themenfeldern, die in organisationssoziologischen Arbeiten sehr häufig untersucht werden und die man als eine Art Schlüssel- oder Kernprobleme bezeichnen kann. Im Vergleich zu den Basiselementen ist der Kanon der Schlüsselprobleme zwar weniger klar fixiert, aber es gibt in verschiedenen Überblicksarbeiten ein erstaunliches Maß an Gemeinsamkeiten und Überschneidungen. Folgt man z.b. den englischsprachigen Organisationslehrbüchern von Hatch (1997) und Hall (2002), erstrecken sich die Schlüsselprobleme auf: (1) Entscheidungen in und von Organisationen, (2) Kommunikationsprozesse in Organisationen, (3) Führungsprobleme, (4) Macht und Kontrolle in Organisationen, (5) Konflikte in Organisationen, (6) Organisationswandel und organisationales Lernen. Zum Teil hängen die genannten Probleme miteinander zusammen, z.b. Führung/Macht/Kontrolle, sodass man die Auflistung unschwer variieren und modifizieren könnte. Auch Ergänzungen, z.b. Mobilitätsprozesse in Organisationen (Aufstiege, Abstiege, Vakanzketten) oder Gruppenarbeit (teilautonome Arbeitsgruppen, leistungsfähige Teams), wären an dieser Stelle problemlos möglich.

Grundlegende Organisationskonzeptionen: Um organisationale Strukturen und Prozesse besser verstehen und erklären zu können, haben sich Organisationsforscher Bilder zurecht gelegt, mit denen sie Organisationen vergleichen und metaphorisch beleuchten. Bekannt geworden sind in diesem Zusammenhang vor allem die „Images of Organization" von Gareth Morgan (1997). Morgan sieht Bilder bzw. Metaphern als ein wichtiges Werkzeug der Theoriebildung („all theory is metaphor", S. 5). Sie sind für ihn eine hilfreiche Art des Denkens und der Fokussierung der Aufmerksamkeit. Über Metaphern können Ähnlichkeiten erkannt und überraschende Einsichten gewonnen werden, wenngleich sie bestimmte Dinge überzeichnen und andere ignorieren. Konkret unterscheidet

---

3 Die Begriffe „formal und formell" bzw. „informal und informell" werden hier synonym verwendet. Dasselbe gilt für die zuvor verwendeten Begriffe „Umwelt und Umfeld" einer Organisation.

Tabelle 1.1: Bilder der Organisation bei Gareth Morgan

(1) organizations as machines	(5) organizations as political systems
(2) organizations as organisms	(6) organizations as psychic prisons
(3) organizations as brains	(7) organizations as flux and transformation
(4) organizations as cultures	(8) organizations as instruments of domination

Quelle: Morgan (1997).

und bespricht Morgan in seinem Buch acht Organisationsbilder. Welche das sind, ist in Tabelle 1.1 notiert.

Auch ohne Kenntnis des Morgan-Buches kommen uns die meisten der Bilder halbwegs vertraut vor. Die Maschinen-Metapher erinnert an kleine Rädchen im großen Getriebe der Produktion oder auch an die Parteimaschinen zur Mobilisierung des Wahlvolkes in den USA. Anders als Maschinen sind Organismen lebende Gebilde, in denen alle Funktionskomponenten ihren festen und angestammten Platz haben, arbeitsteilig aufeinander angewiesen sind und aus diesem Grund (organische) Solidarität entwickeln. Das „Hirn-Gespinst" akzentuiert computergesteuerte Informations- und Kommunikationsprozesse („workflow management") und betont in seiner menschenfreundlicheren Variante organisationale Lernprozesse und Lernfähigkeiten. Während die Kultur-Metapher primär gemeinsam geteilte Werte und Normen der Mitglieder einer Organisation im Auge hat, operiert die „politische Systeme"-Sicht mit einem Organisationskonzept, das konfligierende Interessen, politische Ränkespiele und wechselnde Koalitionen der involvierten Akteure unterstellt bzw. zumindest nicht ausschließt. Eindeutig negativ konnotiert ist die „Gefängnis"-Perspektive, bei der wir – neben totalen Organisationen – an einen Beamten denken, der auch in seinem Privatleben die eingehende Post (Liebesbriefe, Telefonrechnungen, Werbematerial usw.) akribisch sortiert, abheftet und archiviert. Gemeinhin weniger bekannt dürfte die Metapher von „organizations as flux and transformation" sein. Morgan spricht damit systemtheoretische Organisationskonzeptionen an, die die Komplexität und Eigenlogik organisationaler Prozesse betonen, auf die Unvorhersehbarkeit der Wirkung von Eingriffen verweisen und deshalb allen rationalen Steuerungsbestrebungen gegenüber skeptisch eingestellt sind. Wieder einigermaßen vertraut hingegen ist das letzte Bild, Organisationen als Machtinstrumente, wobei man hier an die NSDAP, den KGB oder andere „Big Brothers" denken mag. Insgesamt ist das Buch von Morgan (1997) durchaus anregend, aber über weite Strecken lässt er sich doch zu sehr von seinen Bildern und seiner Metaphorik tragen, sodass die wissenschaftlichen Anbindung an den Mainstream der Organisationsforschung verloren geht.

Wesentlich solider sind hier die drei grundlegenden Organisationskonzeptionen, die vor allem Scott (2003) in die Organisationssoziologie eingeführt hat. Er unterscheidet drei Sichtweisen bzw. Perspektiven bei der Untersuchung von Organisationen, nämlich Organisationen (1) als rationale Systeme, (2) als natürliche Systeme und (3) als offene Systeme. Diese Dreiteilung wird im weiteren Verlauf der Arbeit übernommen, weshalb sie jetzt noch nicht vertieft werden soll. Das Bestechende an der Scott-Triade ist, dass es dem Autor gelingt, an einer Fülle von Organisationsdefinitionen, die in der Literatur vorgeschlagen werden, zu demonstrieren, dass sie implizit oder explizit von einer oder mehreren der drei Organisationskonzeptionen ihren Ausgang nehmen. Ein Test an der Organisationsdefinition, die Howard Aldrich (1999) vorschlägt und die Scott in seinem Buch nicht berücksichtigt, bringt eine Bestätigung für Scott. Aldrich (1999, S. 2) definiert Organisationen als „goal-directed, boundary-maintaining, and socially constructed systems of human activity". Das Definitionselement der Zielgerichtetheit verweist auf den „rational systems view", das Element der Grenzziehung und Grenzerhaltung auf den „open systems view" und das Element der sozial konstruierten Gebilde menschlichen Handelns auf den „natural systems view".

Werkzeugkasten der Organisationstheorien: Ausgehend von einem Theorieverständnis, das (im Unterschied zu Morgan) von einer Theorie mehr erwartet als Metaphorik, können die Organisationskonzeptionen nur als ein erster Schritt in Richtung Organisationstheorien gesehen werden. Unter das Dach jeder der drei Konzeptionen, die Scott unterscheidet, lassen sich speziellere Theorien gruppieren, und zwar Theorien, die der Idealvorstellung von einer Theorie als einer Menge von miteinander zusammenhängenden Hypothesen zum Teil näher kommen. Anders formuliert bedeutet dies, dass wir die drei Organisationskonzeptionen als Ordnungs- bzw. Klassifizierungskriterium für die Organisationstheorien verwenden können. Ein zweites, relativ elementares Kriterium für eine Systematik der Organisationstheorien ist schlicht die Zeitdimension, d.h. die Zeitspanne der Entstehung der Theorie. Dabei können auf der Zeitachse grob drei Rubriken unterschieden werden: (1) historische Ansätze, die vor dem zweiten Weltkrieg entstanden sind und inzwischen Klassiker-Charakter haben, (2) Sturm- und Drang-Ansätze, d.h. Ansätze, die in der ersten Boomphase der Organisationsforschung nach dem zweiten Weltkrieg formuliert wurden und vor allem in den 1960er und 1970er Jahren – mit stellenweise ziemlich überzogenen Erwartungen – die theoretische Diskussion beherrschten, sowie (3) neuere Ansätze, die sich seit den 1980er Jahren etabliert und durchgesetzt haben. Mit diesen zwei Einteilungskriterien (Organisationskonzeption und Zeitdimension) und unter Beschränkung auf einen Minimalsatz von Theorien, der aus der einschlägigen Literatur extrahiert wurde, gibt Tabelle 1.2 einen Einblick in den Theoriekanon der Organisationssoziologie.

Wie gesagt handelt es sich bei den Theorien in Tabelle 1.2 um ein mehr oder weniger unverzichtbares Mindestinventar (für eine andere Überblickstabelle, die wesentlich ausführlicher, aber auch recht verwirrend ist, vgl. Scott 2003, S. 108). Gleichwohl kann sich dieses Mindestinventar durchaus sehen lassen. Was den Fundus an Theorien anbelangt, hat die Organisationssoziologie mehr zu bieten als die meisten anderen speziellen Soziologien. Und: Über das Spek-

Tabelle 1.2: Organisationstheorien im Überblick

Zeitdimension	Organisationskonzeption		
	Rationales System	Natürliches System	Offenes System
Historische Ansätze (vor dem 2. Weltkrieg)	Bürokratieansatz von Weber Wissenschaftliche Betriebsführung von Taylor	Human-Relations- Schule	
Sturm- und Drang- Ansätze (1960er, 1970er Jahre)		Verhaltenswissen- schaftliche Entschei- dungstheorie	Kontingenztheorie
Neuere Ansätze (ab 1980er Jahre)	Transaktionskosten- ansatz Agency-Theorie		Organisationsökologie Soziologischer Neo-Institutionalismus

trum der einschlägigen und wichtigen Theorien besteht, wenn man Übersichten von Autoren verschiedener Länder einbezieht und sich damit nationale Besonderheiten abschleifen, ein erstaunlich hoher Konsens.

1.4 Anliegen und Aufbau des Buches

Das wesentliche Anliegen des Buches, einen Einstieg und Einblick in die sozial- und wirtschaftswissenschaftliche Organisationsforschung zu vermitteln, wurde schon ganz zu Beginn angesprochen und geht auch aus dem Buchtitel unschwer hervor. Was aber sind die Besonderheiten und Eigenarten des vorliegenden Textes?

Ebenfalls noch aus dem Buchtitel lässt sich eine Fokussierung auf die Soziologie der Organisation ablesen. In Abschnitt 1.1 wurde zwar betont, dass die Organisationsforschung in hohem Maße ein interdisziplinäres Unterfangen ist, aber es gibt eben doch disziplinspezifische Schattierungen und Einfärbungen. Das vorliegende Buch steht im Schatten der Soziologie, ist und will aber nicht so „soziologielastig" sein, dass es für Leser aus anderen Disziplinen nennenswerte Barrieren errichtet. Die soziologische Perspektive prägt nicht nur die Begrifflichkeit, sondern beeinflusst auch die Auswahl der Frage- und Problemstellungen, steuert die Sicht der als relevant erachteten Theorien und drängt nicht zuletzt auf empirische Überprüfungen und Umsetzungen.

Was die Frage- und Problemstellungen anbelangt, werden insbesondere Themen ausgeblendet, die mehr oder weniger kraft Beharrungsvermögen in der Betriebswirtschaftslehre beheimatet sind. Dazu gehören z.B. die so genannte Führungsforschung (für einen Überblick etwa Rosenstiel 2002), die betriebswirtschaftliche Organisationslehre mit all ihren Verästelungen der Aufbau- und Ablauforganisation (vgl. jedoch Teile in Kapitel 4) und diverse andere Handreichungen für die praktische Managementarbeit. Umgekehrt dürften aus der Sicht eines professionellen Betriebswirts Themen wie das Modell der Ressourcenzusammenlegung (Kapitel 2) oder die asymmetrische Gesellschaft (Kapitel 10) nicht unbedingt im Zentrum der Aufmerksamkeit stehen. Doch wie gesagt, auch eine zu starke „Soziologielastigkeit" soll vermieden werden, da die Interdisziplinarität gerade mit den Charme der Organisationssoziologie ausmacht.

Ähnlich wie bei den Problemstellungen wirkt die „Soziologie-Brille" Akzent setzend bei Auswahl und Gewichtung der Theorien. „Economic Approaches to Organizations" (Douma und Schreuder 2002; Milgrom und Roberts 1992) werden zwar keineswegs ignoriert, aber den soziologischen Ansätzen wird doch eine besondere Beachtung geschenkt. Im Theorietableau von Tabelle 1.2 sind die genuin soziologischen Ansätze u.a. die Organisationsökologie und der soziologische Neo-Institutionalismus – zwei Ansätze, die z.B. in den gerade genannten Arbeiten von Douma/Schreuder und Milgrom/Roberts nur am Rande zur Sprache kommen. Wichtig ist weiterhin, dass das vorliegende Buch keine reine Zusammenstellung unterschiedlicher Organisationstheorien ist (wie z.B. im deutschen Sprachraum das Buch von Kieser 2002a), vielmehr sind Theorien ein Thema neben anderen. Gleichwohl ist insgesamt eine gewisse Theoriefreude nicht von der Hand zu weisen, was freilich für die Organisationssoziologie generell gilt und damit kein Spezifikum dieses Buches ist.

Eine Schwäche und ein Mangel der Organisationsforschung besteht darin, dass stringente empirische Untersuchungen noch immer relativ selten sind. Wenn überhaupt empirische Arbeit betrieben wird, dann sind es zumeist Einzelfallstudien oder Studien mit kleinen Stichproben, bei denen sich bekanntlich stets das Problem der Verallgemeinerbarkeit der Befunde stellt. Anders als die Betriebswirtschaft, die Volkswirtschaftslehre und auch die Psychologie bringt hier die Soziologie eine Kompetenz in die Organisationsforschung ein, die methodische Standards anmahnt und zum Teil durch eigene empirische Arbeiten umsetzt. Wenn nun Methodenkompetenz ein besonderes Plus der soziologisch orientierten Organisationsforschung ist, dann liegt es auch in einem Lehrbuch wie diesem nahe, immer wieder nach einschlägigen empirischen Evidenzen zu fragen und, was eine Konsequenz dieser Entscheidung ist, speziell solche Arbeiten zu fokussieren, die konkrete Behauptungen aufstellen und damit im Prinzip empirisch überprüfbar sind. Die meisten so genannten Managementregeln in der Betriebswirtschaftslehre etwa erfüllen das Kriterium der empirischen Überprüfbarkeit nicht und bleiben deshalb in diesem Buch außer Acht. Aber auch Teile der soziologischen Organisationsforschung sind nicht unbedingt darauf bedacht, empirisch überprüfbares Wissen hervor zu bringen. Namentlich gilt dies für etliche Arbeiten in der neo-marxistischen, der systemtheoretischen und der interpretativ-konstruktivistischen Theorietradition. Das Beharren auf empirischer Einlösbarkeit bringt es mit sich, dass diese „Theorien" bzw. „Diskursfelder" im vorliegenden Buch kaum und – aus der Sicht einiger Leser – gewiss unzureichend berücksichtigt werden.[4]

---

4 Angesichts der Betonung von Empirie könnte man umgekehrt vielleicht erwarten, dass das Lehrbuch ein eigenständiges Kapitel über Methoden der Organisationsforschung enthält. Dies

Was den Sprachduktus und die Art der Darstellung betrifft, will das Lehrbuch den sperrigen Stoff der Organisationssoziologie in einer halbwegs lockeren Form präsentieren. Dabei kann es vorkommen, dass das eine oder andere Beispiel etwas daneben liegt, mancher Vergleich nicht so ganz passt und gelegentlich der wissenschaftlich sonore Ton verfehlt wird (was aber Anfängern in einem Fachgebiet zum Glück oft nicht auffällt). Diese Liste der prophylaktischen Entschuldigungen und Einschränkungen ließe sich fortführen, was aber hier nicht Sinn der Sache sein kann.

Im Aufbau und der Gliederung bewegt sich die Arbeit in vier Schritten. Im ersten Schritt geht es um die Frage: „Warum gibt es überhaupt Organisationen?". Die zwei häufigsten Antworten stützen sich auf das Modell der Ressourcenzusammenlegung (Kapitel 2) und auf den Transaktionskostenansatz (Kapitel 3). Sowohl das Modell der Ressourcenzusammenlegung, als auch der Transaktionskostenansatz liefern für die Organisationsforschung vielfältige Anregungen, und es soll klar werden, dass die Frage nach dem Warum von Organisationen eigentlich nur eine Art „Aufhänger" ist, d.h. der Startpunkt für sehr viel weiter gehende theoretische und praktische Überlegungen.

Der zweite Schritt lässt sich in die Frage kleiden: „Wie kann man Organisationen angemessen beschreiben?". Hier beschränkt sich die Arbeit in der Tat zunächst darauf, die Basiselemente von Organisationen genauer zu charakterisieren und inhaltlich auszudifferenzieren (Kapitel 4). Anschließend wird nach Regelhaftigkeiten in den Beziehungen der Basiselemente gefragt (Kapitel 5), und dies führt schon wieder in theoretische Gefilde, speziell zur so genannten Kontingenztheorie.

Die drei Organisationskonzeptionen von Scott spannen den Rahmen für den dritten Schritt auf. Als Leitfrage für diesen Schritt lässt sich formulieren: „Wie kann man interne Strukturen und Abläufe in Organisationen besser verstehen bzw. erklären?". Begonnen wird mit Organisationen als rationalen Systemen (Kapitel 6), weiter geht es mit Organisationen als natürlichen/sozialen Systemen (Kapitel 7), und zuletzt werden Organisationen als offene Systeme behandelt (Kapitel 8). In jedem der drei Kapitel wird zuerst ein Überblick gegeben (Ausgangpunkte und Varianten), anschließend werden speziellere Theorien bzw. Theoriefragmente im Rahmen der jeweiligen Organisationskonzeption besprochen.

Der vierte und letzte Schritt thematisiert das Verhältnis von Organisationen und Gesellschaft. „Welche gesellschaftlichen Konsequenzen haben Organisationen?", so lautet die dabei interessierende Frage. Zuerst wird u.a. ein Raster auf-

---

ist deshalb nicht der Fall, weil man in der Organisationssoziologie mit den gängigen Methoden der empirischen Sozialforschung ganz gut auskommt und mithin eine Notwendigkeit für besondere Methoden kaum besteht (als Ausnahmen könnte man eventuell Instrumente wie z.B. die Mitarbeiterbefragung oder Arbeitszufriedenheitserhebungen einstufen). Es gibt zwar sogar eine Reihe von speziellen Lehrbüchern zu Methoden der Organisationsforschung (im deutschen Sprachraum z.B. Kühl und Strodtholz 2002; Kühl et al. 2005), aber eine Inspektion dieser Lehrbücher belegt, dass kaum mehr als herkömmliche Methoden und Techniken der Sozialforschung geboten werden.

gespannt, das positive und negative Effekte von Organisationen auf der individuellen und auf der kollektiven Ebene differenziert (Kapitel 9). Und im
Schlussakkord wird eine nicht mehr ganz neue, aber noch zu wenig beachtete
„Gesellschaftsformation" vorgestellt, nämlich die asymmetrische Gesellschaft.
Sie wurde zwecks Vertiefung der Diskussion deshalb gewählt, weil sich an ihr
beispielhaft demonstrieren lässt, wo und an welchen Stellen die Organisationssoziologie gefordert ist, auch praktische und praxisnahe Ideen und Vorschläge
für eine (hoffentlich) „bessere Welt" zu entwickeln.

Literatur zur Vertiefung und zum Weiterlesen

(1) Scott, Richard W. (2003): Organizations: Rational, Natural, and Open Systems, 5. Auflage, International Edition, Upper Saddle River, NJ: Prentice-Hall (das am weitesten verbreitete Organisationssoziologie-Lehrbuch im englischen Sprachraum; einzelne Kapitel, die
besonders lesenswert sind, werden später noch gesondert aufgeführt; die erste und damit
inzwischen etwas veraltete Auflage des Scott-Lehrbuches wurde ins Deutsche übersetzt:
Grundlagen der Organisationstheorie, Frankfurt am Main: Campus 1986).

(2) Kieser, Alfred (Hg.) (2002): Organisationstheorien, 5. Auflage, Stuttgart: Kohlhammer
(das Buch gibt den im deutschen Sprachraum wohl besten Überblick über die wichtigsten
Theorien der Organisationsforschung; die elf Kapitel wurden von Kieser und von Autoren
in seinem Umkreis geschrieben; einzelne Kapitel, die besonders lesenswert sind, werden
später noch gesondert aufgeführt; insgesamt erstreckt sich das Buch über 375 ziemlich eng
bedruckte Seiten).

(3) Allmendinger, Jutta und Thomas Hinz (Hg.) (2002), Organisationssoziologie. Sonderheft
42 der Kölner Zeitschrift für Soziologie und Sozialpsychologie, Wiesbaden: Westdeutscher
Verlag (diese etwas eklektisch zusammen gestellte Aufsatzsammlung vermittelt einen schönen Einblick in den bunten Themenstrauß der Organisationssoziologie; sicher sind einige
Beiträge dabei, die auch für Anfänger/innen interessant, spannend und nachvollziehbar
sind).

2. Erklärung von Organisationen I: Organisationen als korporative Akteure nach dem Modell der Ressourcenzusammenlegung

Die Erklärung von Organisationen, die in diesem Kapitel vorgestellt wird, wurde in verschiedenen Veröffentlichungen von James Coleman (1974, 1982, 1990) ausgearbeitet. Im deutschen Sprachraum hat Viktor Vanberg (1982) dazu beigetragen, die Colemanschen Überlegungen zu präzisieren und unter dem Stichwort des Modells der Ressourcenzusammenlegung bekannt zu machen. Zuerst sollen im Weiteren die Ausgangspunkte und Fragestellungen für das Modell kurz umrissen werden. Anschließend wird das Modell in seinen Grundideen erläutert. Diese Grundideen benennen drei zentrale Probleme korporativen Handelns, nämlich (1) Initiierungs- und Beteiligungsprobleme, (2) Entscheidungsprobleme und (3) Verteilungsprobleme bei korporativen Akteuren. Was mit diesen Problemen gemeint ist, welche Lösungen dafür angeboten werden und mit welchen Schwierigkeiten diese Lösungen behaftet sind, wird dann detaillierter in den weiteren Abschnitten dargestellt.

2.1 Ausgangspunkte und Fragestellungen

Als Grundschema für soziologische Analysen schlägt Coleman vor, erstens zu fragen, wer die relevanten Akteure sind, zweitens welche Interessen sie haben und drittens über welche Ressourcen zur Durchsetzung ihrer Interessen sie verfügen. Mit etwas anderen Termini tauchen diese Komponenten auch in anderen sozialwissenschaftlichen Disziplinen auf, z.B. in der Ökonomie mit der Begrifflichkeit „Akteure/Präferenzen/Restriktionen". Ausgehend von ihren Interessen treten die Akteure mit anderen Akteuren in Interaktion, um Kontrolle über Ressourcen (z.B. über Güter) zu tauschen und auf diesem Weg die eigenen Interessen besser zu realisieren. Solange man dieses Denkschema auf individuelle Akteure, auf Personen anwendet, erscheint es unproblematisch, zumal ja offen bleibt, wie die Interessen der Personen inhaltlich gelagert sind (von unbedingten Altruisten kann man genauso gut ausgehen wie von geldfixierten Egoisten) und wie sich die Machtverhältnisse, d.h. die Verhältnisse bei der Kontrolle über die Ressourcen gestalten.

Ist es nun aber möglich und theoretisch sinnvoll, neben individuellen Akteuren auch korporative Akteure bzw. Organisationen[1] als eigenständige Hand-

---

1 Der Begriff des korporativen Akteurs, mit dem Coleman arbeitet, ist eigentlich weiter gespannt

lungseinheiten zuzulassen, und deren Handeln nach dem gerade skizzierten Schema zu beschreiben und zu erklären? Historisch hat sich in modernen Gesellschaften die Figur der „juristischen Person" heraus gebildet. Diese juristischen Personen dürfen bestimmte Ressourcen ihr eigen nennen, ihnen werden eigene Interessen zugesprochen (im Interesse der Gewerkschaften, zum Wohle des Staates etc.), und es wird akzeptiert, dass sie nach außen mit einer einheitlichen Interessenmenge auftreten. Mithin werden Organisationen im Sinne von juristischen Personen faktisch (weitgehend) so behandelt, als ob es sich um Akteure handeln würde. Trotzdem bleiben Unterschiede zwischen den beiden Akteursgruppen. Korporative Akteure haben im Unterschied zu individuellen Akteuren z.B. keine Gefühle, können weder Freude noch Schmerz empfinden, und sie können immer nur über „Agenten" handeln, d.h. über individuelle Akteure, die im Namen des korporativen Akteurs Entscheidungen treffen.

Diese Unterschiede führen auf zwei Fragen, die freilich eng miteinander verbunden sind: (1) Wie und warum kommen korporative Akteure überhaupt zustande? Diese Frage drängt sich nicht zuletzt deshalb auf, weil wir empirisch ja beobachten können, dass sie reichlich vorhanden sind. (2) Wie kann eine theoretisch befriedigende Rekonstruktion kollektiver Einheiten im Sinne von eigenständigen Akteuren aussehen? Im Kern thematisiert diese zweite Frage den theoretischen Status von Kollektivgebilden. Speziell dazu gibt es in der Philosophie, der politischen Ideengeschichte und in den Sozialwissenschaften eine historisch lange Debatte (vgl. Vanberg 1982). Diese ist keineswegs nur ein akademisches Glasperlenspiel, denn wenn man z.B. dem Staat, der Kirche oder den Gewerkschaften eigenständige Interessen zugesteht, dann ist es nicht weit bis zum nächsten Schritt, dass jemand (im eigenen Interesse) auf die Idee kommt, in bestimmten Situationen müssten/sollten persönliche Anliegen und Interessen vor der Staatsräson, im Dienste der kirchlichen Sache usw. zurück stehen. Es würde zu weit führen, diese „Endlosschleife der Sozialphilosophie" hier zu vertiefen. Klar sollte geworden sein, dass das Zustandekommen von Organisationen ein erklärungsbedürftiges Phänomen ist und dass es sich (zumindest für eine individualistisch orientierte Sozialwissenschaft) nicht von selbst versteht, Organisationen als eigenständige Handlungs- und Entscheidungseinheiten ganz so wie individuelle Akteure zu behandeln.

2.2 Grundideen des Modells der Ressourcenzusammenlegung

Will man das Modell der Ressourcenzusammenlegung in wenige Worte fassen, kann man dies folgendermaßen tun: Korporative Akteure entstehen dadurch, dass individuelle Akteure Ressourcen in einen Pool einbringen. Über diesen

---

als der Organisationsbegriff. Stellenweise bezeichnet er auch Familien und private Haushalte als korporative Akteure, allerdings als korporative Akteure „der alten Art". Zumeist beziehen sich seine Ausführungen auf Organisationen, auf korporative Akteure „der neuen Art".

Ressourcenpool wird dann nicht mehr individuell, sondern im Verbund disponiert. Und aus der gemeinsamen Disposition über die zusammen gelegten Ressourcen ergibt sich ein Korporationsertrag, der dann auf die individuellen Akteure verteilt werden kann.

Diese Kurzbeschreibung enthält den Begriff der Ressourcen. Darunter werden materielle und immaterielle Güter wie Zeit, Geld, Fähigkeiten oder Rechte verstanden, also alles, was ein Akteur zur Beeinflussung seiner Umwelt einsetzen kann. Eine Arbeitnehmerin z.B. bringt einen Teil ihrer Zeit und ihrer Fertigkeiten in den Betrieb ein und erhält dafür ein bestimmtes Einkommen. Als Staatsbürger treten wir bestimmte Rechte an den Staat ab (z.B. geben wir das Versprechen eines Gewaltverzichts) und zahlen Geld in der Form von Steuern, Gebühren, Abgaben, um im Gegenzug von der Bundeswehr beschützt, vom Müll befreit und mit Autobahnen beglückt zu werden.

Die obige Kurzbeschreibung benennt weiterhin die drei wesentlichen Punkte und Problembereiche bei der Etablierung und beim Operieren korporativer Akteure: (1) Initiierungs- und Beteiligungsprobleme treten bei der Entscheidung individueller Akteure auf, ob sie Ressourcen in einen korporativen Akteur investieren sollen oder nicht, bzw. bei der Entscheidung, einmal investierte Ressourcen bei einem korporativen Akteur zu belassen oder nicht. (2) Entscheidungsprobleme in der Form kollektiver Entscheidungen ergeben sich bei der gemeinsamen Disposition über den Ressourcenpool, also bei der Frage, was mit den zusammen gelegten Ressourcen getan werden soll. (3) Verteilungsprobleme stehen am Ende des Prozesses, wenn es darum geht, wer wie viel vom Korporationsertrag bekommt. In Anlehnung an verschiedene Darstellungen von Vanberg (1982, Kap. 1) versucht Abbildung 2.1 eine graphische Umsetzung dieses Modells.

Ausgangspunkt in der Abbildung sind individuelle Akteure mit den Ordnungsnummern 1 bis m.[2] Diese individuellen Akteure initiieren einen korporativen Akteur, indem sie Ressourcen r_1 bis r_m zusammen legen und investieren. Der so entstandene korporative Akteur ist im Grunde nicht mehr als der Ressourcenpool R, der die r_i enthält. Mit den gepoolten Ressourcen muss nun etwas getan werden, sie müssen eingesetzt werden, und dazu bedarf es gewisser Regeln, die festlegen, wie Entscheidungen getroffen werden. Aus den Entscheidungen und dem Ressourceneinsatz fließt ein Korporationsertrag E, der im Endergebnis – wieder nach bestimmten Verfahren – auf die involvierten Akteure mit e_1 bis e_m verteilt werden muss.

Bevor im Weiteren die drei Problemfelder (Initiierung/Beteiligung, Entscheidung, Verteilung) näher besprochen werden, seien sie abschließend zu diesem Abschnitt an einem zugestanden konstruierten Beispiel illustriert: Wir machen Urlaub an einem See und unterhalten uns zu abendlicher Stunde mit der Wirtin unserer Pension, die uns einiges über den Fischerberuf ihres Mannes erzählt.

---

2 Es wäre möglich, schon auf dieser Ebene auch korporative Akteure zuzulassen. Dies wäre aber theoretisch nicht mehr als eine Verschiebung der Problemstellung.

Abbildung 2.1: *Grundprobleme korporativen Handelns nach dem Modell der Ressourcenzusammenlegung*

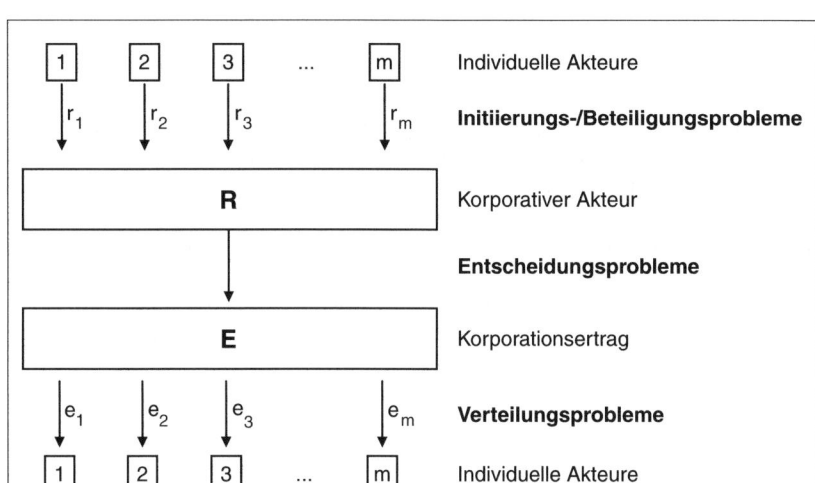

Zum Zeitpunkt ihrer Eheschließung war es noch so, dass es rund 20 Familien gab, die vom Fischfang im heimischen See lebten und alle auf eigene Rechnung wirtschafteten. Später wurde dann, nicht zuletzt weil sich durch Umweltschutzmaßnahmen die Wasserqualität verbesserte und deshalb die Fischbestände zurück gingen (in kristallklarem Wasser leben weniger Fische), eine Fischereigenossenschaft gegründet, in die alle Fischerfamilien Geld und brauchbares Gerät einbrachten. Mit dem Geld und einem zusätzlichen Kredit wurde u.a. ein leistungsfähiges Boot gekauft, das den Fischfang vereinfachen und effektivieren sollte. Schon bevor das High-Tech-Boot erstmals zum Einsatz gelangte, erarbeiteten die Genossen auf vielen Treffen und Sitzungen Pläne für dessen Nutzung (wie oft soll das Boot eingesetzt werden, wer fährt wann wie lange damit, wer darf im August Urlaub machen?). Da der Einsatz des Bootes schlußendlich dazu dient, Fische aus dem See zu holen, mussten selbstverständlich auch Regelungen bezüglich der Verteilung der jeweiligen Fischberge gefunden und vereinbart werden. Nach Auskunft unserer Gewährsperson war der Prozess, bis sich die Fischereigenossenschaft halbwegs eingespielt hatte, langwierig, mühsam und problembeladen. Auf jeden Fall hatten wir an diesem Abend ein langes und interessantes Gespräch mit der Zimmerwirtin.[3]

---

3 Für realitätsnähere und facettenreichere Beschreibungen kollektiver Unterfangen beim Fischfang vgl. Ostrom (1990). Nicht um Fisch, sondern um den Aufbau und Betrieb einer Dorfkäserei geht es in dem Roman „Die Käserei in der Vehfreude" von Jeremias Gotthelf (1978, zuerst 1850). Pfarrer Gotthelf beobachtet in dem Roman feinsinnig, wo und an welchen Stellen die Probleme korporativen Handelns im Käsegeschäft liegen. Für den Hinweis auf Gotthelf (mit anschließendem Besuch seines Pfarrhauses in Lützelflüh, Schweiz) danke ich Andreas Diekmann.

2.3 Initiierungs- und Beteiligungsprobleme bei korporativen Akteuren

Gehen wir von subjektiv rationalen Akteuren aus, können wir über diese sagen, dass sie dann Ressourcen in einen korporativen Akteure investieren werden, wenn sie sich von der kollektiven, gepoolten Ressourcenverwendung mehr versprechen als von einem individuellen, separaten Ressourceneinsatz. Dabei erscheint es sinnvoll, drei Situationen zu unterscheiden: (1) In der ersten Situation soll es so sein, dass es noch keinen korporativen Akteur gibt, dieser vielmehr erst in Gang gesetzt, gegründet werden muss. (2) In der zweiten Situation sei davon ausgegangen, dass der korporative Akteur schon besteht und Akteur i sich fragt, ob er Ressourcen im Umfang von r_i investieren soll oder nicht. (3) In der dritten Situation nehmen wir an, jemand ist bereits bei einem korporativen Akteur eingestiegen, stellt sich jetzt aber die Verbleibsfrage.

Situation 1: Wenn es einen korporativen Akteur bisher nicht gibt, es aber wahrscheinlich ist, dass seine Existenz für potenzielle Mitglieder Vorteile bringen würde, können wir keineswegs automatisch davon ausgehen, dass der korporative Akteur tatsächlich zustande kommt. Spätestens seit der wegweisenden Arbeit von Mancur Olson (1965) ist bekannt, dass das Ingangsetzen eines korporativen Akteurs in vielen Fällen als die Bereitstellung eines so genannten öffentlichen Gutes gesehen werden muss. Den Charakter eines öffentlichen Gutes gewinnen korporative Akteure oft dadurch, dass dann, wenn sie einmal bestehen, von ihren Leistungen niemand ausgeschlossen werden kann und das heißt auch diejenigen nicht, die sich beim Aufbau des korporativen Akteurs nicht beteiligt haben. Beispielhaft kann man hier an die Einrichtung eines Betriebsrats in einem Unternehmen oder an die Gründung einer Fachschaft am volkswirtschaftlichen Institut einer deutschen Universität denken. Die Initiierung eines korporativen Akteurs ist mit Startkosten verbunden, man braucht Zeit und Geduld, um zu Regelungen und Übereinkünften zu kommen, und zudem ist mitunter ungewiss, ob die Organisationsmühen überhaupt in einen (erfolgreichen) korporativen Akteur münden. Selbst wenn sie an dem Zustandekommen eines korporativen Akteurs Interesse haben, besteht für individuelle Akteure ein Anreiz, den eigenen Beitrag zurück zu halten, als Trittbrettfahrer (free-rider) im Hintergrund zu bleiben und darauf zu vertrauen, dass andere entschlossen voran gehen und die Organisationsleistung übernehmen. Der Anreiz zum Free-Riding ist in der Regel umso größer, je größer die Gruppe ist, die am Zustandekommen des korporativen Akteurs ein Interesse hat, und je homogener diese Gruppe hinsichtlich der Stärke des Interesses an dem korporativen Akteur.

Diese Ausgangslage bringt es mit sich, dass bestimmte Interessen bzw. Akteursgruppen gute, andere hingegen schlechte Organisationschancen haben. Unter anderem bedingt durch die kleinere Gruppengröße, sind z.B. Arbeitgeber normalerweise besser organisiert als Arbeitnehmer, was sich an der Zahl der hauptamtlichen Funktionäre in den jeweiligen Interessenorganisationen (Arbeitgeberverbände, Gewerkschaften) ablesen lässt. Und die geringere Homogenität in der beruflichen Positionierung und damit in den Interessenlagen könnte ein Grund dafür sein, weshalb z.b. die Mediziner wesentlich schlagkräftigere Berufsverbände haben als die Soziologen. Auf Grund solcher Unterschiede in der Organisationsfähigkeit muss man sich auch dessen bewusst sein, dass die Kräfteverhältnisse auf der Ebene der kollektiven Interessenvertretungen mit Sicherheit keine brauchbare Widerspiegelung der Interessenlagen auf der Ebene der individuellen Akteure sind.

Um individuelle Akteure zu motivieren, den Job des Aufbaus einer Organisation (mit Kollektivgutcharakter) zu übernehmen, bedarf es gemäß Olson selektiver Anreize, die materieller oder immaterielle Natur sein können. Selektive Anreize sind Gratifikationen bzw. Gratifikationsversprechen, die nur denjenigen zugute kommen, die sich tatsächlich als Organisatoren engagieren. Im obigen Beispiel der Einrichtung eines Betriebsrats kann dies z.b. rechtlicher Schutz vor Entlassung sein oder eine Freistellung von der regulären Arbeit für eine gewisse Zeitspanne. Im Beispiel des Aufbaus einer Fachschaft wird den mitwirkenden Studenten mitunter generös eine Überschreitung der Regelstudienzeit um ein Semester gewährt.

Neben selektiven Anreizen spielt in der Diskussion um eine Überwindung des „Organisationsdilemmas" die Figur des politischen Unternehmers eine Rolle. Von politischen Unternehmern wird angenommen, dass sie die Organisationsleistung zwar auch wegen selektiver Anreize übernehmen, bei ihnen aber noch eine gewisse intrinsische Motivation und/oder günstige situationale Rahmenbedingungen mitspielen. Eine neue Organisation ins Leben zu rufen, dürften die meisten von uns subjektiv als eine mühevolle und kostspielige Angelegenheit definieren. Manche Menschen aber finden genau an solchen Organisationstätigkeiten Gefallen und haben einen Impetus zur Kreation neuer organisationaler Einheiten. Unabhängig von diesem „Spaßfaktor", hinter dem in vielen Fällen wohl versteckte selektive Anreize stehen (z.B. Zugewinn an sozialer Anerkennung, Verbesserung des lokalen sozialen Status), lässt sich empirisch beobachten, dass politisches Unternehmertum systematisch mit situationalen Rahmenbedingungen und anderen Kosten-Nutzen-Komponenten verknüpft ist. Insbesondere gilt, dass eher solche Personen als politische Unternehmer auftreten, für die die Kosten der organisatorischen Leistungen vergleichsweise niedrig liegen, z.B. weil sie schon Gründungserfahrungen haben, mit dem jeweiligen System gut vertraut sind und deshalb von Anfang an erfolgversprechendere kollektive Projekte in Angriff nehmen. Nochmals angewandt auf den Betriebsrat wissen wir, dass z.B. eher Gewerkschaftsmitglieder mit dem Ziel der Einrichtung eines Betriebsrats aktiv werden; und angewandt auf die Fachschaft ist bekannt, dass studentische Hilfskräfte in diesem Bereich besonders rührig sind.

Situation 2: In der Situation, in der ein korporativer Akteur bereits existiert und mithin das Set-up-Problem gelöst ist, stellt sich für individuelle Akteure die Frage, ob sie beitreten sollen oder nicht. Ausgehend von dem viel zitierten „Anreiz-Beitrags-Gleichgewicht" bei Chester Barnard (1938) gehört das so genannte Eintritts- bzw. Teilnahmekalkül (zusammen mit dem Verbleibskalkül in Situation 3) spätestens seit der Arbeit von James March und Herbert Simon (1958) zum Standardrepertoire der Organisationsforschung. In seiner elementaren Form besagt das Kalkül, dass jemand dann einer Organisation beitritt, wenn es sich aus seiner subjektiven Sicht heraus lohnt. Lohnenswert ist ein Bei- oder Eintritt dann, wenn der Nutzen die Kosten übersteigt. Im Modell der Ressoucenzusammenlegung ergibt sich der Nutzen u.a. aus der Beteiligung am Korporationsertrag, womit an dieser Stelle deutlich wird, dass die Grundprobleme korporativen Handelns durchaus miteinander zusammen hängen. Dass der Nutzen die Kosten übersteigen soll, kommt uns bekannt, ja fast schon allzu bekannt vor, trotzdem ergeben sich im konkreten Anwendungsfall des Eintrittskalküls daraus gewisse Einsichten. Drei davon seien kurz erläutert.

Genau wie in Situation 1, bei der es um die Mitwirkung am Aufbau eines korporativen Akteurs ging, stellt sich das Free-Rider-Problem bei der Eintrittsentscheidung. Wenn individuelle Akteure von den Leistungen eines korporativen Akteurs auch dann profitieren, wenn sie nicht Mitglied sind bzw. keinen Beitrag leisten, besteht ein Anreiz, auf eine Mitgliedschaft zu verzichten. Klassisches Beispiel ist hier die Mitgliedschaft in einer Gewerkschaft, denn deren Erfolge in Tarifverhandlungen kommen auch Nicht-Mitgliedern zugute.

Was ein Akteur von einer Organisation als Nutzen erwarten kann, ist zum Zeitpunkt des Eintritts in Teilbereichen oft unklar und ungewiss. Ein Arbeitnehmer z.B., der neu in eine Firma eintritt, weiß zwar in der Regel, wie viel er im Monat verdient, er weiß aber nur wenig etwa über die Sozialverträglichkeit seiner Chefin, über die vielen Arbeitsaufgaben, die seine Kollegen schon lange abgeben wollen, und über die hervorragende Qualität des Kantinenessens. Die neue Arbeitsstelle hat mehr oder weniger den Charakter eines Erfahrungsgutes, d.h. eines Gutes, dessen genaue Eigenschaften sich erst bei Gebrauch erschließen. Der Erfahrungsgutcharakter bringt es mit sich, dass – nach einer gewissen Schnupper- und Testphase – die Wahrscheinlichkeit einer Auflösung des Arbeitsvertrages in der Anfangsphase relativ hoch liegt (allerdings sind wir damit schon beim Verbleibskalkül).

Nicht nur der Nutzen, auch die Kosten einer Organisationsmitgliedschaft lassen sich in der Regel nicht auf den Cent genau bestimmen. Mein prospektiver Fußballverein sagt mir zwar, was ich im Fall einer Mitgliedschaft pro Quartal als Beitrag zu überweisen hätte, aber gleichzeitig würde natürlich auch ein gewisses zeitliches Engagement von mir erwartet (z.B. Grilldienst beim Sommerfest). Diese Kosten des zeitlichen Engagements sind individuell sehr unterschiedlich, denn sie entsprechen nach dem Konzept der Opportunitätskosten dem Nutzen, der einem Akteur durch Verzicht auf die nächst beste Alternative entgangen ist. Im Beispiel könnte dies heißen, dass sich meine Kosten für eine

Stunde Grillen über den Nutzen eines einstündigen Waldlaufs bestimmen. Mit der intuitiven Idee der Opportunitätskosten im Hintergrund versuchen manche Organisationen, den Menschen ihr sonstiges Leben schlecht zu reden, um sie als Mitglieder zu gewinnen.

Situation 3: Ist der Gang der Dinge so weit voran geschritten, dass sich jemand einem korporativen Akteur angeschlossen hat, verbleibt im dritten Schritt noch immer die Möglichkeit, gegebenenfalls wieder auszutreten. Austritte sind aber oft kostspielig, denn viele Organisationen haben eine Art Reusenstruktur in dem Sinne aufgebaut, dass es zwar leicht ist, hinein zu schwimmen, aber schwer, wieder heraus zu kommen. Die Bandbreite der lebensweltlichen Reusen reicht vom Nachhilfe-Institut, bei dem man die Kinder gleich für ein komplettes Schuljahr verpflichten muss, über den zweijährigen Handy-Vertrag mit dreimonatiger Kündigungsfrist, bis hin zu religiösen Sekten, die sich das gesamte Privatvermögen ihrer Mitglieder angeeignet haben. Optimistisch kann man zwar annehmen, dass Reusenstrukturen das Eintrittskalkül beeinflussen (nach dem Motto: Vorsicht Falle), aber oft ist dies aufgrund von schwer durchschaubaren juristischen Winkelzügen nicht der Fall. Unabhängig davon, ob die Akteure in einer mehr oder weniger löchrigen Reuse sitzen, stets macht es analytisch Sinn, das Agieren in der Reuse mit einem Nutzen und Kosten abwägenden Verbleibskalkül zu modellieren.

Als die zwei wesentlichen Alternativen in diesem Verbleibskalkül hat Albert Hirschman (1970) die Optionen „Abwanderung" und „Widerspruch" in die Diskussion eingeführt. Wenn individuelle Akteure mit der Funktionsweise und der Performanz von Organisationen, in die sie eingebunden sind, nicht zufrieden sind, können sie dies entweder durch Abstimmung mit den Füßen zum Ausdruck bringen („exit") oder aber durch internen Widerspruch z.B. in der Form von Verbesserungsvorschlägen oder Protestaktionen („voice"). Mitglieder mit hoher Loyalität gegenüber ihrer Organisation werden ihr Missbehagen in den Regel zuerst durch Widerspruch kund tun, und erst dann, wenn dies nichts fruchtet, wandern sie ab. Weiterhin kann man mit Hirschman vorhersagen, dass in ausgeprägten Reusenstrukturen mit mehr internem Widerspruch zu rechnen ist. Denn Hirschman sieht „exit" und „voice" nach dem Muster kommunizierender Röhren: Wer „exit" erschwert, provoziert vermehrten internen Widerspruch; und wer internen Widerspruch zulässt, reduziert „exit"-Tendenzen. Ob diese mechanistische Sichtweise von zwei Druckventilen, die man alternativ bedienen kann, richtig ist, bleibt letztlich eine empirische Frage. In einer Anwendung seines Begriffspaars auf das „Kollektivgebilde" der ehemaligen DDR musste Hirschman (1992) zugestehen, dass die Einräumung von mehr „exit"-Möglichkeiten offenbar gleichzeitig verstärkt „voice" in Gang gesetzt hat.

2.4 Entscheidungsprobleme bei korporativen Akteuren

Die Zusammenlegung von Ressourcen bringt es mit sich, dass die Frage geklärt werden muss, wie und in welcher Form über den Ressourcenpool disponiert werden soll. Die zwei polaren Formen der Regelung der Entscheidungsprobleme sind dabei der monokratisch-hierarchische und der genossenschaftlich-demokratische Organisationstyp. Beim monokratisch-hierarchischen Organisationstyp gibt es einen zentralen Koordinator, der allein die Entscheidungen über den Ressourceneinsatz trifft, und diese Entscheidungen haben für die anderen Akteure bindenden Charakter. Beim genossenschaftlich-demokratischen Typ sind alle, die Ressourcen investiert haben, gleichberechtigt an den Entscheidungen beteiligt, und man braucht dann Vereinbarungen, nach welchem Modus die Entscheidungen getroffen werden (z.B. in der Form einfacher Mehrheitsentscheidungen).

In der Realität begegnen wir zumeist Mischformen dieser zwei Organisationstypen. Auch in monokratischen Organisationen kann sich der Koordinator nicht um alles kümmern, Aufgaben und Entscheidungsbefugnisse werden delegiert, und die Einräumung von Mitbestimmungsrechten erweist sich als sinnvoll. Umgekehrt beschränkt man sich in demokratischen Organisationen sehr häufig darauf, lediglich grundsätzliche Angelegenheiten partizipativ-demokratisch zu entscheiden, während das Alltagsgeschäft an Repräsentanten, Vorsitzende, Funktionäre u.ä. übertragen wird. Abstellend auf den genossenschaftlich-demokratischen Organisationstyp und hauptsächlich am Beispiel der sozialistischen Parteien in Deutschland um 1900 hat Robert Michels (1989, zuerst 1911) in einer klassischen Studie hier sein „ehernes Gesetz der Oligarchie" formuliert. Dieses Gesetz postuliert für basisdemokratische Organisationen eine mehr oder weniger stetige Tendenz zur Untergrabung und Aushöhlung demokratischer Entscheidungsverfahren durch die jeweiligen Organisationseliten.

Unabhängig vom Organisationstyp erscheint an dieser Stelle der allgemeine Hinweis wichtig, dass die Etablierung eines korporativen Akteurs und die gemeinsame Disposition über dessen Ressourcen für individuelle Akteure stets einen Verzicht auf individuelle Entscheidungsautonomie bedeutet und damit zur Begründung von Macht und Herrschaft führt („organizations as instruments of domination" gemäß Tabelle 1.1 in Abschnitt 1.3). Bedingt durch die Notwendigkeit kollektiver Entscheidungen ist die Begründung und Ausübung von Macht und Herrschaft ein Merkmal, das fast per definitionem mit korporativen Akteuren verknüpft ist. Denn Herrschaft und Autoritätsbeziehungen haben wir immer dann, wenn Dispositionsbefugnisse abgetreten und zentralisiert werden. Im Fall des monokratisch-hierarchischen Organisationstyps ist die Entstehung von Macht und Herrschaft offensichtlich. Aber auch im Fall des genossenschaftlich-hierarchischen Typs kann und wird es geschehen, dass z.B. per Mehrheitsentscheid die Ressourcen in einer Art verwendet werden, die den Wünschen eines individuellen Akteurs i zuwider laufen. Genau dies ist die Konstellation, in der man üblicherweise von Macht und Herrschaft spricht.

Selbst in stark monokratisch-hierarchischen Organisationsstrukturen werden viele Entscheidungen gemeinsam, d.h. im Zusammenwirken mehrerer Personen getroffen, und damit stellt sich für Organisationen generell die Frage, auf welche Weise individuelle Interessen/Wünsche/Präferenzen sinnvoll in eine kollektive Entscheidung umgesetzt werden können bzw. sollen. Mit dieser Thematik der Aggregation individueller Präferenzen in kollektive Entscheidungen befasst sich seit längerem ein eigenständiger Forschungszweig, die so genannte „Social-Choice"-Forschung (für eine umfassende Übersicht vgl. Mueller 2003). Ausgangspunkt der Sozialwahl-Forschung war die Frage, ob es ein ideales bzw. optimales Entscheidungsverfahren gibt, das bei gegebenen individuellen Präferenzen zu einem angemessenen, gerechten und fairen Ergebnis auf der Kollektivebene führt. Seit der wegweisenden Arbeit von Kenneth Arrow (1951) ist dazu bekannt, dass es ein solches Entscheidungsverfahren nicht gibt und rein logisch nicht geben kann. Arrow hat einen Satz von wenigen und fast trivialen Anforderungen formuliert, die ein allgemein brauchbares Entscheidungsverfahren auf jeden Fall erfüllen sollte.[4] Mit diesen Anforderungen als Grundlage hat er dann deduktiv-mathematisch gezeigt, dass sich individuelle Präferenzen nicht in eine transitive und konsistente kollektive Präferenzordnung überführen lassen, d.h. dass es kein Entscheidungsverfahren gibt, das in allen Situationen alle Anforderungen erfüllt (so genanntes Arrow-Paradox, oft wird auch vom Arrowschen Unmöglichkeitstheorem gesprochen). Deshalb geht es in der aktuellen Social-Choice-Forschung „nur" noch darum, die Vor- und Nachteile verschiedener Entscheidungsverfahren aufzuzeigen, eventuell neue Entscheidungsverfahren zu entwickeln und brauchbare Entscheidungsverfahren in Abhängigkeit von den jeweiligen Entscheidungsproblemen und den sonstigen Rahmenbedingungen vorzuschlagen.

Das in der Praxis sicher wichtigste Entscheidungsverfahren in Organisationen und anderen korporativen Einheiten sind Mehrheitsentscheidungen. Dabei müssen wir unterscheiden zwischen der absoluten und der relativen Mehrheit. Bei der absoluten Mehrheit braucht eine Alternative mehr als die Hälfte der Stimmen; bei der relativen Mehrheit gewinnt die Alternative, die die meisten Stimmen auf sich vereinigt. Gelegentlich wird für die Annahme einer Alternative nicht nur eine einfache absolute Mehrheit, sondern eine qualifizierte Mehrheit verlangt (z.B. eine Zwei-Drittel-Zustimmung). Schwierigkeiten und Unwägbarkeiten entstehen bei Entscheidungen am ehesten und bevorzugt dann, wenn mehr als zwei Alternativen zur Wahl stehen. Weit verbreitet ist in solchen Fällen ein zweistufiges Vorgehen, wobei im ersten Schritt alle Alternativen und im zweiten Schritt die zwei Alternativen mit den meisten Stimmen im ersten Durchgang zur Wahl gestellt werden. Alternativ könnte das Paarvergleichsverfahren angewendet werden, bei dem alle Alternativen paarweise gegeneinander

---

4 Eine dieser Anforderungen z.B. ist, dass die Hinzufügung irrelevanter Alternativen (d.h. von Alternativen, die nicht gangbar sind bzw. nicht zur Debatte stehen) das Ergebnis der Entscheidung nicht beeinflussen sollte.

mit einfacher Mehrheit abgestimmt werden.[5] Wichtige Konkurrenten zu den Verfahren der Mehrheitsentscheidung sind die Rangsummenregel und das Punktwahlverfahren. Bei der Rangsummenregel vergeben die Akteure Präferenzpunkte für die Alternativen (z.B. drei Punkte für die bevorzugte, zwei Punkte für die zweite und einen Punkt für die am wenigsten gewünschte Alternative), diese Präferenzpunkte werden summiert, und die Alternative mit den meisten Punkten hat gewonnen. Beim Punktwahlverfahren erhält jeder Akteur eine bestimmte Zahl von Punkten, die er beliebig auf die Alternativen verteilen kann (z.B. hundert Punkte, die auf drei Alternativen verteilt werden können). Weitere Verfahren, die in der Social-Choice-Literatur diskutiert werden, sind etwa das „approval voting" (aus n Alternativen kann jeder Akteur k Alternativen auswählen und die am häufigsten gewählte Alternative gewinnt) oder die „plurality rule" (jeder Akteur nennt lediglich seine bevorzugte Alternative und wieder gewinnt die am häufigsten genannte Alternative).

Stets ist bei der Beurteilung dieser und weiterer Entscheidungs- und Abstimmungsverfahren u.a. zu berücksichtigen, ob und inwieweit sie anfällig sind gegenüber so genanntem strategischem Wählen. Ein strategischer Wähler bringt bei einer Wahl nicht seine wahren Präferenzen zum Ausdruck, sondern orientiert sich bei seiner Stimmabgabe an dem, was vermutlich andere Wähler tun werden und wie vermutlich der Wahlausgang sein wird. Wenn viele Wähler strategisch wählen, kann dies zu erheblichen Turbulenzen und Überraschungen im Wahlausgang führen. Einen kleinen und beispielhaften Einblick in Schwierigkeiten und mögliche Irritationen, die mit kollektiven Entscheidungsverfahren und -abläufen verbunden sind, gibt Kasten 2.1. Dort wird die Entscheidung des korporativen Akteurs „Deutscher Bundestag" beleuchtet, dass Berlin künftig die Hauptstadt von Deutschland sein soll.

Speziell im Rahmen des Modells der Ressourcenzusammenlegung lassen sich bei der Gestaltung der Entscheidungsregeln und -verfahren zwei grundlegende und widersprüchliche Interessen der involvierten individuellen Akteure unterscheiden (Vanberg 1982, S. 176 ff.; grundlegend dazu auch Buchanan und Tullock 1962, S. 63 ff.): Zum einen haben die individuellen Akteure ein Interesse daran, einen Ressourceneinsatz zu verhindern, der den eigenen Vorstellungen und Wünschen widerspricht (Interesse 1). Zum anderen sollen die Ressourcen gemäß den eigenen Vorstellungen möglichst wirksam eingesetzt werden (Interesse 2). Interesse 1 wird am besten gewährleistet durch die Einstimmigkeitsregel, die jedem Akteur ein Vetorecht gibt. Ein Vetorecht schützt mich vor

---

5 Dieses Verfahren wird in der Literatur oft auch als Condorcet-Verfahren bezeichnet. Marquis de Condorcet, der von 1743–1794 in Frankreich lebte, ist in der Social-Choice-Forschung vor allem aufgrund des Condorcet-Paradox bekannt. Ausgangspunkt bei diesem Paradox sind drei Wähler I, II und III mit den Präferenzprofilen A > B > C, C > A > B und B > C > A. Wird Alternative A gegen Alternative B abgestimmt, gewinnt A (Wähler I und II stimmen für A). Wird B gegen C abgestimmt, gewinnt B (Wähler I und III stimmen für B). Mithin würde man erwarten, dass in der Abstimmung A gegen C die Alternative A gewinnt. Paradox ist, dass C gewinnt (Wähler II und III stimmen für C). Die kollektive Präferenzordnung ist nicht transitiv und folgt einer zirkulären Triade mit A > B > C > A.

Kasten 2.1: Hauptstadt Berlin und/oder Bonn?

Am 20. Juni 1991 hatten die Abgeordneten des Deutschen Bundestages eine wichtige Entscheidung zu treffen, nämlich ob in Zukunft Berlin und/oder Bonn die Hauptstadt von Deutschland sein soll. Über fünf Vorschläge war zu entscheiden:

Vorschlag A: Bundestag geht im Verlauf der nächsten Jahre nach Berlin, Bundesregierung bleibt in Bonn.

Vorschlag B: Bundestag und Bundesregierung gehen im Verlauf der nächsten Jahre nach Berlin.

Vorschlag C: Bundestag und Bundesregierung bleiben in Bonn.

Vorschlag D: Bundestag und Bundesregierung sollen räumlich nicht getrennt werden.

Vorschlag E: Bundestag und Bundesregierung gehen sofort nach Berlin.

Der Ältestenrat hatte für die Abstimmung folgendes Prozedere ausgearbeitet: In Schritt 1 wird über A abgestimmt. Wenn A Zustimmung findet, ist die Sache entschieden und beendet. Wenn A keine Zustimmung findet, wird in Schritt 2 über D abgestimmt. In Schritt 3 wird über B, C und E abgestimmt. Wenn einer der drei Vorschläge eine absolute Mehrheit findet, ist die Sache entschieden und beendet. Wenn dies nicht der Fall ist, wird in Schritt 4 über die zwei Vorschläge abgestimmt, die in Schritt 3 die meisten Stimmen hatten.

Die Abstimmung in Schritt 1 brachte eine klare Ablehnung von A (147 ja, 489 nein, 18 Enthaltungen). In Schritt 2 fand auch D keine Zustimmung (288 ja, 340 nein, 29 Enthaltungen). Der jetzt eigentlich vorgesehene Schritt 3 fand nicht statt, weil die PDS ihren Berlin-Sofort-Vorschlag E inzwischen zurück gezogen hatte. Mithin wurde sogleich zum letzten Schritt 4 übergegangen, B gegen C, mit dem bekannten Ergebnis zugunsten von Berlin (338 Berlin, 320 Bonn, 1 Enthaltung, 1 ungültige Stimme).

Auf Grund ihrer Stimmabgabe in den drei Abstimmungsrunden, die alle namentlich waren und schriftlich protokolliert sind, hat Wolfgang Leininger (1993) für jede/n einzelne/n Abgeordnete/n das Präferenzprofil bezüglich der drei relevanten Alternative A, B und C rekonstruiert (E wurde ja zurück gezogen, D war unspezifisch mit Blick auf Bonn versus Berlin). Ein solches Präferenzprofil gibt die persönliche Rangordnung der drei Alternativen an, z.B. wollten sehr viele NRW-Abgeordnete am liebsten C, dann A, dann B. Die Präferenzprofile sind eine Darstellung der Wünsche der individuellen Akteure auf der Mikroebene. Am 20. Juni ging es im Bundestag darum, diese individuellen Präferenzen in eine kollektive Entscheidung umzusetzen.

Das eigentlich Interessante an der Arbeit von Leininger (1993) ist nun, dass er ziemlich überzeugend zeigen kann, dass – bei den gegebenen Präferenzen auf der Mikroebene – ein anderer Abstimmungsmodus auch den Vorschlägen A oder C zum Sieg hätte verhelfen können. Der vom Ältestenrat empfohlene und zu Beginn der Bundestagssitzung ohne Diskussion akzeptierte Abstimmungsmodus war ja (zumindest für Laien) in der Tat etwas kompliziert, sodass man sich problemlos andere Entscheidungsverfahren bzw. -abläufe vorstellen könnte. Leininger prüft die wichtigsten Entscheidungsverfahren, die in der „Public-Choice"-Literatur erörtert werden, konkret am Fall der Berlin/Bonn-Entscheidung und schlussfolgert am Ende seiner Arbeit: „The foregoing analysis serves to indicate that the making of the agenda of Parliament for June 20th had an important influence on the final result in favour of Berlin" (S. 17).

Quelle: Leininger (1993).

einem Ressourceneinsatz, den ich nicht will. Es beeinträchtigt aber die Handlungsfähigkeit eines korporativen Akteurs und damit eine effiziente Verwendung der gepoolten Ressourcen. Interesse 2 legt hingegen die so genannte Jedermann-Regel nahe, d.h. jedes Mitglied hat das Recht, im Namen des korporativen Akteurs zu handeln und Entscheidungen zu treffen.[6] Die Jedermann-Regel garantiert einen Ressourceneinsatz immer dann, wenn ich es will und für richtig halte. Sie erhöht die Chance einer raschen und effizienten Ressourcenverwendung. Einstimmigkeits- und Jedermann-Regel sind die Pole eines Kontinuums, zwischen dem sich Entscheidungsverfahren bewegen können, und dabei gilt: Je weiter man von der Einstimmigkeit hin zu Jedermann geht, umso größer wird für einen individuellen Akteur i einerseits das Risiko eines unerwünschten Ressourceneinsatzes, andererseits aber auch gleichzeitig die Chance eines gewünschten Ressourceneinsatzes. Welches Entscheidungsverfahren in diesem Interessenkonflikt auf dem Kontinuum gewählt wird (was selbst wiederum eine kollektive Entscheidung ist), dürfte von verschiedenen Faktoren abhängen. Zwei mit Sicherheit wichtige Faktoren sind dabei zum einen die Bedeutung der jeweiligen Entscheidungen und zum anderen der mit den Entscheidungen verbundene Aufwand.

Bei wichtigen und folgenschweren Entscheidungen bietet sich an, nahe am Pol der Einstimmigkeit zu bleiben. Von einer 100%-Zustimmung kann man dabei abgehen, indem lediglich eine qualifizierte Mehrheit (etwa die oben schon genannte Zwei-Drittel-Mehrheit) gefordert wird. Einstimmigkeit und qualifizierte Mehrheiten sorgen für einen Schutz der Interessen von Minderheiten, was speziell dann sinnvoll ist, wenn massive Wohlfahrtseinbußen für wenige mit bescheidenen Wohlfahrtsgewinnen für viele verbunden sind.

Eine möglichst umfassende Beteiligung der individuellen Akteure an den Entscheidungsprozessen eines korporativen Akteurs ist zwar schön und gut, aber dabei sind stets auch die Entscheidungskosten und der Entscheidungsaufwand zu bedenken. Mit zunehmender Zahl der individuellen Akteure steigt in der Regel der mit basisdemokratischen Verfahren verbundene Entscheidungsaufwand, was einen Druck in Richtung auf mehrstufige und repräsentative Verfahren der Demokratie erzeugt. Oft allerdings wird der demokratischen Mitwirkung ein Wert an sich beigemessen und deshalb an demokratischen Abläufen trotz gewisser Ineffizienzen festgehalten. Der Übergang auf repräsentative Verfahren in demokratischen Organisationen ist weitgehend äquivalent zur Delegation von Entscheidungsbefugnissen in hierarchischen Organisationen. Im ersten Fall wird Entscheidungsmacht von unten nach oben, im zweiten Fall von oben nach unten transferiert. Die Delegation von Entscheidungsmacht senkt die Entscheidungskosten und erhöht die Handlungsfähigkeit eines korporativen Akteurs, gleichzeitig aber steigt für die individuellen Akteure das Risiko eines nicht erwünschten Ressourceneinsatzes. Kurz: Das Schwanken zwischen Effi-

---

6   Die Jedermann-Regel gilt z.B. für Geschäftspartner, die ein Unternehmen in der Rechtsform einer Gesellschaft des bürgerlichen Rechts (BGB-Gesellschaft) betreiben. Ein Vetorecht gibt es z.B. im UN-Sicherheitsrat und bei bestimmten EU-Entscheidungen.

zienz und Handlungsfähigkeit auf der einen Seite und Verhinderung von Machtmissbrauch und unerwünschter Ressourcenverwendung auf der anderen Seite ist das grundlegendes Dilemma bei der Gestaltung organisationaler Entscheidungsverfahren.

2.5 Verteilungsprobleme bei korporativen Akteuren

Sinn und Zweck korporativen Handelns ist nach dem Modell der Ressourcenzusammenlegung die Erarbeitung eines Korporationsertrages, der im letzten Schritt in irgendeiner Form an die beteiligten individuellen Akteure verteilt wird. Im Fall des monokratisch-hierarchischen Organisationstyps ist die Verteilung idealtypisch so geregelt, dass der Korporationsertrag an den zentralen Koordinator fließt, die anderen individuellen Akteure einen vorab vereinbarten Betrag erhalten (Kontrakteinkommen) und der Rest beim zentralen Koordinator verbleibt (Residualeinkommen). Beim genossenschaftlich-demokratischen Organisationstyp ist eine gemeinsame Vereinbarung der individuellen Akteure notwendig, nach welchem Schlüssel der Korporationsertrag verteilt wird, wobei man idealtypisch wohl am ehesten eine gleiche Aufteilung erwarten würde. Beide Verteilungsmodi sind mit beträchtlichen Schwierigkeiten belastet, die eine Fülle von organisatorischen Vorkehrungen hervorgebracht haben.

Der Verteilungsmodus beim monokratisch-hierarchischen Typ wird bei denjenigen, die ein fixes Kontrakteinkommen beziehen, eine Tendenz zur Leistungszurückhaltung, zum Bummeln und zum Minimalismus auslösen. So ist es z.B. für einen Arbeitnehmer mit fixem Monatseinkommen (ökonomisch) vernünftig und rational, sich bei der Arbeit nicht allzu sehr anzustrengen, jede Form von Stress zu vermeiden und die eigene Energie und den persönlichen Tatendrang für die Freizeit zu reservieren. Der zentrale Koordinator wird im monokratischen System sein Ansinnen bei kurzfristiger Betrachtung so definieren, die Kontrakteinkommen möglichst niedrig zu halten, den Arbeitsdruck zwecks Mehrung des Korporationsertrags zu erhöhen und damit das ihm zufließende Residuum zu steigern. Ob der Korporationsertrag und das Residualeinkommen durch niedrigere Kontrakteinkommen und einen vermehrten Arbeitsdruck allerdings im Endergebnis tatsächlich steigen, ist eine empirischen Frage. Möglicherweise ist es genau umgekehrt, d.h. höhere Kontrakteinkommen und ein entspannteres Arbeitsklima steigern eventuell das Residuum (z.B. auf dem Weg über eine Erhöhung der Arbeitsmotivation der Kontrakteinkommensbezieher).

Auch ein Verteilungsmodus, der in einer genossenschaftlich-demokratischen Organisation allen Akteuren einen gleichen Anteil am Korporationsertrag gewährt, ist alles andere als unproblematisch. Die individuellen Akteure sind in einer vergleichbaren Situation wie die gerade beschriebenen Kontrakteinkommensbezieher. Neu ist lediglich das Fehlen eines „Antreibers" in der Form des zentralen Koordinators. Für jede einzelne Person in einer Genossenschaft be-

steht ein Anreiz, mit minimaler Anstrengung den vereinbarten festen Anteil vom Kuchen des Korporationsertrages einzustreichen. Wenn freilich alle Genossen nach diesem Muster agieren, wird der feste Anteil absolut immer kleiner und die Genossenschaft verliert zunehmend ihren Reiz.

Theoretisch gesehen resultieren die Probleme bei der Verteilung des Korporationsertrages daraus, dass dieser (wie schon in Abschnitt 2.3 wiederholt angesprochen) vielfach den Charakter eines öffentlichen Gutes hat. Die Lohnerhöhungen und Arbeitszeitverkürzungen, die eine Gewerkschaft durchgesetzt hat, kommen auch den Nicht-Gewerkschaftsmitgliedern zugute. Ansehliche Gewinne von Siemens erfreuen auch die Siemensianerin Z, was aber noch lange nicht bedeutet, dass sie sich im Rahmen ihrer Tätigkeit als Sachbearbeiterin mit all ihren Kräften abmüht, zu diesen guten Gewinnen beizutragen. Gerne sonne ich mich im Licht der hohen Reputation meiner Universität, aber ich bin nicht so vermessen zu glauben, dass mein „effort-level" als einer von mehreren Mitarbeitern an unserem kleinen soziologischen Institut ein nennenswertes Plus oder Minus in der Reputation der gesamten Universität bewirken würde. Wenn vom Korporationsertrag auch diejenigen profitieren, die keinen oder nur einen bescheidenen Beitrag leisten, bin ich im Grunde genommen „der Dumme", wenn ich mich mit hohem Einsatz für die Gemeinschaftsaufgabe des korporativen Akteurs engagiere. Der vollständige oder teilweise Kollektivgutcharakter des Korporationsertrages bringt es also mit sich, dass die Sicherstellung der individuellen Leistungsbereitschaft zu einem besonderen Problem organisationalen Handelns wird.

Zwecks Bewältigung oder Eingrenzung der Schwierigkeiten bei der Erarbeitung und Verteilung des Korporationsertrages ist es für Organisationen wichtig, von den zwei oben skizzierten idealtypischen Verteilungsmustern beim monokratisch-hierarchischen und beim genossenschaftlich-demokratischen Organisationstyp abzurücken. Durch strukturelle Regelungen muss dafür gesorgt werden, dass auf der Ebene der individuellen Akteure eine möglichst enge Kopplung besteht zwischen dem, was die Einzelnen zum Korporationsertrag beisteuern, und dem, was sie als Vergütung (in der Form von Geld und anderen Gratifikationen) erhalten. Diese auf den ersten Blick sehr einfache Idee einer möglichst hohen Korrelation von individuellem Beitrag und individueller Vergütung erweist sich in der praktischen Umsetzung als mühsam und schwierig. Sehr häufig und in Abhängigkeit von der Art der Aufgaben in unterschiedlichem Ausmaß gibt es Zurechnungsprobleme dergestalt, dass sich nicht genau ermitteln lässt, was und wie hoch der Beitrag eines individuellen Akteurs zum Korporationsertrag ist. Neben eigenen Anstrengungen und Fähigkeiten hängt das Ergebnis einer Arbeit mitunter noch von anderen Parametern ab (z.B. von der technischen Ausstattung an einem Arbeitsplatz). Je ausgeprägter diese Schwierigkeiten bei der Zurechnung sind, umso bedeutsamer dürften – anstelle des tatsächlichen Beitrags – subjektive Fähigkeiten in der Darstellung und im Marketing des eigenen Beitrags werden. Und dies schafft Raum für diverse Spiele im organisationalen „politicsing" (mehr dazu in Kapitel 7).

Bevor man sich auf Mess- und Zurechnungsprobleme der individuellen Beiträge einlässt, wäre eigentlich noch grundlegender zu fragen, was denn bei den Beiträgen überhaupt gemessen werden soll. In der Regel stellt man beim Beitrag bzw. der Leistung auf den Output ab, im einfachsten Fall auf den individuellen Anteil an einem realen oder gedachten „Güterberg". Wenn dieser Anteil schwer oder nur mit hohem Aufwand feststellbar ist, greift man gerne auf Inputfaktoren zurück. In der Praxis wird dabei am häufigsten der Zeitinput verwendet. Andere Inputgrößen, an die man die Vergütung anbinden könnte, wären die persönliche Anstrengung oder das Ausmaß des Arbeitsleides. Gehen wir davon aus, dass der Output im Wesentlichen eine Funktion von Anstrengung und Fähigkeiten ist, ließe sich durchaus argumentieren, dass man bei der Vergütung die Fähigkeitskomponenten (die ja mehr oder weniger naturgegeben sind) außer Acht lassen sollte. Noch weiter gehend wäre es, den Korporationsertrag nicht nach Output- oder Inputfaktoren zu verteilen, sondern sich am jeweiligen Bedarf der beteiligten individuellen Akteure zu orientieren. Letztlich mündet die Diskussion um die Verteilung des Korporationsertrages in die Frage nach dem „gerechten Anteil" der individuellen Akteure an einem kollektiven Unterfangen, und dabei dürfte klar sein, dass zusätzlich zu Effizienzgesichtspunkten auf jeden Fall auch persönliche Einschätzungen sowie normative Vorstellungen einfließen.

Literatur zur Vertiefung und zum Weiterlesen

(1) Coleman, James S. (1974): Power and the Structure of Society, New York: Norton (ein Büchlein, das einen Einstieg in das Modell der Ressourcenzusammenlegung vermittelt; auf Deutsch erschienen unter: Macht und Gesellschaftsstruktur, Tübingen: Mohr 1979).

(2) Coleman, James S. (1990): Foundations of Social Theory, Cambridge, Mass.: Belknap Press, Chaps. 13–24 (in den genannten Kapiteln wird das Konzept der korporativen Akteure und das Modell der Ressourcenzusammenlegung ausführlich und mit zahlreichen Abschweifungen vom Thema hergeleitet und entwickelt; auf Deutsch sind die Foundations von Coleman erschienen unter: Grundlagen der Sozialtheorie, drei Bände, München: Oldenbourg 1991–1994).

(3) Vanberg, Viktor (1982): Markt und Organisation, Tübingen: Mohr, Kap. 1 und 5 (in diesen zwei Kapiteln seiner Habilitationsschrift ordnet Vanberg zum einen das Modell der Ressourcenzusammenlegung breiter in die Sozialtheorie ein, zum anderen setzt er es in eingängige Graphiken um).

3. Erklärung von Organisationen II: Organisationen als Hierarchien nach dem Transaktionskostenansatz

Während die Erklärung von Organisationen nach dem obigen Modell der Ressourcenzusammenlegung eher soziologischen Ursprungs ist, stammt die Erklärung über den Transaktionskostenansatz aus dem Bereich der Ökonomie, genauer aus der neueren Institutionenökonomik (für einen knapp gehaltenen Einstieg in dieses Teilgebiet der Ökonomie vgl. Richter 1994). Als klassischer Beitrag, mit dem der Transaktionskostenansatz begründet wurde, gilt der Aufsatz „The Nature of the Firm" von Ronald Coase (1937). In den zurückliegenden 30 Jahren war es dann an erster und oberster Stelle Oliver Williamson, der in rastloser Publikations- und Vortragstätigkeit für eine Ausarbeitung und Verbreitung des Ansatzes gesorgt hat (zuerst Williamson 1975, dann u.a. 1985, 1996). Ähnlich wie in Kapitel 2 soll im Folgenden zuerst auf Ausgangspunkte und Fragestellungen dieses Erklärungsansatzes für Organisationen eingegangen werden. Im zweiten bis vierten Abschnitt wird die Theorie dann schrittweise konkretisiert bis hin zu ausgewählten empirischen Anwendungsbeispielen. Der Schlussabschnitt benennt einige Kritikpunkte an der Transaktionskostentheorie.

3.1 Ausgangspunkte und Fragestellungen

Elementarer Ausgangspunkt des Transaktionskostenansatzes ist die Sichtweise, dass es sich bei wirtschaftlichem und sozialem Handeln im Wesentlichen um Austauschprozesse bzw. um Transaktionen handelt. Solche Austauschprozesse und Transaktionen erfolgen zwischen Akteuren (Komponente 1) in bestimmten Settings (Komponente 2).

Was die Komponente der Akteure, das „Akteurmodell", anbelangt, wird von rationalen Akteuren mit zwei besonderen Spezifikationen ausgegangen: Erstens sind die Akteure nicht vollständig, sondern begrenzt rational. Sie bemühen sich zwar um (objektiv) rationales Handeln, aber auf Grund beschränkter kognitiver Kapazitäten und auf Grund unzureichender Information, Ungewissheit und Unsicherheit gelingt dies in vielen Fällen nicht. Williamson folgt hier der Denkfigur der „bounded rationality", wie sie vor allem von Herbert Simon (1957) ausgearbeitet wurde. Demnach neigen Menschen zur Vereinfachung von Entscheidungssituationen, folgen Routinen und Gewohnheiten, geben sich mit Lösungen zufrieden, die gewissen Mindeststandards genügen („satisficing") und oft suboptimal sind („second best"), und verzichten auf eine umfassende

Informationssuche und -beschaffung. Zweitens wird von den an Transaktionen beteiligten Akteuren angenommen, dass sie im Bedarfsfall auch opportunistisch agieren. Damit ist gemeint, dass sie zur Durchsetzung ihrer Ziele und Interessen nicht davor zurück scheuen, mit Tricks, Schummeleien und Lug und Trug zu arbeiten. Opportunistisches Verhalten reicht von diskretem Zurückhalten unerfreulicher Informationen, über die gezielte Weitergabe von Informationen, bis hin zur Verbreitung von Unwahrheiten.

Mit Blick auf die Settings, in denen Transaktionen stattfinden, ist der Markt bzw. die marktmäßige Abwicklung die unverrückbare Grundlinie ökonomischen Denkens. Güter und Dienstleistungen werden auf Märkten oder in marktähnlichen Settings getauscht, wobei der Preis als wesentlicher Steuerungsmechanismus fungiert. Nun aber lässt sich bei Inspektion der gesellschaftlichen Realität unschwer feststellen, dass es neben Märkten offenbar noch andere institutionelle Arrangements gibt, in deren Rahmen Transaktionen getätigt werden. Der wichtigste Gegenspieler zum Markt sind dabei Organisationen. Williamson spricht vereinfachend von „markets and hierarchies", da Organisationen in der Regel eine mehr oder weniger ausgeprägte hierarchische Struktur besitzen. Damit taucht jetzt die Frage auf: Warum gibt es so seltsame, marktfremde Gebilde wie hierarchisch gegliederte Organisationen? Genau dies ist die Ausgangsfrage, die der Transaktionskostenansatz beantworten will.[1]

Die Antwort auf die Frage nach dem Marktversagen und der Ratio für Organisationen hängt mit Besonderheiten und Eigenarten der jeweiligen Transaktionen zusammen. Dabei sind in einem ersten Zugriff zum einen die Transaktionsschwierigkeit und zum anderen die Transaktionskosten zentrale Bausteine der Theorie. Märkte sind besonders gut geeignet für einfache, elementare und wenig problembehaftete Transaktionen. Aber je schwieriger und problemträchtiger Austauschprozesse werden, umso weniger vorteilhaft und effizient ist eine marktmäßige Abwicklung. Dies lässt sich grafisch in der Form von Abbildung 3.1 darstellen.

In Abhängigkeit von der Transaktionsschwierigkeit auf der x-Achse gilt sowohl für Märkte als auch für Organisationen, dass ihre Vorteilhaftigkeit bzw. Effizienz zunehmend prekär wird, was durch sinkende Kurvenverläufe angezeigt wird. Allerdings wird für die Markt-Kurve ein stärkeres und rascheres Abfallen vermutet als für die Hierarchie-Kurve. Bis zum Schnittpunkt der beiden Kurven ist eine marktmäßige Abwicklung der Transaktionen einer Abwicklung im Setting von Organisationen überlegen, danach ist es umgekehrt. Wichtig ist noch die in Abbildung 3.1 steckende Aussage, dass bei hoher Transaktionsschwierigkeit Organisationen zwar relativ effizienter sind als Märkte, aber abso-

---

1 Coase soll in einem Interview gesagt haben, dass ihm die Idee zu seinem Aufsatz „The Nature of the Firm" durch Lenin gekommen ist. Lenin hat oft und gerne propagiert, dass die Sowjetunion keinen Markt und keine kapitalistische Marktwirtschaft brauche, weil in einer Zentralverwaltungswirtschaft die gesamte Volkswirtschaft wie ein einziges großes Unternehmen geführt und gemanagt werde (dieser Hinweis auf eine Coase-Bemerkung findet sich bei Homann und Suchanek 2000, S. 330).

Abbildung 3.1: Vorteilhaftigkeit eines Markt- und eines Organisationsarrangements
                in Abhängigkeit von der Transaktionsschwierigkeit

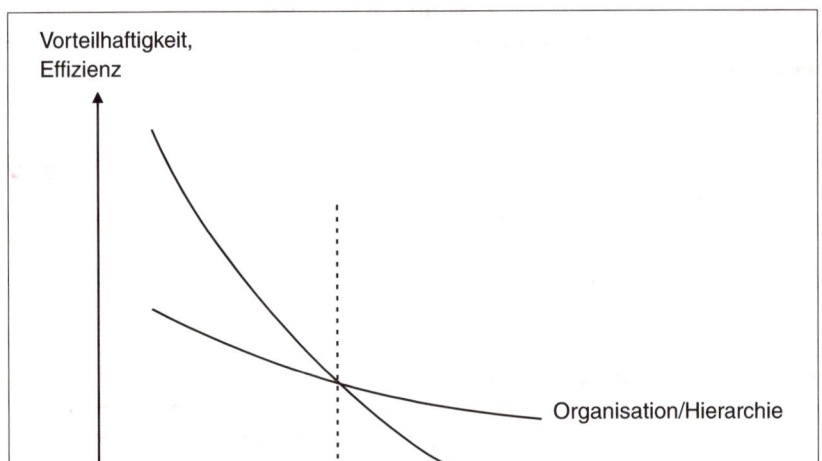

lut trotzdem ziemlich ineffizient operieren, sodass für Klagen über Organisa-
tionspathologien reichlich Raum bleibt. Organisationen erreichen absolut bei
weitem nicht die Effizienz, wie sie Märkten in der Situation geringer Transaktionsschwierigkeit zu eigen ist.

Neben der Transaktionsschwierigkeit kommt dem Konzept der Transaktionskosten eine Schlüsselrolle zu. Lange Zeit hat man sich in den Wirtschafts-
wissenschaften einseitig nur an den Produktionskosten bzw. im Konsumbereich
an den Preisen orientiert und die Transaktionskosten weitgehend ausgeblendet.
Dies ist gemäß Coase und Williamson eine fundamentale Lücke, weil die
Transaktionskosten einen beträchtlichen und in modernen Gesellschaften zunehmend größer werdenden Block bei den Gesamtkosten ausmachen. Ein Beispiel aus dem Konsumbereich mag dies illustrieren: Nehmen wir an, eine Person möchte ein neues Radio kaufen und hat eine Preisvorstellung in Höhe von
plus/minus 100 Euro. Die Angebotspalette in dieser Preisklasse ist bei Radios
sehr breit, sodass unsere Person sich erst einmal genötigt sieht, auf verschiedenen Wegen (via Internet, Besuch von Geschäften, Lektüre von Prospektmate-
rial usw.) einen Überblick zu gewinnen und Informationen zu sammeln. Letztlich besorgt sich unsere Person ihr nach einiger Zeit heraus gefundenes
Wunschradio in einem Supermarkt am Rande der Stadt. Das verpackte Gerät
muss dann noch betriebsbereit gemacht werden, und die vielfältigen Funktio-

nen und Optionen nebst Gebrauchsanleitung warten auf eine Erprobung. All dies ist, auch wenn die Transaktion gänzlich problemlos verläuft, mit Zeit und weiteren Aufwendungen (Fahrtkosten, Telefon) verbunden, die bei einer nüchternen Umrechnung in Geld durchaus die Anschaffungskosten übersteigen können. Für ein effizientes Setting beim Kauf von Radios müssen gemäß der Transaktionskostentheorie nicht nur der Kaufpreis, sondern auch all die eben aufgeführten Transaktionskosten berücksichtigt werden. Dies gilt bei der Produktion und Distribution von Gütern und Dienstleistungen ebenso wie bei deren Kauf. Coase (1937) betont, dass schon die bloße Nutzung des Preissystems mit Kosten verbunden ist (Beispiel: „billiges Tanken", das allerdings im Jahr 1937 noch nicht weit verbreitet war).

3.2 Grundideen der Transaktionskostentheorie

Nachdem im Voranstehenden bereits einige Grundideen des Transaktionskostenansatzes angesprochen wurden, sollen diese jetzt etwas stringenter und systematischer zusammen gestellt werden. Als Fahrplan dafür kann Abbildung 3.2 dienen, in der die drei wesentlichen Bausteine der Theorie benannt und in ihrer Kausalstruktur fixiert werden.

Abbildung 3.2: Grundstruktur des Transaktionskostenansatzes

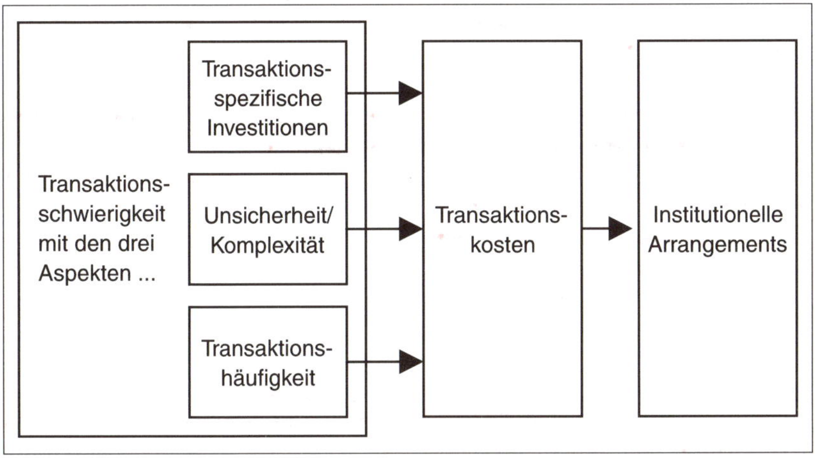

Das Erklärungsziel der Theorie sind institutionelle Arrangements, organisatorische Settings bzw. „governance structures", mittels derer Transaktionen erledigt werden. Die zwei wichtigsten Arrangements haben wir dabei schon kennengelernt, nämlich Märkte und Organisationen. Wir beobachten in der Realität, dass Transaktionen vom Typ X in der Regel marktmäßig abgewickelt werden, während Transaktionen vom Typ Y zumeist innerhalb von Organisationen ablaufen, und stellen die Frage, warum das so ist. Als analytische Theorie beantwortet der Transaktionskostenansatz diese Warum-Frage, und er gibt eine Prognose darüber, wann und unter welchen Bedingungen welches Arrangement empirisch zu erwarten ist. Im Sinne einer Sozialtechnologie lässt sich die Theorie natürlich auch normativ wenden, d.h. man kann Empfehlungen abgeben, wann und unter welchen Bedingungen ein bestimmtes institutionelles Arrangement vermutlich effizient und vorteilhaft ist und deshalb aus Effizienzgründen gewählt werden sollte.

Welches institutionelle Arrangement nun effizient und vorteilhaft ist, hängt von den damit verknüpften Kosten ab. Bei der Herstellung von Gütern und Dienstleistungen ergeben sich die Kosten als Summe aus Produktions- und Transaktionskosten, beim Kauf von Gütern als Summe aus Preis und Transaktionskosten. Die Transaktionskostentheoretiker vertreten die Position, dass dafür, welches Arrangement vorteilhaft ist, zumeist die Transaktionskosten die kritische Größe sind. Die zentrale Hypothese der Theorie lautet, dass sich – zumindest unter sonst gleichen Umständen – im Endergebnis das organisatorische Setting durchsetzen wird, das mit den geringsten Transaktionskosten verbunden ist. Letztlich vertraut die Theorie damit auf Effizienz, Wirtschaftlichkeit und Kostenersparnis. Es wird angenommen, dass in einem der Rationalität folgenden bzw. evolutionär ablaufenden Wettbewerbsprozess das kostengünstigste Arrangement die Oberhand gewinnt. In ihrer normativen Variante läuft die Theorie auf die Aufforderung hinaus: Wähle für die Abwicklung einer Transaktion das institutionelle Arrangement, bei dem die Transaktionskosten minimiert werden.

Im nächsten und letzten Schritt wird speziell von Williamson noch postuliert, dass die Höhe der Transaktionskosten hauptsächlich von drei Eigenschaften bzw. Charakteristika der Transaktion bestimmt wird, nämlich von den transaktionsspezifischen Investitionen („asset specifity"), von der mit der Transaktion verbundenen Unsicherheit bzw. Komplexität („uncertainty/complexity") und von der Transaktionshäufigkeit („frequency"). Diese drei Eigenschaften lassen sich als eine Spezifikation bzw. als eine Operationalisierung des allgemeineren Konzepts der Transaktionsschwierigkeit sehen. Williamson geht davon aus, dass mit der Notwendigkeit von transaktionsspezifischen Investitionen, mit zunehmender Unsicherheit und Komplexität und bei geringer Transaktionshäufigkeit die Transaktionskosten steigen. Eine Tendenz weg von marktlichen und hin zu hierarchischen Arrangements entsteht bei hoher Transaktionsschwierigkeit, und d.h. konkret bei hohen transaktionsspezifischen Investitionen und bei hoher Unsicherheit/Komplexität.[2]

Bei allen Einzelkomponenten der Theorie, wie sie in Abbildung 3.2 aufgeführt sind (institutionelle Arrangements, Transaktionskosten, transaktionsspezi-

---

2 Bezüglich der Dimension der Transaktionshäufigkeit ist die Argumentation etwas verzwickter (mehr dazu gleich in Abschnitt 3.3).

fische Investitionen, mit der Transaktion verbundene Unsicherheit/Komplexität, Transaktionshäufigkeit), handelt es sich um relativ abstrakte Größen. Für ein genaueres Verständnis, das dann auch hin zu empirischen Tests und Anwendungen führt, bedürfen sie der Konkretisierung, und diese Konkretisierung soll im folgenden Abschnitt geleistet werden.

3.3 Schritte hin zur Konkretisierung der Theorie

Institutionelle Arrangements: Die zwei Settings „Markt" und „Organisation/Hierarchie", die in der Startphase der Transaktionskostentheorie ganz im Vordergrund der Aufmerksamkeit standen, können bestenfalls als Pole eines Kontinuums einer breiteren Palette von „governance structures" bzw. von Ausgestaltungsformen von Transaktionen gesehen werden. Schon sehr bald hat Williamson zwischen den Markt und die Hierarchie so genannte hybride Mischformen geschoben. Unter dem Oberbegriff des Vertragstyps unterscheidet er klassische, neoklassische und relationale Verträge. Mit klassischen Verträgen meint er die Marktbeziehung, mit relationalen Verträgen die Hierarchiebeziehung und mit neoklassischen Verträgen hybride Zwischenformen wie z.B. langfristige Lieferbeziehungen, Franchising-Systeme, Joint-Ventures oder Subcontracting-Beziehungen. Der Inbegriff einer Marktbeziehung sind so genannte Spot-Transaktionen, bei denen einmalig eine Leistung und eine Gegenleistung direkt und unverzüglich vor Ort ausgetauscht werden. Das Paradebeispiel für relationale Vertragsbeziehungen sind hierarchische Organisationen. Aber etwa auch die Ehe ist ein relationaler Vertrag – ein Vertrag, bei dem es u.a. um Sex-Dienstleistungen geht, die marktmäßig (als Prostitution) offenbar nicht befriedigend erledigt werden. Hergeleitet aus den Vertragstypen stellt sich für Organisationen/Unternehmen als Produzenten und für Haushalte als Konsumenten stets aufs Neue die Frage, ob sie ein Gut oder eine Dienstleistungen selbst herstellen oder aber von jemand anderem beziehen sollen. Diese Entscheidung zwischen Eigenproduktion versus Fremdbezug („make-or-buy"-Entscheidung) hat sich im Zuge der Zeit zu einer Art Kristallisationspunkt des Transaktionskostenansatzes entwickelt. Bei Unternehmen führt „in-house"-Produktion oft zu so genannter vertikaler Integration, d.h. vorgelagerte Zulieferfirmen oder aber nachgelagerte Abnehmerbetriebe werden aufgekauft und damit dem eigenen Unternehmen einverleibt. Eine weitere Spezifizierung, die über die einfache Dichotomie von Markt versus Hierarchie hinaus geht und die für die Organisationsgestaltung zweifellos in hohem Maße bedeutsam ist, betrifft die Frage nach dem Einbindungsmodus für unterschiedliche Ressourcen. Dies z.B. dergestalt, nach welchem Muster Arbeitsleistungen beschafft werden sollen (unbefristete/befristete Arbeitsverträge, Werkverträge, Leiharbeit etc.).

Transaktionskosten: Wenngleich die Idee von Transaktionskosten im Sinne von „Reibungsverlusten" bei wirtschaftlichen und sozialen Austauschprozessen intuitiv problemlos zugänglich ist, treten erhebliche Schwierigkeiten auf, wenn es um genauere Bestimmungen und Operationalisierungen dieser Kosten geht. In der Literatur und auch von Williamson selbst werden immer neue Klassifikationsschemata vorgeschlagen, die unterschiedliche Rubriken von Transaktions- und Koordinationskosten differenzieren und dabei mehr oder weniger vollständig sind. Weitgehend durchgesetzt hat sich immerhin die Unterscheidung von ex-ante- und ex-post-Transaktionskosten. Die ex-ante-Transaktionskosten erstrecken sich auf Aufwendungen bis hin zum tatsächlichen Abschluss einer vertraglichen Vereinbarung; sie enthalten u.a. Kosten der Informationsbeschaffung, Kosten im Zuge des Verhandlungsprozesses der involvierten Akteure und Kosten des Vertragsabschlusses. Die ex-post-Transaktionskosten sind die Kosten, die nach Vertragsabschluss anfallen bzw. anfallen können; sie beinhalten u.a. Kosten der Überwachung der vertraglichen Vereinbarungen, Kosten zur Lösung von unklaren Punkten und Streitigkeiten, Kosten von Nachverhandlungen bei einer Änderung der Rahmenbedingungen und Fehlanpassungskosten, wenn Akteure an einen ungünstigen Vertrag gebunden sind. Eine exakte Quantifizierung derart allgemeiner Kostenkategorien ist zweifellos schwierig. Und dies ist der Grund dafür, weshalb empirische Arbeiten über Transaktionskostenprobleme nur selten versuchen, diese direkt zu messen. Bei empirischen Tests wird in der Regel untersucht, ob und in welcher Form die Wahl des institutionellen Arrangements von Charakteristika der Transaktion beeinflusst wird, und die Zwischengröße der Transaktionskosten (vgl. nochmals Abbildung 3.2) dient lediglich als Brücke für die theoretische Argumentation.[3] Direkte Messungen der Transaktionskosten sind zudem oft deshalb nicht sinnvoll, weil diese Kosten über weite Strecken hypothetisch in dem Sinne bleiben, dass sie im ungünstigen Fall entstehen könnten, ohne dass sie im Endergebnis tatsächlich entstehen.

Transaktionsspezifische Investitionen („asset specifity"): Unter den drei Eigenschaften bzw. Charakteristika von Transaktionen, die für die Höhe der Transaktionskosten und für das optimale institutionelle Arrangement von Bedeutung sind, bilden gemäß Williamson die transaktionsspezifischen Investitionen den wichtigsten Einzelfaktor. Mit transaktionsspezifischen Investitionen sind Vor-

---

3 Ausnahmen sind z.B. Blumberg (1998) und die Arbeit von Batenburg et al. (2000), auf die im nächsten Abschnitt 3.4 noch etwas genauer eingegangen wird. Sowohl Blumberg als auch Batenburg et al. versuchen eine direkte Messung der Transaktionskosten, speziell der ex-ante-Transaktionskosten, und verwenden diese Kosten als abhängige Variable für ihre empirischen Analysen. Wird nicht die Art der Regelung einer Beziehung (das institutionelle Arrangement, die „governance structure") als Zielvariable herangezogen, sondern das Ausmaß und der Umfang der Regelung der Beziehung (als Indiz für die Höhe der Transaktionskosten), tritt an die Stelle einer nominal skalierten eine metrisch skalierte abhängige Variable. Dies hat nicht nur methodisch, sondern auch inhaltlich-theoretisch verschiedene Vorteile, auf die hier aber nicht weiter eingegangen werden soll (vgl. die Hinweise bei Batenburg et al. 2000, S. 388 f.).

leistungen gemeint, die die Transaktionspartner erbringen müssen, um überhaupt in eine Austauschbeziehung eintreten zu können, und die nur in der jeweiligen Beziehung von Nutzen sind. Ein Zulieferer von VW z.B. muss seinen Maschinenpark in einer speziellen Weise ausgestalten, um den Wünschen und Anforderungen von VW gerecht werden zu können. Und ebenso müssen z.B. Produzenten, die im Produktsortiment von ALDI gelistet werden wollen, ihre Produktionskapazität in der Regel massiv erweitern. Bei den transaktionsspezifischen Investitionen lassen sich verschiedene Formen der Faktorspezifität unterscheiden, angefangen von Standortspezifität (standortgebundene Investitionen), über Spezifität des Sachkapitals (anlagenspezifische Investitionen, zweckgebundene Sachwerte), bis hin zu Humankapitalspezifität (besondere Qualifikationen der Arbeitskräfte).

Durch transaktionsspezifische Investitionen entsteht eine besondere Bindung der Partner aneinander, die vielfältige Anreize für opportunistisches Verhalten schafft. Wer viel in eine Beziehung investiert hat, kommt nur schwer und mit hohen Kosten wieder aus dieser Beziehung heraus. Es entsteht ein so genannter „lock-in"-Effekt, der die eigene Macht- und Verhandlungsposition schwächt und mit einer Gefahr der Ausbeutung verknüpft ist. Dieser Situation, die oft auch als „hold-up"-Problem bezeichnet wird, sind sich die Akteure mehr oder weniger klar bewusst, und sie reagieren auf die Brisanz der Situation mit einer umfassenderen Vorab-Informationssuche, mit detaillierteren Verhandlungen, schriftlichen Absicherungen usw., was höhere Transaktionskosten bedeutet. Bei vielen alltäglichen Austauschprozessen besteht zu Beginn eine „large-number-exchange"-Situation in dem Sinne, dass zunächst zahlreiche potenzielle Transaktionspartner relativ gleichwertig in Betracht kommen. Ist aber einmal eine Entscheidung für einen bestimmten Partner gefallen, verwandelt sich die Konstellation im Verlauf der Zeit immer mehr in eine „small-number-exchange"-Situation in dem Sinne, dass die Partner wechselseitig aufeinander angewiesen sind (z.B. auf Grund hochspezialisierten Wissens) und deshalb nur mit hohen Verlusten die Beziehung lösen können. Williamson bezeichnet diesen Übergang als „fundamental transformation"; in ökonomischer Terminologie kommt es zur Herausbildung einer Art bilateralen Monopols, da beide Seiten nur noch einen möglichen Tauschpartner haben.

Unsicherheit/Komplexität („uncertainty/complexity"): Mit einer Transaktion verbundene Unsicherheit und die Komplexität des Tauschgegenstands sind zwar inhaltlich unterschiedliche Dinge, trotzdem werden sie von Williamson in der Regel zusammen behandelt. Unsicherheit und Komplexität machen perfekt rationales Verhalten unmöglich und erzwingen Strategien begrenzt rationalen Handelns. Auch begrenzt rationale Akteure schenken freilich kein blindes Vertrauen, sondern unternehmen Anstrengungen zur Reduktion der Unsicherheit und zur Beherrschung der Komplexität. Diese Aufwendungen in der Form von Transaktionskosten für Information, Verhandlungen und vertragliche Vereinbarungen sind umso höher, je größer die anfängliche Unsicherheit ist und je höher die Komplexität des Tauschgutes. Wie bei allen anderen Einzelkomponenten seiner Theorie führt Williamson auch hier diverse Differenzierungen ein. Die Unsicherheit kann sich z.B. auf den Tauschpartner beziehen (auf dessen vergangenes und künftiges Verhalten, auf dessen Kompetenz zur Erfüllung der Vereinbarungen, auf dessen moralische Integrität), oder sie kann sich auf die Stabilität der Rahmenbedingungen beziehen (unklare Ist-Situation, unvorhersehbare Änderungen der Umstände). Die Komplexität kann nicht nur den Tauschgegenstand betreffen, sondern auch z.B. die Struktur der Entscheidungsprozesse oder die Zahl der mitwirkenden und entscheidungsberechtigten Akteure.

Transaktionshäufigkeit („frequency"): Wenn es sich nicht um einmalige, sondern um wiederholte Transaktionen des gleichen Typs handelt, argumentiert Williamson zumeist (aber nicht immer), dass dies die Transaktionskosten pro Transaktion senkt. Theoretisch genauere Rekonstruktionen des möglichen Einflusses der Transaktionshäufigkeit auf die Transaktionskosten (z.B. Batenburg et al. 2000) unterscheiden auf der Zeitachse zunächst einmal zwischen dem „Schatten der Vergangenheit" und dem „Schatten der Zukunft". Einen Schatten der Vergangenheit gibt es zwischen Interaktionspartnern dann, wenn sie sich aus früheren Transaktionen kennen. Sind die Erfahrungen aus diesen früheren Transaktionen positiv, kann man davon ausgehen, dass dies die Transaktionskosten senkt, da der Bedarf nach (weiteren) Informationen geringer ist. Sind die Erfahrungen hingegen negativ, wird dies oft dazu führen, dass es überhaupt nicht mehr zu weiteren Transaktionen kommt, und wenn doch, dann zu Transaktionen mit relativ hohen Koordinationskosten durch zusätzliche Verhandlungen und detaillierte rechtliche Absicherungen. Die „frequency"-Dimension bei Williamson bezieht sich auf den Schatten der Zukunft, d.h. darauf, ob zu erwarten ist, dass sich die Transaktion wiederholt und eine dauerhafte Austauschbeziehung etabliert wird. Für den Schatten der Zukunft können zwei divergierende Effekte auf die Höhe der Transaktionskosten angenommen werden (Batenburg et al. 2000, S. 396 ff.): (1) ein kostensenkender Reziprozitätseffekt, der sich daraus ergibt, dass die Akteure im Fall wiederholter Transaktionen per se an einem wechselseitig zufriedenstellenden Austausch interessiert sind, weil sie ja ansonsten ihre weitere Beziehung gefährden würden; dies legt es nahe, auf umfangreiche Vorab-Prüfprozeduren und Absicherungsmechanismen zu verzichten; (2) ein kostenerhöhender Investitionseffekt, der sich daraus herleitet, dass die Erwartung einer zeitlich längeren Bindung es lohnenswert erscheinen lässt, den Einstieg in die Beziehung genauer zu überdenken und zu recherchieren; dies nach dem Motto „Drum prüfe, wer sich ewig bindet". Welcher der beiden Effekte unter welchen Bedingungen dominiert, lässt sich nur empirisch beantworten.[4] Im Endergebnis muss festgehalten werden, dass die

---

4 Beim Investitionseffekt ist zu beachten, in welcher Form man ihn kalkuliert. Betrachtet man nicht die Investitionen insgesamt, sondern die Investitionen pro Transaktion, erscheint die Wil-

Williamson-Argumentation im Fall der Transaktionshäufigkeit umstrittener ist als die in den Fällen der transaktionsspezifischen Investitionen und der Unsicherheit/Komplexität.

3.4 Anwendungsbeispiele für den Ansatz

Der Transaktionskostenansatz hat eine Vielzahl von empirischen Untersuchungen stimuliert, bei denen sich die Theorie im Sinne eines breiteren Forschungsprogramms als in hohen Maße fruchtbar erwiesen hat. Die Zahl der empirischen Arbeiten ist inzwischen so groß, dass man am besten Review-Artikel (wie z.B. Shelanski und Klein 1995; Rindfleisch und Heide 1997) konsultiert, um sich einen Überblick über den Stand der Forschung zu verschaffen. Empfehlenswert ist weiterhin speziell eine Aufsatzsammlung von Masten (1996), in der eine Reihe von hervorragenden empirischen Arbeiten (zumeist als Reprint) zusammengestellt sind.

Im Folgenden soll für drei verschiedene Typen empirischer Arbeiten jeweils ein Beispiel vorgestellt werden. Als Beispiel für den Untersuchungstyp „Fallstudie" wird auf die Geschichte von Fisher Body und General Motors zurückgegriffen, die eine Art Paradepferd in der Diskussion um den Transaktionskostenansatz darstellt. Als Beispiel für eine „qualitative Studie" soll eine Untersuchung über Subcontracting im französischen Maschinenbau dienen. Und als Beispiel für eine „quantitative Studie" wird auf eine Untersuchung über Abnehmer-Lieferanten-Beziehungen auf dem niederländischen IT-Markt eingegangen. Eher als Exkurs und am Rande werden in Kasten 3.1 einige Anwendungen der Transaktionskostentheorie angesprochen, die nicht genuin in den Bereich der Organisationsforschung fallen.

Fallbeispiel Fisher Body und General Motors: Klein et al. (1978; vgl. auch Klein 1996) erzählen die Geschehnisse im Zusammenhang mit einem 10-jährigen Liefervertrag, der zwischen dem Automobilkonzern General Motors (GM) und der Zulieferfirma Fisher Body (FB) im Jahr 1919 geschlossen wurde. Bei diesem Vertrag ging es um die Lieferung von Metallkarosserien von FB an GM. Metallkarosserien im Vergleich zu Holzkarosserien waren damals, d.h. zum Zeitpunkt des Vertragsabschlusses, noch innovativ und relativ selten, und ihre Herstellung erforderte hohe (transaktionsspezifische) Investitionen bei FB. Um diese Investitionen abzusichern, arbeiteten GM und FB einen umfangreichen

---

liamson-These eines negativen Effekts der Häufigkeit auf die Transaktionskosten durchaus plausibel. Allerdings können die Tauschpartner nie sicher sein, ob die längerfristig geplante Beziehung tatsächlich hält. Dies wiederum verweist uns zurück auf die Dimension der „Unsicherheit". Williamson wird nicht müde zu betonen, dass die drei Transaktionscharakteristika wechselseitig miteinander zusammen hängen. Eine solche interaktive Verknüpfung ist schön und gut und mag zutreffen, sie erschwert aber eine gezielte empirische Überprüfung der Theorie erheblich.

Vertrag aus. Dieser verpflichtete GM, seine Metallkarosserien in den nächsten zehn Jahren ausschließlich von FB zu beziehen; er garantierte FB – in Verbindung mit anderen Preisbildungsregeln (inklusive einer Meistbegünstigtenklausel) – einen Abnahmepreis in Höhe von 118% der Herstellungskosten; eine Schlichtungsstelle für die Lösung von Streitigkeiten wurde vereinbart, u.v.a.m. All diese prophylaktischen Absprachen und Festlegungen verhinderten jedoch nicht, dass es zwischen GM und FB zu Konflikten kam. Der hauptsächliche Auslöser waren Veränderungen der Rahmenbedingungen dergestalt, dass zum einen die Autobranche boomte und sich zum anderen im Fahrzeugbau ein rascher Übergang auf Metallkarosserien vollzog. Dies bescherte GM, aber mehr noch FB gute Geschäfte. Immer wieder versuchte GM, die Zulieferfirma FB zu Zugeständnissen zu bewegen (z.B. sollte FB ein Karosseriewerk direkt neben einer neuen Montagehalle von GM bauen, um Transport- und Lagerkosten zu sparen, FB sollte zwecks Reduktion der Herstellungskosten rationalisieren und in weniger arbeitsintensive Produktionstechniken investieren, FB sollte Mengenrabatte gewähren), aber mit wenig Erfolg. Die Geschichte endet damit, dass GM im Jahr 1926 FB aufkaufte – theoretisch gesprochen also vertikale Integration praktizierte, von „buy" auf „make" umschaltete bzw. ein neoklassisches in ein relationales Vertragsarrangement überführte.[5]

Qualitative Studie über Subcontracting im französischen Maschinenbau: Vor dem theoretischen Hintergrund des Transaktionskostenansatzes und gestützt auf qualitative Interviews mit „client"- und „subcontractor"-Firmen untersuchte Lorenz (1988) längerfristige Zulieferbeziehungen in der Maschinenbaubranche im Großraum Lyon. Einige seiner Ergebnisse waren: Nur selten sind die Geschäftsbeziehungen durch formelle schriftliche Verträge geregelt. Die Partner bauen ihre Beziehungen schrittweise auf, mit in der Anfangsphase kleineren Aufträgen und mit einer mehr oder weniger langen Testphase. Sowohl die Abnehmer als auch die Lieferanten schützen sich sehr extensiv gegen opportunistisches Verhalten, dies in erster Linie durch Risikostreuung und Diversifikation, d.h. dadurch, dass sie (gemessen an ihrem Geschäftsvolumen) eine zu starke Abhängigkeit von einem einzigen Partner vermeiden. Mit dem Argument einer zu starken Abhängigkeit werden nicht selten Aufträge zurückgewiesen. Spezialmaschinen werden sehr häufig von der Client-Firma gekauft, bei der Subcontracting-Firma aufgestellt, bleiben aber Eigentum der Client-Firma. Auch die Kosten für transaktionsspezifische Ausbildungsprogramme werden sehr oft von den Abnehmer-Firmen getragen. Wenn sich für die in der Regel größeren Abnehmer-Firmen die eigene wirtschaftliche Lage verschlechtert, reagieren sie normalerweise nicht mit einer sofortigen und drastischen Reduktion ihrer Bestellmengen, vielmehr unternehmen sie Anstrengungen, langsam zu reduzieren und

---

5 Einige neuere Arbeiten (Coase 2000; Freeland 2000) haben leider aufgedeckt, dass diese GM-FB-Geschichte „zu schön ist, um wahr zu sein", d.h. sie entspricht in mehreren Punkten nicht ganz den historischen Tatsachen.

Kasten 3.1: *Drei Anwendungen des Transaktionskostenansatz außerhalb der Organisationsforschung*

Wovon hängt es ab, ob Ehe- oder Lebenspartner ein gemeinsames oder aber getrennte Bankkonten unterhalten? Diese Frage wurde von Judith Treas (1993) aus der Perspektive der Transaktionskostentheorie untersucht. Sie fand bei einer Auswertung von US-Surveydaten u.a. heraus, dass Partnerschaften, bei denen die Frau erwerbstätig ist, Partnerschaften ohne Kinder und Partner/innen mit einer oder mehreren Scheidungen in ihrer Biographie seltener ihre Finanzen „poolen". In der Sprache der Transaktionskostentheorie verweisen der Erwerbstätigkeits- und der Kindereffekt auf Unterschiede in den transaktions-, d.h. hier ehespezifischen Investitionen und der Scheidungseffekt auf Unterschiede im Schatten der Vergangenheit.

Margaret Brinig (1990) liefert mit dem Transaktionskostenansatz eine Erklärung dafür, weshalb in den Jahren 1935–1945 in den USA die Nachfrage nach teuren Diamantringen stieg. Mehrere Bundesstaaten hatten in dieser Zeit per Gesetzesänderung verfügt, dass Männer beim Auflösen einer Verlobung (= Eheverprechen im Verlauf der kommenden 365 Tage) nicht mehr zu Schadensersatz verpflichtet sind. Dies war für (einige) Männer ein Anreiz, Frauen opportunistisch mit Verlobungen zu umgarnen. Der wertvolle Diamantring als Verlobungsgeschenk, der auf jeden Fall der Frau gehörte, wurde zu einem „funktionalen Äquivalent" der früheren Schadensersatzpflicht und zu einer Barriere gegen dreistes und allzu sprunghaftes Verhalten von Männern.

Mit dem Wunsch nach Kontrolle und Verfügung über die Arbeiter wird in der einschlägigen Literatur zumeist erklärt, weshalb Unternehmen in der Frühphase der Industrialisierung betriebseigene Wohnungen für ihre Beschäftigten bauten. Price Fishback (1992) schlägt in einer Studie über die Wohnbauaktivitäten von Bergwerksgesellschaften in den USA eine alternative Erklärung vor, die sich auf den Transaktionskostenansatz stützt. Insbesondere an Orten, wo es keine oder kaum andere Unternehmen gab und damit keine alternativen Beschäftigungsmöglichkeiten für die Arbeiter bestanden, wurden von Bergwerksgesellschaften Werkswohnungen gebaut. Dies dürfte gemäß Fishback u.a. zwei Gründe haben: Erstens haben an solchen Orten private Investoren eine geringe Neigung, Wohnungen zu bauen, weil für sie dann ein „hold-up" in dem Sinne entstünde, dass sie sehr stark vom Erfolg oder Misserfolg des jeweiligen Bergwerks abhängig wären. Zweitens hätten auch die Arbeiter keinen Anreiz, die bereitgestellten Wohnungen zu kaufen, weil für sie dann eine starke Ortsbindung und damit eine größere Abhängigkeit vom ihrem Arbeitgeber zustande käme.

Quelle: Die Zusammenstellung orientiert sich an Blumberg (1998, S. 43 f.).

---

eine bestimmte Abnahmemenge auf jeden Fall zu garantieren. Bekommt ein Abnehmer (tatsächlich oder nur angeblich?) ein günstigeres Angebot von einem neuen und konkurrierenden Lieferanten, informiert er üblicherweise seinen eingespielten Partner darüber und räumt ihm eine Frist ein, sich der neuen Lage anzupassen und ein eigenes Angebot zu unterbreiten. All dies verweist darauf, dass längerfristige Geschäftsbeziehungen in eine Art „moral contract" münden, wobei der Reputationsmechanismus dafür sorgt, dass sich die Partner an die „stillen Verträge" halten. Abgestützt wird das Ganze durch wechselseitiges Vertrauen und gute persönliche Kontakte der beteiligten Akteure. Allerdings gehen die Kontakte nicht so weit, dass daraus echte (für eine Geschäftsbeziehung im

Ernstfall gefährliche) Freundschaften entstünden. Die Beziehung der Partner erreicht gemäß Lorenz „an intermediate level between friends and strangers, for which capitalist societies have developed a distinctive tolerance" (S. 208).[6]

Quantitative Studie über Abnehmer-Lieferanten-Beziehungen auf dem niederländischen IT-Markt: Ausgangspunkt der Studie von Batenburg et al. (2000) ist die Frage, wie beschaffen sich Klein- und Mittelbetriebe in den Niederlanden Informationstechnologie-Produkte (IT-Produkte)? Die empirische Datenbasis bilden mündliche Interviews mit 788 Firmen mit Bezug auf 971 Transaktionen, durchgeführt im Jahr 1995. Als abhängige Variable für die Analysen werden die Investitionen des Abnehmers/Käufers in ex-ante-Management verwendet. Diese werden über einen zusammengefassten Index gemessen, der u.a. den in der Befragung ermittelten Zeitaufwand für die Aushandlung der Verträge enthält, die Anzahl der an den Vertragsverhandlungen beteiligten Akteure und die Detailliertheit der letztlich zustande gekommenen Verträge. Zur Herleitung von Hypothesen über Bestimmungsfaktoren des Umfangs des ex-ante-Managements, also der Höhe des Vorab-Aufwands bei der Beschaffung der IT-Produkte, wird vor allem auf den Transaktionskostenansatz zurück gegriffen. Was in unseren obigen Abbildungen 3.1 und 3.2 als Transaktionsschwierigkeit bezeichnet wurde, sprechen Batenburg et al. mit dem Terminus des „Problempotenzials einer Transaktion" an. Das Problempotenzial für den Abnehmer steigt mit den Möglichkeiten und Anreizen des Lieferanten für opportunistisches Verhalten (Opportunismuspotenzial) und mit dem Ausmaß des Schadens, der für den Abnehmer im Fall von Problemen entstehen kann (Schadenspotenzial). Im Endergebnis wird das Problempotenzial operationalisiert über verschiedene Merkmale der Transaktion in Anlehnung an Williamson (u.a. Exit-Kosten auf Grund von „asset specifity", Kontroll- und Überwachungsprobleme auf Grund von „uncertainty/complexity", zeitliche Dauer der Beziehung mit Blick auf die „frequency"-Dimension). Die aufgestellten Hypothesen hinsichtlich der Effekte der Charakteristika der Transaktion auf die Höhe der Investitionen in ex-ante-Management finden ganz überwiegend eine empirische Bestätigung. Insbesondere zeigt sich auch, dass die zeitliche Einbettung (Schatten der Vergangenheit und Schatten der Zukunft) ein bedeutsamer Faktor für das ex-ante-Management ist. Zahlreiche Überlegungen, die bei Williamson relativ vage bleiben, werden in der Studie von Batenburg et al. konkretisiert und gleichzeitig wird deutlich, dass der Satz wichtiger Transaktionsmerkmale, wie ihn Williamson aufgespannt hat, mit Sicherheit nicht ausreichend und vollständig ist. So z.B. hat der elementare Tatbestand des Transaktionsvolumens, der bei Williamson ganz außer Acht bleibt, unter den von Batenburg et al. untersuchten Kovariaten den stärksten Einfluss auf das ex-ante-Management.

---

6 In dem Theaterstück „Tod eines Handlungsreisenden" (Miller 2001) scheitert die Hauptfigur Willy Loman u.a. daran, dass sie für diesen „intermediate level" offenbar wenig Gespür hat.

3.5 Kritikpunkte an der Theorie

Einleitend zu Abschnitt 3.4 wurde bereits konstatiert, dass der Transaktionskostenansatz eine Vielzahl von empirischen Studien angeregt und angeleitet hat. Theoretisch hat sich der Ansatz zum wichtigsten Paradigma im Feld der „organizational economics" entwickelt. Neben stringenten empirischen und theoretischen Arbeiten stehen dabei viele weiche, eher metaphorische Anwendungen, die lediglich den „Sprachcode" der Transaktionskostentheorie benutzen und auf den Zug einer Modetheorie aufspringen (als Beispiel vgl. etwa Picot et al. 1989). Namentlich in der Betriebswirtschaftslehre werden inzwischen alle möglichen Maßnahmen und Programme unter dem Label der Senkung/Minimierung von Transaktionskosten angepriesen.

Diese lockeren und losen Anwendungen der Theorie werden nicht zuletzt dadurch unterstützt, dass sich Williamson in all seinen Arbeiten einer recht blumigen und bildhaften Sprache bedient und konkrete Festlegungen und Präzisierungen gerne vermeidet. Die zentralen Kategorien der Theorie sind in hohem Maße abstrakt, werden von Williamson immer wieder umformuliert und einmal so, dann wieder anders in Unterkategorien aufgegliedert. Außerdem wird Williamson nicht müde zu betonen, dass seine Theorie vorläufig, unvollständig und verbesserungswürdig ist, womit er etliche Einwände gleichsam vorsorglich ins Leere laufen lässt. Die mangelnde Präzision und Konsistenz der zentralen Begriffe sowie unklare, vage und tautologienahe Hypothesen mögen aus wissenschaftstheoretischer Sicht ein Kritikpunkt an der Theorie sein, sie sind aber gleichzeitig wohl auch eine Art Erfolgsrezept. Denn so kann sich fast jeder nach Belieben bestimmter Begriffs- und Theoriebausteine bedienen.

Gewichtiger als diese Kritik, die speziell die Williamson-Variante im Auge hat, erscheint der Einwand, dass sich – entgegen der Grundprämisse des Transaktionskostenansatzes – effiziente institutionelle Arrangements nicht unbedingt und mit Sicherheit nicht in allen Fällen durchsetzen. Durch Einsatz von Macht und Ausnutzung ihrer dominierenden Stellung gelingt es einzelnen Akteuren, oft über lange Zeitspannen ineffiziente organisatorische Settings aufrecht zu erhalten, z.B. auch dadurch, dass sie Effizienz in ihrer eigenen Lesart definieren und propagieren (Granovetter 1985, S. 501 f.). Weiterhin ist aus dem Studium evolutionärer Wettbewerbsprozesse bekannt, dass solche Prozesse durchaus längerfristig in die Irre laufen können und zwar deshalb, weil durch irgendwelche Umstände zu Beginn die Weichen falsch gestellt wurden (Stichwort: pfadabhängige Entwicklung; vgl. dazu den Überblicksaufsatz von Beyer 2005). Zahlreiche Beispiele für pfadabhängige Verlaufsmuster lassen sich in der Technikgeschichte finden, und was für technologische Entwicklungen gilt, dürfte analog auch für institutionelle Arrangements gelten. Sehr schön, wenngleich mit einer etwas anderen Akzentsetzung wird die Möglichkeit ineffizienter Outcomes von Banerjee (1992) in einem einfachen Modell des Herden-Verhaltens illustriert: Nehmen wir an, wir haben zwei benachbarte Restaurants A und B, wobei A qualitativ besser ist als B, was die meisten Leute auch wissen, ohne sich jedoch ganz sicher zu sein. Nun habe sich am frühen Abend eine Gruppe von Fremden zufällig in das Restaurant B verirrt. Die danach ankommenden Personen registrieren, dass in B mehrere Gäste speisen, während in A niemand sitzt. Deshalb entscheiden sie sich für B, und der Umsatz von A bleibt an diesem Abend bei Null. Während ein einmaliger Restaurantbesuch nicht mit längerfristig bindenden (transaktionsspezifischen) Investitionen verbunden ist, ist das – in Verbindung mit einer höheren Unsicherheit – bei der Entwicklung neuer Technologien und beim Setup institutioneller Arrangements in der Regel sehr wohl der Fall. Und genau deshalb müssten eigentlich gerade Transaktionskostentheoretiker dessen gewahr sein, dass sich effiziente Arrangements nicht notwendig durchsetzen (mehr zum Punkt „jenseits der Effizienz" vgl. auch die Ausführungen in Abschnitt 8.3 im Rahmen des Neo-Institutionalismus).

Selbst wenn man darauf vertraut, dass sich effiziente Organisationsstrukturen (längerfristig) durchsetzen, bleibt auf der theoretischen Ebene noch die Frage nach den Mechanismen, die dies bewerkstelligen. Voss (1991) zeigt auf, dass sich Williamson nicht so recht entscheiden kann, ob es eher Vorgänge der (begrenzt) rationalen Wahl oder aber eher evolutionäre Selektionsprozesse sind, die für eine Durchsetzung effizienter Arrangements sorgen. Und soweit Williamson evolutionäre Mechanismen anspricht, kann man noch immer Granovetter (1985, S. 503) zustimmen: „The selection pressures that guarantee efficient organization of transactions are nowhere clearly described by Williamson".

Eine Art Standardeinwand gegen die Transaktionskostentheorie ist schließlich der Verdacht eine funktionalistischen und d.h. letztlich zirkulären Argumentation (vgl. auch dazu Granovetter 1985): Im ersten Schritt wird bei einem solchen Argumentationsmodus ein bestimmtes Phänomen empirisch beobachtet, hier z.B. vermehrtes Outsourcing (=Auslagerung ehemals organisationsintern erledigter Aufgaben). Die Frage lautet dann, warum das so ist. Für einen überzeugten Transaktionskostentheoretiker kann die Antwort nur sein, dass es offenbar an den Transaktionskosten liegt, d.h. Outsourcing ist mit geringeren Transaktionskosten verbunden als die organisationsinterne Leistungserstellung. Nun sucht man nach Argumenten und (tatsächlichen oder auch hypothetischen) Kostenkomponenten, die belegen sollen, warum und weshalb Outsourcing Reibungsverluste vermindert und (kurz- oder auch längerfristig) kostengünstig ist. Da es für die meisten institutionellen Regelungen Pro- und Contra-Argumente gibt, gilt dies auch für das Outsourcing. Unklar und umstritten bleibt nur, welche Regelung im Endergebnis günstiger ist. Nicht selten wird der Gordische Knoten dieser Unklarheit jetzt mit dem zirkulären Argument aufgelöst, dass wir doch empirisch vermehrtes Outsourcing beobachten können, und genau dies würde die Überlegenheit dieses Arrangements belegen. Tatsächlich ist der Gang der Argumentation meistens nicht ganz so offensichtlich zirkulär wie in diesem Outsourcing-Beispiel, aber im Kern schließt sich der Kreis hin zur Immunisierung doch recht häufig. Die abstrakte und vage Begrifflichkeit ist dabei (ähnlich wie im soziologischen Strukturfunktionalismus) hervorragend geeignet, die letztlich zirkuläre Argumentationsfigur zu verschleiern. Nichtsdestotrotz bleibt festzuhalten, dass sich der Transaktionskostenansatz auch in einer Weise spezifizieren lässt, die empirisch überprüfbare Aussagen beinhaltet und Hinweise für die praktische Gestaltung von Organisationen liefert.

Literatur zur Vertiefung und zum Weiterlesen

(1) Coase, Ronald (1937): The Nature of the Firm, in: Economica, Vol. 4, S. 386– 405 (der klassische Basisaufsatz zur Transaktionskostenökonomik).

(2) Williamson, Oliver E. (1975): Markets and Hierarchies: Analysis and Antitrust Implications, New York: Free Press (das ziemlich sperrig geschriebene Grundlagenbuch von Williamson zum Transaktionskostenansatz).

(3) Masten, Scott E. (Hg.) (1996): Case Studies in Contracting and Organization, New York: Oxford University Press (eine schöne Aufsatzsammlung, die zahlreiche, zumeist schon anderweitig erschienene empirische Studien zum Transaktionskostenansatz versammelt).

(4) Granovetter, Mark (1985): Economic Action and Social Structure: The Problem of Embeddedness, in: American Journal of Sociology, Vol. 91, S. 481–510 (dieser Aufsatz, der nicht nur innerhalb der Soziologie sehr viel Beachtung gefunden hat, setzt sich aus einer dezidiert soziologischen Perspektive kritisch mit Argumenten der Williamson-Theorie auseinander).

4. Basiselemente von Organisationen I:
Ziele, formale und informelle Struktur, Mitglieder, räumlich-sachliche Ausstattung, Umwelt

Jeder Versuch einer zielgerichteten Gestaltung und Veränderung von Organisationen setzt normalerweise im ersten Schritt eine nüchterne Beschreibung und Diagnose des Ist-Zustandes der Organisation voraus. Solche Beschreibungen sind gewiss nicht „bar jeder Theorie", d.h. nicht ohne ein Vorverständnis von Organisationen möglich, denn man braucht ein Rüstzeug an Kategorien und Begriffen, die zum einen die Aufmerksamkeit lenken und zum anderen den Rahmen der Möglichkeiten aufspannen. Es versteht sich ja keineswegs von selbst, was man im Rahmen einer deskriptiven Organisationsanalyse überhaupt beobachten soll. Und was beobachtenswert ist, hängt nicht zuletzt davon ab, ob und inwieweit es im Vergleich verschiedener Organisationen auf der jeweiligen Dimension überhaupt Unterschiede gibt. So gesehen basieren „gute Organisationsbeschreibungen" in der Regel auf einem soliden Theorie- und Erfahrungswissen über Organisationen. Es ist das Anliegen dieses Kapitels, das für Organisationsbeschreibungen basale Instrumentarium an Kategorien und begrifflichen Differenzierungen vorzustellen und zu erläutern. Zur Orientierung wird dabei im ersten Abschnitt eine vereinfachende Darstellung der Kernelemente von Organisationen präsentiert. Die dann folgenden Abschnitte befassen sich eingehender mit den drei wesentlichen Einzelelementen, mit den Organisationszielen, der formalen Organisationsstruktur und der Organisationsumwelt.

4.1 Vereinfachende Darstellung der Kernelemente

An Organisationen mit der Sichtweise heranzutreten, dass es einen Satz von Basiselementen gibt, die für deren Charakterisierung mehr oder weniger unverzichtbar sind, wurde schon in Kapitel 1 (Abschitt 1.3) als ein möglicher Zugang angesprochen. Für diesen Zugang hat sich ein Schema von Richard Scott (2003, Chap. 1) bewährt, das dieser ursprünglich von Leavitt (1965) adaptiert hat und das inzwischen in zahlreichen Lehrbüchern zur Organisationsforschung auftaucht (vgl. im deutschen Sprachraum z.B. Müller-Jentsch 2003, S. 20 ff.). Mit leichten Abwandlungen gegenüber Scott ist dieses Schema in Abbildung 4.1 aufgezeichnet.

Das „Scott-Modell" ist insofern ungewöhnlich, als es sich nicht auf die Organisation und deren Interna beschränkt, sondern explizit die Organisationsum-

Abbildung 4.1: Kernelemente von Organisationen

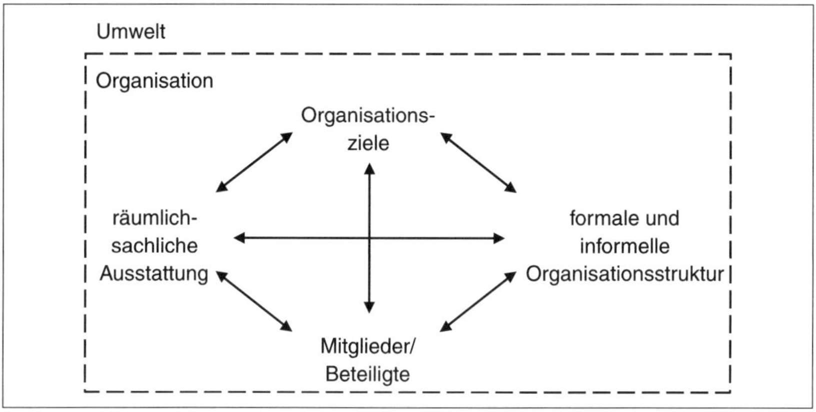

```
Umwelt
 ┌ ─ ─ ─ ─ ─ ─ ─ ─ ─ ─ ─ ─ ─ ─ ─ ─ ─ ─ ┐
 │ Organisation                         │
 │             Organisations-           │
 │                ziele                 │
 │           ↗         ↖                │
 │                                      │
 │ räumlich-                formale und │
 │ sachliche   ←─────────→  informelle  │
 │ Ausstattung           Organisationsstruktur │
 │           ↘         ↗                │
 │             Mitglieder/              │
 │              Beteiligte              │
 └ ─ ─ ─ ─ ─ ─ ─ ─ ─ ─ ─ ─ ─ ─ ─ ─ ─ ─ ┘
```

Quelle: In Anlehnung an Scott (2003, S. 18).

welt als „indispensable ingredient in the analysis of organizations" (S. 18) einbezieht. Die dahinter stehende Einsicht ist, dass die nähere und weitere Umwelt, in die eine Organisation eingebettet ist, für die organisationsinternen Strukturen und Prozesse so bedeutsam ist, dass man die Umfeldgegebenheiten auf jeden Fall schon in elementaren Organisationsbeschreibungen berücksichtigen muss. Die starke Prägung von Organisationen durch ihre Umwelt bzw. das intensive Austauschverhältnis wird in Abbildung 4.1 durch die gestrichelte und damit offene Grenzlinie von Organisation und Umwelt angezeigt (sehr viel mehr zu diesem Austauschverhältnis in den Kapiteln 5 und 8).

Als interne Basiselemente differenziert das Scott-Schema (1) die Organisationsziele, (2) die Organisationsstruktur mit der zusätzlichen Unterscheidung von formaler und informeller Struktur, (3) die Organisationsmitglieder bzw. -beteiligten sowie (4) die räumlich-sachliche Ausstattung der Organisation. Diejenigen, die eine Organisation beschreiben möchten, sollten sich demnach – zusätzlich zur Charakterisierung der Organisationsumwelt – mit den Fragen befassen: Welche Ziele und Anliegen verfolgt die Organisation? Wie ist die Organisation formal strukturiert, und inwieweit gibt es in den alltäglichen Abläufen informelle Abweichungen von den formalen Vorgaben? Wer sind die im Organisationsgeschehen relevanten Akteure und Akteurgruppen? Und wie ist es um die Hardware der Organisation, d.h. um deren räumliche, sachliche und technische Ausstattung bestellt?

Im Kanon dieser Basiselemente erscheinen für einen ersten Zugriff vor allem die Organisationsziele, die formale Organisationsstruktur und die Organisationsumwelt zentral, und deshalb soll im Weiteren darauf jeweils in einem eigenen Abschnitt eingegangen werden.[1] Demgegenüber spielen die Elemente

---

1 Die speziell aus soziologischer Sicht spannende „informelle Organisationsstruktur" (mehr dazu

„Mitglieder/Beteiligte" und „räumlich-sachliche Ausstattung" in der Diskussion eine eher untergeordnete Rolle, sodass an dieser Stelle ein paar wenige Bemerkungen dazu genügen mögen.

Mitglieder/Beteiligte der Organisation: Die Frage, wer zu einer Organisation gehört, d.h. wer Mitglied oder Beteiligter ist, ist weder theoretisch noch praktisch eine triviale Angelegenheit. Sind all die Kleinaktionäre, die ein paar Telekom-Aktien gekauft haben und denen damit ein Bruchteil der Telekom „gehört", Mitglieder oder Beteiligte des Unternehmens? Soll oder kann Greenpeace all seine Förderer, die mehr oder weniger regelmäßig Geld spenden, als „Mitglieder" zählen und damit – zusätzlich zur unbestrittenen finanziellen Dominanz – auch von der Mitgliederzahl her zur größten Umweltorganisation in Deutschland avancieren? Sind die Studenten Mitglieder bzw. Angehörige der Universität, oder sind sie lediglich das zu bearbeitende „Input-Material"?

Theoretisch wird die Mitglieder/Beteiligten-Einstufung gerne als Problem der Bestimmung der Organisationsgrenzen rekonstruiert. Vor allem Vertreter einer systemtheoretischen Position wie etwa Niklas Luhmann (1964 und auch noch 2000) betonen, dass soziale Systeme – und damit auch Organisationen – ihre Identität im Wesentlichen durch Grenzziehung gegenüber ihrer Umwelt herstellen. Durch die Differenz von „innen" und „außen", von Inklusion und Exklusion, durch Selbst- versus Fremdreferenz werde Zurechenbarkeit und Zugehörigkeit produziert. Und erst durch die Etablierung von Organisationsgrenzen werde es einem System möglich, relativ eigenständig (autopoietisch) mit primär selbstreferenziellen Operationen zu agieren. Luhmann geht in seiner Systemtheorie so weit, dass er Individuen ganz aus dem rekursiv-geschlossenen Prozessieren von Organisationen ausschließt, d.h. die Akteure als Teil der Organisationsumwelt behandelt.[2] Aber auch für die im letzten Kapitel behandelte Transaktionskostentheorie ist die Festlegung der Organsationsgrenzen ein Schlüsselproblem. Wenn mit der Absicht der Minimierung von Transaktionskosten über Dinge wie Eigen- oder Fremdproduktion, Outsourcing, Subcontracting oder Leiharbeit diskutiert wird, dann betrifft das in der Regel auch Personen, die in Organisationen einbezogen oder aber (häufiger) über deren Grenzen hinweggeschoben werden sollen. Es scheint eine Art Generaltrend in modernen Gesellschaften und Ökonomien, dass sich die Organisationsgrenzen mehr und mehr „verflüssigen" und damit die Bestimmung der Belegschaft, des Personals, der Mitglieder o.ä. zunehmend schwieriger wird.

Unabhängig von solchen theoretischen Rekonstruktionen ist es auch praktisch in hohem Maße von Bedeutung, wie die Mitgliedschaft und Zugehörigkeit zu einer Organisation definiert und konzipiert wird. Dies deshalb, weil es

---

in Kapitel 7) erschließt sich in der Regel erst durch detailliertere Organisationsanalysen, und das bedeutet, dass sie zumeist erst in einem „zweiten Zugriff" zum Thema wird.

2 Uwe Schimank (2002, S. 42) spricht von der „Fiktion akteurloser Sozialität" in Luhmanns Organisationsverständnis. Für einen ganz auf Luhmann abstellenden Überblick über die systemtheoretisch orientierte Organisationsforschung vgl. den Aufsatz von Wil Martens (2000).

dabei in der Regel gleichzeitig um das Selbstverständnis einer Organisation, um die Organisationsziele und um die Einflusschancen verschiedener Akteure geht. Schlaglichtartig zeigt sich dies im Rahmen der in schöner Regelhaftigkeit wiederkehrenden Debatte um den „shareholder-" versus „stakeholder-value". Die Protagonisten des „shareholder-value" predigen, dass bei privatwirtschaftlichen Unternehmen stets und in erster Linie die Interessen der Eigentümer bzw. Anteilseigner im Vordergrund stehen sollten. Demgegenüber treten die Befürworter des „stakeholder-value" mit der Sichtweise an, dass die verschiedenen Akteurgruppen in Abhängigkeit davon, was für sie auf dem Spiel steht, berücksichtigt werden sollten.[3] Während die „shareholder"-Fraktion ziemlich einseitig orientiert ist, erscheint – zumindest im Sinne einer analytischen, im Unterschied zu einer normativen Position – eine „stakeholder"-Sichtweise für deskriptive und explikative Organisationsanalysen zweifellos eher geeignet. Beim Blick auf Betriebe und andere Organisationen hat sich die Vorstellung eingebürgert, dass es unterschiedliche „Anspruchsgruppen" gibt, die (bildlich gesprochen) mehr oder weniger nahe um einen gedachten Organisationskern herum gruppiert sind. Abstellend auf Wirtschaftsunternehmen unterscheiden z.B. Meffert und Kirchgeorg (1998, S. 94 ff.) zwischen unternehmensinternen Anspruchsgruppen (Unternehmensleitung, Mitarbeiter, Eigenkapitalgeber) und unternehmensexternen Anspruchsgruppen, wobei diese wiederum differenziert werden in marktbezogene (Kunden, Lieferanten, Fremdkapitalgeber) und nicht-marktbezogene (Staat, allgemeine Öffentlichkeit, Anwohner). Solche „Anspruchsgruppen" mit einer unterschiedlichen Nähe zum Organisationsgeschehen gibt es zweifelsohne auch z.B. in Schulen, Krankenhäusern, kirchlichen Organisationen oder in Gewerkschaften. Für diejenigen, der eine Organisation wissenschaftlich beschreiben und analysieren wollen, empfehlen sich stets die drei Fragen: Wer sind die relevanten Akteure bzw. Akteurgruppen, welche Interessen haben sie, und über welche Möglichkeiten zur Durchsetzung ihrer Interessen verfügen sie (vgl. bereits die Eingangsbemerkungen zu Abschnitt 2.1)?

Räumlich-sachliche Ausstattung der Organisation: Um einen ersten, mitunter bleibenden Eindruck von einer Organisation zu bekommen, genügt oft schon eine einfache „Betriebsbesichtigung". Aus der Lage, dem Zustand der Gebäude und deren Interieur lässt sich in vielen Fällen unschwer und ohne weitere Recherchen erschließen, wie es um eine Organisation bestellt ist. Erste Inspektionen z.B. der DDR-Betriebe in den Wendejahren 1989/90 hinterließen bei den westdeutschen Unternehmensberatern einen regelrechten Schock. Noch schockierender waren damals (und sind es auch heute noch) Besuche von psychiatrischen Anstalten und Kinderheimen in Rumänien. Und dass z.B. die deutschen Universitäten innerhalb von Europa nicht zur Elite gehören, wird

---

3 Im Grunde genommen ist die „share-/stakeholder-value"-Debatte kaum mehr als eine (jetzt freilich in amerikanischer Terminologie geführte) Wiederbelebung der alten Diskussion, ob Unternehmen ausschließlich Gewinnmaximierung betreiben sollten oder aber daneben noch andere Unternehmensziele berechtigt sind.

spätestens dann klar, wenn man gelegentlich zu Kongressen an Universitäten wie Stockholm, Utrecht oder Zürich fährt und die dortigen Gegebenheiten und Standards mit den hiesigen vergleicht.

Im Fall von Industriebetrieben ist es in erster Linie die Technik, also die Art und der Stand der technologischen Ausrüstung, die für die Charakterisierung der Hardware einer Organisation wichtig erscheint. Die technische Ausstattung gibt eine räumlich-sachliche Gliederung der Arbeitsabläufe vor, sie schafft den Rahmen für die Ausgestaltung der organisatorischen Strukturen, und sie ist nicht zuletzt wichtig für die Qualifikationsanforderungen der Arbeitsplätze und damit auch für das Qualifikationsniveau der Arbeitskräfte. Kontrovers ist in diesem Zusammenhang das konkrete Ausmaß der Technik-Bestimmtheit der Organisation. Als eine Art Strohmann in dieser Diskussion fungiert dabei die „These des technologischen Determinismus", nach der die jeweilige Technologie die organisatorischen Abläufe und Strukturen vollständig prädeterminiert. Empirisch ist eine vollständige Determiniertheit sicherlich nicht gegeben, was uns letztlich auf die Ausgangsfrage nach der Stärke des „Technikeffekts" zurück verweist. Diese Frage thematisiert allerdings bereits die in Abbildung 4.1 durch Pfeile angezeigten Regelhaftigkeiten im Zusammenspiel der Basiselemente der Organisation. Sie werden erst in Kapitel 5 genauer behandelt (für empirische Befunde speziell zur Bedeutung der Fertigungstechnik vgl. Abschnitt 5.4).

4.2 Organisationsziele

Bereits im Einleitungskapitel (Abschnitt 1.3) wurde darauf verwiesen, dass zahlreiche Organisationsdefinitionen – und vor allem solche, die Organisationen als rationale Systeme konzipieren – das Definitionsmerkmal der Zielgerichtetheit oder Zweckbezogenheit enthalten. Organisationen werden definiert als „soziale Einheiten, die mit dem Zweck errichtet wurden, spezifische Ziele zu erreichen" (Etzioni 1967, S. 12), als „goal-directed systems of human activity" (Aldrich 1999, S. 2) oder als „zur Verwirklichung spezifischer Zwecke planmäßig geschaffene Gebilde" (Abraham und Büschges 2004, S. 58). Hinter solchen Einstufungen der Organisationsziele als Definitionselement steht explizit oder zumindest implizit die Vorstellung, dass es wichtig ist, die Ziele einer Organisation zu kennen und sich damit auseinander zu setzen, wenn man die Organisation verstehen und das organisationale Geschehen erklären will.

Die Bedeutung der Organisationsziele wird dabei in der Regel dergestalt aufzuzeigen versucht, dass diverse Funktionen oder Aufgaben der Organisationsziele genannt und mehr oder weniger ausführlich erläutert werden (vgl. z.B. Etzioni 1967, Kap. 2; Abraham und Büschges 2004, Kap. 4.1.1; Endruweit 2004, Kap. 2.1.1). Ohne Anspruch auf Vollständigkeit seien im Folgenden vier dieser Funktionen angesprochen: (1) Die Organisationsziele sollen für die Mitarbeiter, Mitglieder und die in sonstiger Form Beteiligten Motivationsfunktion haben. Sie sollen ihnen aufzeigen, was die Organisation erreichen will, und damit auch für jeden Einzelnen Hinweise liefern, was er oder sie dazu beitragen kann. Das Ziel z.B. „Wir wollen innerhalb der nächsten fünf Jahre unseren Marktanteil verdoppeln" kann und soll als Ansporn dienen. (2) Nur mit Organisationszielen, die möglichst klar spezifiziert sind, ist es möglich, den Erfolg oder Misserfolg einer Organisation abzuschätzen. Das heißt, Organisationsziele haben die Funktion der Erfolgskontrolle. Für das obige Zielbeispiel der Verdopplung des Marktanteils lässt sich nach fünf Jahren zweifelsfrei feststellen, ob es erreicht bzw. in welchem Ausmaß es verfehlt wurde. (3) Weiterhin sollen Organisationsziele als Richtschnur für Entscheidungen fungieren. Entscheidungen haben in der Regel unterschiedliche Konsequenzen, und die Organisationsziele spezifizieren eine Präferenzordnung für diese Konsequenzen. Bestimmten Konsequenzen wird ein höheres Gewicht eingeräumt als anderen, und es werden Prioritätensetzungen in der Form eines Zielsystems mit vor- und nachgelagerten Zielen vorgenommen. Wenn die Erhöhung des Marktanteils ein primäres Anliegen ist, dann werden Entscheidungen, die dazu beitragen, auch dann getroffen, wenn sie in anderen Bereichen (etwa bei der Arbeitszufriedenheit der Beschäftigten) weniger erfreuliche Konsequenzen haben. (4) Nicht zuletzt wird Zielen eine Legitimationsfunktion im Außenverhältnis zugeschrieben. Organisationen sind in der Regel auf einen Zustrom von Ressourcen aus ihrer Umwelt angewiesen (Betriebe brauchen Kunden, Universitäten wollen Geld vom Staat, Hilfsorganisationen bemühen sich um Spenden), und um diesen Zustrom zu gewährleisten, müssen die Organisationen mit ihren Anliegen und Leistungen überzeugen. Von einem Unternehmen, das sich lautstark auf einem Pfad rascher Expansion befindet, kaufen möglicherweise bestimmte Kunden eher Produkte, und eventuell fühlen sich hoch qualifizierte Arbeitskräfte eher angesprochen, sich um einen Arbeitsplatz bei diesem Unternehmen zu bemühen.

Diese und ähnliche Vermutungen über die Funktion von Organisationszielen sind schön und gut, und sie mögen empirisch zum Teil sogar zutreffend sein. Ein genaueres Durchdenken der einzelnen „Funktionen" führt jedoch rasch auf Schwierigkeiten und Bedenken. Als kleiner Export-Sachbearbeiter bei BMW bin ich zwar auch für eine Verdopplung des BMW-Marktanteils (im In- und Ausland), aber daraus ergibt sich für mich nicht notwendig, dass ich mich jetzt besonders anstrengen werde (vgl. die entsprechenden Hinweise zum Kollektivgut- und „free-rider"-Problem in Abschnitt 2.5). Zudem neigen Organisationen nur in Ausnahmefällen zu so klaren Zielvorgaben wie im Beispiel der Verdopplung des Marktanteils. Eher besteht eine Tendenz und Vorliebe, die Organisationsziele unbestimmt und vage zu halten, die genauen Prioritäten nicht exakt festzulegen und in Abhängigkeit von situativen Rahmenbedingungen die Rangordnung zu variieren. Ein dergestalt nebulöses „Zielsystem" lässt sich dann kaum mehr zur Erfolgskontrolle oder als Richtschnur für Entscheidungen verwenden, es eignet sich aber gut für Sonntagsreden zur Selbstdarstellung der Organisation im Außenverhältnis.

Die angesprochenen Schwierigkeiten mit der Funktion der Organisationsziele ergeben sich in erster Linie aus der nach wie vor ungelösten Grundfrage, was man denn unter einem Organisationsziel eigentlich verstehen soll (ausführlicher dazu z.B. bereits Vanberg 1983). Einer der Ausgangspunkte des Modells der Ressourcenzusammenlegung in Kapitel 2 war, dass zunächst einmal nur Personen, nicht aber Organisationen Interessen, Präferenzen und Ziele haben. Mithin bleibt – zumindest aus der Sicht einer individualistisch orientierten Sozialwissenschaft – die Rede von Organisationszielen im Endergebnis immer eine Metapher, und zwar eine Metapher, die in Anlehnung an individuelle Akteure gebildet wurde und die Gefahr einer Personifizierung von Organisationen in sich birgt. Praktisch seit ihren Anfängen tendiert die Organisationsforschung dazu, ihren Untersuchungsgegenstand nach dem gleichen Schema zu stricken wie individuelle Akteure (juristische Personen in Anlehnung an natürliche Personen). Denn mit der Erklärung individuellen Verhaltens fühlen wir uns aus der alltäglichen Praxis heraus halbwegs vertraut, und dies drängt uns dazu, dieses Wissen auch für die Logik der Erklärung „korporativen Handelns" zu nutzen. Dies ist nach Einschätzung von Vanberg (1983) einer der Gründe für die Hartnäckigkeit, mit der in der Organisationsforschung am so genannten „Ziel-Paradigma" festgehalten wird. Es geht bei den Organisationszielen hintergründig also auch um die Frage, ob Organisationen eigenständige Entscheidungs- und Handlungseinheiten sind. Immerhin haben wir am Modell der Ressourcenzusammenlegung in Kapitel 2 exemplarisch gesehen, dass man Organisationen den Akteurstatus auch zugestehen kann, ohne dass dabei Organisationsziele eine wesentliche Rolle spielen.

Interessanterweise werden Bedenken gegen das „Ziel-Paradigma" nicht nur von Autoren wie Vanberg oder Coleman vorgetragen, sondern ebenso von Vertretern systemtheoretischer Positionen. Namentlich Luhmann (v.a. 1973) hat sich immer wieder um den Nachweis der „Nicht-Instruktivität" von Organisationszielen für organisatorische Entscheidungsprozesse bemüht. Es ist nach seiner Einschätzung nicht sinnvoll, Organisationsziele und Organisationszwecke als handlungs- und entscheidungsleitende Orientierungen aufzufassen. Denn Organisationen und soziale Systeme allgemein entwickeln eine Eigendynamik (eine „prozessuale Selbstreferenz"), die sich nur begrenzt steuern und gezielt beeinflussen lässt. Wie auch andere Autoren (z.B. Etzioni 1967) empfiehlt Luhmann als Alternative zum „Zielmodell der Organisation" ein „Systemmodell der Organisation". Im Rahmen dieses Systemmodells wird, wenn denn Organisationsziele überhaupt vorkommen, am ehesten noch auf die oben angesprochene Legitimationsfunktion von Organisationszielen Bezug genommen (Kieserling 2005).

Weitgehend unberührt von solchen theoretischen Grundfragen (organizistische versus individualistische Sozialtheorie, Ziel- versus Systemmodell von Organisationen) wurde und wird in der praktischen Organisationsforschung ausgiebig dazu gearbeitet, wie und auf welche Weise man Organisationsziele empirisch erheben kann. Dabei wurden eine Reihe von Vorschlägen unterbreitet und Erfahrungen gesammelt, die durchaus hilfreich erscheinen, auch wenn man dem Konzept der Organisationsziele kritisch gegenüber steht (für eine ältere, aber noch immer informative Übersicht vgl. Mayntz und Ziegler 1977). Relativ einig ist man sich z.b. darin, dass es – zumindest bei größeren Organisationen – wenig ertragreich ist, die Organisationsziele über Befragungen aller Mitglieder bzw. Beteiligten zu ermitteln. Dies liefert erfahrungsgemäß leerformelhafte und vorzugsweise wohlklingende Zielbeschreibungen, wobei die Ergebnisse zudem stark von der Befragungsmethodik abhängen. Eher angebracht sind offene Gespräche oder Leitfadeninterviews mit den leitenden Akteuren der Organisation. Den theoretischen Hintergrund für dieses Vorgehen bietet ein Zielkonzept von Cyert und March (1963), bei dem Organisationsziele als das Ergebnis eines Aushandlungsprozesses unter den Mitgliedern der „dominierenden Koalition" gesehen werden (ausführlicher dazu Scott 2003, Chap. 11). Auch die Mitglieder der dominierenden Koalition sind allerdings oft über die Ziele und deren Priorisierung uneins, und es ist bekannt, dass sie in Befragungen in besonderem Maße zu positiven Selbststilisierungen neigen.

Mit dem Problem der hehren Worte ist man in der Regel auch dann konfrontiert, wenn man – anstelle von Befragungen – via Dokumentenanalyse auf mehr oder weniger offizielle schriftliche Zieldeklarationen zurück greift. Solche Deklarationen finden sich u.a. in Satzungen, Leitbildbroschüren, Selbstbeschreibungen, Grundsatzprogrammen oder Geschäftsberichten. Bei aller Skepsis und mit dem wissenschaftlich unverzichtbaren kritisch-rationalen Habitus empfiehlt sich eine Durchsicht und Analyse solcher Zieldeklarationen eigentlich auf jeden Fall, denn das, was irgendwo geschrieben steht und offen propagiert wird, entfaltet eine Eigenwirkung und erscheint zumindest mit Blick auf die Legitimationsfunktion der Organisationsziele wichtig.

Ein noch immer beachtenswerter Vorschlag, Organisationsziele empirisch zu ermitteln, stammt schließlich von Herbert Simon (1964). Ausgehend von einem Zielkonzept, das die Rollenerwartungen an die verschiedenen Organisationsmitglieder betont, schlägt er vor, die Organisationsziele aus den Entscheidungen einer Organisation zu erschließen.[4] Entscheidungen als beobachtbare Sachverhalte basieren zwar erstens auf dem, was Akteure wollen (also auf ihren Zielen), und zweitens auf den situativen Gegebenheiten (also auf den „constraints"), aber Simon argumentiert, dass sich die interpersonellen Differenzen und die variierenden situativen Rahmenbedingungen über zahlreiche Entscheidungen hinweg austarieren und damit als eine Art Substrat „Organisationsziele" erkennbar werden. Einfacher formuliert: Zwar nicht bei der Betrachtung einer Entscheidung in einer Situation, aber bei der Betrachtung von Entscheidungen in vielen unterschiedlichen Situationen ist es möglich, aus der Beobachtung dessen, was getan wird, auf die Organisationsziele zu schließen. Dies ist eine intuitiv plausible Idee, nur leider wurde sie in der empirischen Zielforschung bislang nicht systematisch umgesetzt. Dies vermutlich deshalb, weil das Verfahren recht aufwändig wäre.

---

4 „What the goals are must be inferred from observation of the organization's decision-making processes" (Simon 1964, S. 20).

Insgesamt würde man wohl das Kind mit dem Bade ausschütten, wenn man auf Grund der vorgetragenen theoretischen und empirischen Schwierigkeiten mit dem Zielkonzept gänzlich auf dieses Basiselement der Organisationsbeschreibung verzichten würde. Gleichzeitig sollte aber deutlich geworden sein, dass beim Gebrauch des Begriffs der Organisationsziele eine gewisse Vorsicht und Behutsamkeit angebracht ist. Für die empirische Zielanalyse kann man in einfachen Worten die drei Empfehlungen aussprechen: Wende dich an die leitenden Akteure der Organisation, suche nach schriftlichen und öffentlich dokumentierten Zieldeklarationen, und betrachte wichtige Entscheidungen, die in den zurückliegenden Jahren im Namen der Organisation getroffen wurden.

4.3 Dimensionen der formalen Organisationsstruktur

Als Bauplan oder „Blaupause" einer Organisation kommt der formalen Organisationsstruktur bei jeder Organisationsbeschreibung eine zentrale Bedeutung zu. Die formale Struktur ist die Gesamtheit der Vorgaben, wie die Organisation sein soll, und man spricht deshalb auch von der normativen Struktur (Scott 2003, S. 18 ff.). Die formale/normative Struktur umfasst Dinge wie Stellenbeschreibungen, Kompetenzregelungen, Verfahrens- und Verhaltensrichtlinien, Entlohnungspraktiken und vorgesehene Unter- bzw. Überordnungsverhältnisse. Sie erstreckt sich in erster Linie auf den Aufbau einer Organisation, in zweiter Linie auf organisationale Abläufe.[5]

Nun dürfte klar sein, dass in der Realität nicht alles so läuft, wie es vorgesehen ist und wie es laut Plan sein sollte. Deshalb wird von der formalen Struktur in der Regel die informelle Struktur unterschieden. Scott (2003, S. 18 ff.) stellt der formalen/normativen Struktur die „Verhaltensstruktur", „the factual order" zur Seite, wobei nicht ganz klar wird, ob er damit dasselbe meint wie die informelle Struktur. Unabhängig von den Feinheiten der Scottschen Begrifflichkeit ist und bleibt es für die Organisationsforschung ein zentrales Untersuchungsfeld, wie stark die normative Struktur die Verhaltensstruktur beeinflusst bzw. in welchem Ausmaß die formale und informelle Organisationsstruktur übereinstimmen oder voneinander abweichen (mehr dazu v.a. in Kapitel 7).

Man darf die formale Struktur zwar nicht mit dem tatsächlichen Organisationsgeschehen gleich setzen, trotzdem ist sie für die Organisationspraxis der entscheidende Gestaltungs- und Handlungsparameter. Wenn eine neue Organisation gegründet oder aber eine bestehende Organisation verändert oder reformiert werden soll, dann sind es hauptsächlich die Komponenten des Bauplans, an denen mehr oder weniger behutsam herum „gebastelt" wird. Um die-

---

5 Speziell in der deutschen Betriebswirtschaftslehre war die Unterscheidung zwischen Aufbau- und Ablauforganisation lange Zeit weit verbreitet (vgl. grundlegend Kosiol 1976). Im Verlauf der Zeit ist diese Differenzierung jedoch immer mehr in den Hintergrund getreten, weil sie sich als eine analytisch schwer durchhaltbare und als eine zu starke Dichotomisierung von „Struktur und Prozess" erwies.

se Bastelarbeit erfolgversprechend leisten zu können, muss man die Bausteine kennen, d.h. wir müssen wissen, wie und mit welchen Dimensionen (nebst deren Ausprägungen) man die formale Organisationsstruktur am besten kanalisiert und damit auch gleichzeitig charakterisiert.

Mit einem erheblichen Aufwand hat sich die Organisationsforschung sowohl im begrifflich-theoretischen Bereich als auch auf empirischem Weg darum bemüht, einen einigermaßen überschaubaren und halbwegs stringenten Satz von Beschreibungsdimensionen für die formale Struktur von Organisationen zu entwickeln (vgl. exemplarisch das 1200-Seiten-Werk von Kubicek und Welter 1985). Speziell im Gefolge der Kontingenztheorie, die quantitativ vergleichende Organisationsforschung zu ihrem Programm erhob (ausführlicher Kapitel 5), ist es gelungen, ein paar wenige Kerndimensionen zu isolieren, die weithin als unverzichtbar für eine angemessene Charakterisierung der formalen Organisationsstruktur akzeptiert werden. Kieser und Kubicek (1992) bzw. neuerdings Kieser und Walgenbach (2003) haben diese Hauptdimensionen auf der Grundlage eines umfassenden Überblicks über die internationale Literatur in verschiedenen Disziplinen zusammen gestellt, und diese Zusammenstellung soll im Folgenden in stark verkürzter Form und mit leichten Abwandlungen referiert werden. Die Zusammenstellung von Kieser und Kollegen unterscheidet fünf, im ersten Schritt relativ breite Dimensionen zur Beschreibung der Organisationsstruktur, und diese werden dann in weiteren Schritten jeweils noch aufgefächert. Die fünf Dimensionen werden in Tabelle 4.1, die als Fahrplan für die weiteren Ausführungen dienen soll, einführend genannt und mit wenigen Worten erläutert.

Tabelle 4.1: Hauptdimensionen der formalen Organisationsstruktur

Dimension	Kurzcharakterisierung
Arbeitsteilung	Auch Spezialisierung oder funktionale/horizontale Differenzierung genannt. Aspekte: Ausmaß/Umfang der Arbeitsteilung und Art der Arbeitsteilung.
Koordination	Auch Integration genannt. In welchem Ausmaß gelangen verschiedene Koordinationsinstrumente zum Einsatz? Unterscheidung: strukturelle Koordinationsinstrumente (persönliche Weisungen, Selbstabstimmung, Programme, Pläne) und nicht-strukturelle Koordinationsinstrumente (organisationsinterne Märkte, Organisationskultur).
Hierarchie	Auch Konfiguration oder vertikale Differenzierung genannt. Aspekte: Hierarchietiefe, Leitungsintensität, Leitungsspannen, Ein-/Mehrliniensystem, Stabsstellen, modernes Projektmanagement.
Delegation	Auch Entscheidungsdelegation oder Kompetenzverteilung genannt. Ergebnis: Ausmaß der (De-)Zentralisierung.
Formalisierung	Auch „Verschriftlichung" genannt. Aspekte: Strukturformalisierung und Informationsflussformalisierung.

Quellen: In Anlehnung an Kieser und Kubicek (1992, Kap. 3) sowie Kieser und Walgenbach (2003, Kap. 3).

Strukturdimension „Arbeitsteilung": Fast per definitionem ist die Erledigung von Aufgaben im Rahmen von Organisationen mit Arbeitsteilung und Spezialisierung verbunden. Individuelle Akteure schließen sich zusammen, um bestimmte Aufgaben effizienter und d.h. eben zumeist arbeitsteilig zu bewältigen. In soziologischer Terminologie wird die Dimension der Arbeitsteilung gerne mit dem Konzept der funktionalen (oder auch horizontalen) Differenzierung angesprochen. Mit funktionaler Differenzierung ist allein die Unterschiedlichkeit der Aufgaben und Verrichtungen gemeint, ohne dass dabei schon der Aspekt unterschiedlicher sozialer Wertigkeit oder der Aspekt ungleicher Macht- und Entscheidungsbefugnisse ins Spiel gebracht wird.

Bei einer Untersuchung der Arbeitsteilung in einer Organisation kann man (1) den Umfang der Arbeitsteilung und (2) die Art der Arbeitsteilung ins Blickfeld nehmen. Die zu erledigenden Aufgaben können mehr oder weniger kleinteilig zerlegt und aufgesplittet sein, was den Umfang bzw. das Ausmaß der Spezialisierung anzeigt. Bei der Art der Arbeitsteilung geht es darum, nach welchem Prinzip die Arbeitszerlegung vorgenommen wird. Dabei wird, ohne dass dies vollständig und immer trennscharf ist, gerne differenziert zwischen einer Spezialisierung nach Verrichtungen oder Funktionen (funktionale Struktur) und einer Spezialisierung nach Produkten oder Objekten (divisionale Struktur). In einer Schreinerei, an der Kieser et al. ihre Begrifflichkeit illustrieren, hätte man Spezialisierung nach Verrichtungen, wenn eine Arbeitergruppe für alle Sägearbeiten, eine andere für alle Schraubarbeiten usw. zuständig wäre; hingegen Spezialisierung nach Produkten/Objekten, wenn eine Arbeitergruppe Stühle, eine andere Schränke usw. fertigen würde.

Den Umfang und die Art der Arbeitsteilung wird man am ehesten auf der Ebene von Stellen und Positionen analysieren, da diese so etwas wie Basiselemente der formalen Organisationsstruktur bilden (Arbeitsteilung zwischen Stellen/Positionen). Im Fall von größeren Organisationen lässt sich dies ergänzend auch z.B. auf der Abteilungsebene wiederholen (Arbeitsteilung zwischen Abteilungen). Empirisch gilt, dass selbst bei gleichen oder sehr ähnlichen Aufgaben- und Problemstellungen – angefangen von der Herstellung von Stühlen und Schränken in der Kieserschen Schreinerei, über die Montage von Autos in großen Werkhallen, bis hin zur „Produktion" von Forschungsergebnissen – Organisationen das Ausmaß und den Modus ihrer Arbeitsteilung sehr unterschiedlich gestalten.[6]

Strukturdimension „Koordination": Je stärker arbeitsteilig eine Organisation ihre Aufgaben erledigt, umso größer ist der Bedarf bzw. die Notwendigkeit, die verschiedenen Teilaufgaben aufeinander abzustimmen und gegebenenfalls wieder zusammenzufügen. Das heißt, mit der Arbeitsteilung entstehen Probleme der

---

6 In sozialwissenschaftlichen Forschungsinstituten der DDR wurden z.B. Umfragen zur Erhebung politischer und sonstiger Einstellungen der Bürger/innen extrem arbeitsteilig durchgeführt. Dies brachte es mit sich, dass im Endergebnis nur ganz wenige Forscher über die Ergebnisse der Studien, an denen sie beteiligt waren, etwas wussten.

Koordination und mit zunehmender Spezialisierung steigt der Koordinations-bedarf. In der soziologischen Begrifflichkeit ist der entsprechende Partner zur funktionalen/horizontalen Differenzierung das Konzept der „Integration", bei dem zum einen nach dem Ausmaß des Zusammenhalts der Teile eines Systems gefragt wird und zum anderen nach den Mechanismen, über die dieser Zusammenhalt hergestellt wird (zum soziologischen Integrationsbegriff vgl. z.B. Esser 2000, Kap. 6).

Fast spiegelbildlich zu den Integrationsmechanismen soziologischer Analysen befassen sich Organisationsanalysen, sobald es um die Dimension der Koordination geht, in erster Linie mit Koordinationsinstrumenten. Kieser et al. systematisieren die breite Palette möglicher Koordinationsinstrumente mit der Liste: (1) Koordination durch persönliche Weisungen, (2) Koordination durch Selbstabstimmung, (3) Koordination durch Programme, (4) Koordination durch Pläne, (5) Koordination durch organisationsinterne Märkte und (6) Koordination durch Organisationskultur. Die Instrumente (1) bis (4) werden als strukturelle, die Instrumente (5) und (6) als nicht-strukturelle Koordinationsinstrumente bezeichnet.[7]

Diese umfangreiche Liste wird man bei einer praktischen Organisationsstrukturanalyse nicht im Detail und punktgetreu einlösen können und wollen. Aber sie verweist auf wichtige Fragen, mit denen man sich bei der Charakterisierung der Zusammenarbeit in einer Organisation auseinander setzen sollte: In welchem Ausmaß wird in der Organisation nach dem Muster von Befehl und Gehorsam gearbeitet? Persönliche Weisungen können nicht nur mündlich erfolgen, sondern auch schriftlich oder heutzutage oft auf dem Weg über den Bildschirm. Der Blick auf die „Weisungsintensität" lenkt die Aufmerksamkeit auf den vertikalen Kommunikationsfluss. Demgegenüber bewegen sich Koordinationsvorgänge durch Selbstabstimmung eher horizontal. Konkret wird man z.B. danach Ausschau halten, ob es (teil-)autonome Arbeitsgruppen gibt, einen teamorientierten Arbeitsstil und demokratienahe Abstimmungsprozeduren. Und weiter: In welchem Ausmaß ist das Organisationsgeschehen programmiert, d.h. durch verbindliche Verfahrensrichtlinien und feste Ablaufschemata bestimmt? Der Aspekt der Programmierung wird in der Literatur oft auch mit dem Terminus der Standardisierung angesprochen. Einen Einblick in die Art, wie eine Organisation mit der Zukunft umgeht, kann man gewinnen, indem man danach fragt, ob und wie detailliert mit (schriftlichen) Plänen gearbeitet wird. Organisationen sind mehr oder weniger „planungsfreudig". Während z.B. viele Organisationen eine durchdachte Personalplanung betreiben, ist anderen Organisationen ein solches Instrument gänzlich fremd.

Im Feld der nicht-strukturellen Koordinationsinstrumente ist von Interesse, ob und inwieweit organisationsinterne Märkte simuliert werden und mit öko-

---

7 Zusätzlich zur Koordination durch organisationsinterne Märkte und durch Organisationskultur führen Kieser et al. bei den nicht-strukturellen Koordinationsinstrumenten noch die Koordination durch Standardisierung von Rollen auf. Darauf soll hier nicht eingegangen werden.

nomischen Anreizmechanismen (nicht nur bei der Entlohnung und bei Beförderungen) gearbeitet wird. Klare Hinweise auf eine „Vermarktlichung der Organisation" geben z.b. interne Verrechnungspreise oder das Profit-Center-Prin-
zip bei privatwirtschaftlichen Unternehmen. Generell hält man bei den ökonomischen Anreizmechanismen nach Maßnahmen Ausschau, die darauf abzielen,
die Konkurrenz innerhalb der Organisation zu beleben (zur Bedeutung von
Marktbeziehungen in Organisationen vgl. auch die Ausführungen im späteren
Abschnitt 10.3; zudem sei an die Gegenüberstellung von Markt und Organisation im Rahmen des Transaktionskostenansatzes in Kapitel 3 erinnert). Eine
Art Gegenpol zur Integration durch ökonomische Anreize bildet die Integration
durch gemeinsame Werte und Normen. Dieser Aspekt wird in der aktuellen
Organisationsforschung gerne mit dem Konzept der Organisationskultur einzu-
fangen versucht. Mithin bieten sich für eine Organisationsanalyse die Fragestellungen an: Inwieweit gibt es in der betrachteten Organisation so etwas wie eine
spezifische Organisationskultur oder (neudeutsch) eine „corporate identity"?
Und in welchem Ausmaß lassen sich Bemühungen beobachten, so etwas aktiv
herzustellen oder zu erhalten?

Strukturdimension „Hierarchie": Obwohl es Organisationen gibt, vor allem kleinere, die ohne eine hierarchische Gliederung auskommen, ist dies ab einer bestimmten Organisationsgröße unwahrscheinlich. Die Arbeitsteilung und der
dadurch hervorgerufene Koordinationsbedarf erzeugen einen Druck hin zur
Regelung der Entscheidungsbefugnisse, und wenn diese ungleich verteilt sind,
ist der Schritt zu sozialer Ungleichheit, zu Differenzen im sozialen Status, zu
einem Unten und Oben und zur vertikalen Differenzierung nicht mehr weit.
Kieser et al. bevorzugen an dieser Stelle den Terminus „Konfiguration" und
meinen damit die äußere Form des Stellengefüges, die sich in einem Organisa-
tionsschaubild (einem Organigramm) festhalten lässt. Zusätzlich zur Darstellung der Art der Arbeitsteilung informiert ein Organigramm auch und insbesondere über die Unter- und Überordnungsverhältnisse. Zur genaueren Charakterisierung der hierarchischen Gliederung gibt es wiederum eine ganze Reihe
von Teilaspekten, von denen hier nur die wichtigsten kurz angeschnitten werden können.

Wichtig erscheint zunächst einmal die Hierarchietiefe, d.h. die Anzahl der
Hierarchieebenen. Viele Organisationen haben flache Hierarchien (wenige Hierarchiestufen), andere steile Hierarchien (viele Hierarchiestufen). Neben dieser
schlichten Zahl sind die Besetzungsstärken der verschiedenen Ebenen von Be-
lang. Nur in Ausnahmefällen folgen Organisationen der Alltagsvorstellung eines
pyramidenförmigen Aufbaus, sehr viel häufiger sind es zwiebelförmige Gebilde.
Einen indirekten Hinweis darauf, ob eine Organisation eher kopf- oder bauch-
lastig ist, gibt die so genannte Leitungsintensität, die man definieren kann als
die Zahl der Vorgesetzten dividiert durch die Gesamtzahl der Organisationsmitglieder. Rechnerisch lassen sich alle möglichen Stellenrelationen mit verschiedenen Zählern und Nennern bilden, über deren Aussagekraft sich trefflich

streiten lässt.[8] Von der Leitungsintensität zu unterscheiden sind die Leitungs-spannen, die darüber informieren, wie viele Untergebene einem Vorgesetzten jeweils (oder im Durchschnitt) zugeordnet sind.

In den meisten Organisationen ist die vertikale Differenzierung in der Form eines Einliniensystems angelegt, was bedeutet, dass eine Stelle einen und nur einen Vorgesetzten hat. Bei Mehrliniensystemen hat eine Stelle mehr als einen Vorgesetzten, z.B. in Abhängigkeit vom jeweiligen Aufgaben- oder Problem-bereich, was allerdings leicht zu widersprüchlichen Anforderungen und Kompe-tenzstreitigkeiten führt. Zusätzlich zu den so genannten Linienstellen findet man in Organisationen oft noch Stabsstellen, die außerhalb der Haupthierar-chie angesiedelt sind und unterstützende Funktion für bestimmte Linienstellen oder die Gesamtorganisation haben (z.B. Planungsstäbe, Stellen in der Rechts-abteilung oder die Position des Pressesprechers). Um einen Eindruck von der „Hierarchieresistenz" einer Organisation zu gewinnen, sollte man gemäß Kieser et al. schließlich noch einen Blick darauf werfen, ob und inwieweit moderne Formen des Projektmanagements praktiziert werden. Beim Projektmanagement werden zur Lösung zeitlich begrenzter Aufgaben Gruppen gebildet, deren Mit-glieder von der Idee her möglichst „hierarchiefrei" kooperieren sollen.

Strukturdimensionen „Delegation": Bei gleicher Konfiguration bzw. Hierarchie-gliederung kann es unterschiedlich geregelt sein, welche und wie viele Entschei-dungsbefugnisse eine Stelle hat. Ein Vorgesetzter auf Hierarchiestufe 3 in einem Großhandelsunternehmen mag z.B. aktuell befugt sein, eigenständig über Geldbeträge bis 20.000 Euro zu disponieren; man könnte diesen Betrag jedoch auch verdoppeln oder verdreifachen, oder aber umgekehrt halbieren. Ähnlich verhält es sich mit der Zuweisung oder Nicht-Zuweisung anderer Rechte (ange-fangen von der Festlegung der Arbeitszeiten, über die Vergabe von Prämien, bis hin zu Entscheidungen über Beförderungen). Die umfangmäßige Verteilung der Entscheidungsbefugnisse wird in der Regel als Delegation oder Kompetenz-verteilung bezeichnet.

Das Resultat der Entscheidungsdelegation ist eine mehr oder weniger zentra-lisierte Organisation. Das Ausmaß der Zentralisierung bzw. Dezentralisierung ist für das Funktionieren einer Organisation in hohem Maße bedeutsam, denn es ist wichtig, dass Entscheidungen dort getroffen werden, wo die einschlägigen Informationen liegen und wo der notwendige Sachverstand gewährleistet ist. Leider ist dies einfacher gesagt, als es sich praktisch dingfest machen lässt. Die Unbestimmtheit hinsichtlich der optimalen Platzierung von Entscheidungs-kompetenzen bringt es mit sich, dass in vielen Organisationen eine schleichen-de Tendenz in Richtung Zentralisierung besteht. Hinzu kommt, dass Entschei-dungsdelegation für die Organisationsspitze immer auch einen Macht- und

---

8 Sehr beliebt sind in diesem Zusammenhang noch Kennziffern für die relative Größe des Ver-waltungsapparats (vgl. statt vieler z.B. Marsden et al. 1996a). Analog zur Leitungsintensität könnte man ein Konzept der „Verwaltungsintensität" definieren als die Zahl der Verwaltungs-stellen dividiert durch die Gesamtheit der Organisationsmitglieder.

Kontrollverlust bedeutet. Für die unteren Ränge sind mehr Kompetenzen in der Regel gleichzeitig mit mehr Verantwortung verknüpft, was nun wiederum von den einen als Herausforderung, von den anderen hingegen als eine Last gesehen wird. Zur Lust und Last der Verantwortung wird in Kasten 4.1 etwas räsoniert.

Kasten 4.1: Die schwere Last der Verantwortung?

Wenn man Manager danach fragt, warum sie so viel Geld verdienen und wofür, verweisen sie gerne auf die schwere Last der Verantwortung, die sie zu schultern haben. In Systemen der analytischen Arbeitsbewertung, die in vielen Industriebetrieben zur Einstufung von Arbeitsplätzen und damit zur Festlegung der Lohnhöhe verwendet werden, taucht die Verantwortung als Komponente der „Arbeitsschwierigkeit" auf, die mit einem höheren Einkommen abgegolten wird. Sowohl die Manager als auch die Arbeitsbewerter sind mithin offenbar Anhänger der Belastungsthese der Verantwortung.

Dem steht entgegen, dass in weiten Teilen der Managementliteratur Verantwortung auch als ein besonderer Reiz, als „an enjoyable challenge" eingestuft wird. Auch z.B. in der Diskussion um eine Humanisierung der Arbeitsbedingungen, also wenn es darum geht, eintönige und repetitive Jobs interessanter zu machen, wird häufig als Leitlinie propagiert, man müsse den Arbeitnehmern mehr Verantwortung übertragen und ihre Jobs mit Verantwortung anreichern. Verantwortung wird hier also offenbar als Gratifikation, wenn nicht als Lust („thrill") gesehen.

Ob nun die Belastungs- oder die Gratifikationsthese der Verantwortung zutrifft, ist nicht nur akademische Spielerei, sondern durchaus auch praktisch von Bedeutung. Denn wenn die Gratifikationsthese richtig ist, ließe sich argumentieren, dass verantwortungsvolle Positionen im Arbeitsleben nicht mit einem höheren, sondern mit einem niedrigeren Lohn vergütet werden sollten.

Welche der beiden Thesen zutrifft, ist eine empirische Frage. Vor vielen Jahren hat der Autor dieses Lehrbuchs seine Dissertation (1985) mit der „kühnen" (bzw. vom betriebswirtschaftlichen Gutachter als „naiv" und „unbedarft" bezeichneten) Idee begonnen, die Belastungsthese der Verantwortung zu falsifizieren und ad acta zu legen. Doch der kühnen Idee zum Trotz: Das Ausmaß der Verantwortung einer Position, das auf verschiedenen Wegen gemessen wurde, korrelierte in den Daten der empirischen Erhebung zumeist positiv mit der ebenfalls auf verschiedenen Wegen gemessenen psychischen Belastung durch die Arbeit.

Quelle: Preisendörfer (1985).

Strukturdimension „Formalisierung": Die letzte der fünf Dimension, die Formalisierung, stellt darauf ab, in welchem Ausmaß die Strukturen und Abläufe einer Organisation schriftlich fixiert sind und fortlaufend schriftlich festgehalten werden. Kieser et al. unterscheiden dabei im Wesentlichen die „Strukturformalisierung" und die „Informationsflussformalisierung". Mit Strukturformalisierung ist gemeint, ob die in der Organisation geltenden Regeln zur Arbeitsteilung, Koordination, Hierarchie und Delegation irgendwo schriftlich dokumentiert und damit im Prinzip auch für Außenstehende zugänglich sind. Von einer hohen Strukturformalisierung kann man insbesondere dann ausgehen,

wenn es schriftliche Stellenbeschreibungen gibt, wenn sich die Organisationsmitglieder in ihrer täglichen Zusammenarbeit an einem offiziellen Organigramm orientieren, wenn Verfahrensrichtlinien in so genannten Organisations-
handbüchern festgehalten sind und wenn das alles zeitgemäß im „Intranet" ab-
rufbar ist.

Die Teildimension der „Informationsflussformalisierung" (IFF) bezieht sich
auf Regelungen, die vorsehen, dass bestimmte Abläufe und Kommunikationsprozesse schriftlich zu erfolgen haben. Das empirische Ergebnis und der Grad-
messer dieser Formalisierungsvariante ist der laufende Papierverbrauch für ver-
schiedenfarbige Formulare, Aktennotizen, Arbeitsblätter, Protokolle und derer
Korrekturen, wichtige Mitteilungen der Verwaltung und schriftliche Abmah-
nungen in fünffacher Kopie. Dieses Papier wird gesammelt und archiviert, sodass die IFF auch an der Archivgröße ablesbar ist. In der modernen Variante
kann man zusätzlich zum Papierverbrauch noch die täglichen Rund-Mails an
alle bzw. an diverse Subgruppen zählen, und das elektronische Zusatzarchiv
lässt sich über die abgelagerten Gigabytes quantifizieren.

Während die Arbeitsteilung, die Koordination und die vertikale Differenzierung die drei wesentlichen und gänzlich unverzichtbaren Dimensionen zur
Charakterisierung der formalen Organisationstruktur darstellen, sind die zwei
zuletzt behandelten Dimensionen der Delegation und der Formalisierung eher
Ergänzungen. Dies zeigt sich dergestalt, dass sie in den Beschreibungsrastern
etlicher Autoren fehlen oder aber irgendwo bei den drei ersten Strukturdimensionen auftauchen. Abschließend zu diesem Abschnitt sei zudem noch einmal
einschränkend betont, dass das vorgestellte Beschreibungstableau für die formale Organisationsstruktur stark „größenlastig" in dem Sinne ist, dass es sich am
ehesten für große Organisationen eignet. Aber auch für die Untersuchung klei-
nerer und mittlerer Organisationen lassen sich die Strukturdimensionen teilweise anwenden, denn die grundlegende Problemstellung der Gestaltung einer
arbeitsteiligen Kooperation beginnt schon dann, wenn lediglich zwei Akteure
dauerhaft ein gemeinsames Anliegen verfolgen.

4.4 Ebenen und Dimensionen der Organisationsumwelt

Noch diffiziler als eine halbwegs kompakte Beschreibung der internen Struktur
einer Organisation gestaltet sich eine zusammenfassende Charakterisierung der
Organisationsumwelt. Startet man mit der Vorstellung, dass zur Organisationsumwelt alles gehört, was außerhalb der Organisation liegt und in irgendeiner
Weise für die Organisation bedeutsam ist, dürfte ohne weiteres klar sein, dass
man hier leicht ins Uferlose abgleiten kann. Trotzdem hat sich im Verlauf der
Zeit innerhalb der Organisationsforschung eine gewisse Systematik heraus gebildet, die dabei hilft, die Totalität der „organizational environment" etwas zu
bändigen und zu konkretisieren (für Übersichten vgl. Vaessen 1993, Chap. 3;
Hatch 1997, Chap. 3; Schreyögg 1999, Kap. 5.2; Hall 2002, Chap. 10; Scott

2003, Chap. 6). Diese Konkretisierung geschieht zum einen über eine Differenzierung verschiedener Umweltebenen und zum anderen über einen Satz relativ abstrakt gehaltener Umweltdimensionen. Wie im Abschnitt zuvor soll auch hier eine Tabelle, nämlich Tabelle 4.2, den Leitfaden für die nachstehenden Erläuterungen abgeben.

Tabelle 4.2: Ebenen und inhaltliche Dimensionen der Umwelt von Organisationen

Umweltebenen	Umweltdimensionen
➤ Aufgabenumwelt ➤ Domäne ➤ Globale Umwelt	➤ Umweltmunifizienz ➤ Umweltdynamik ➤ Umweltkomplexität

Umweltebenen: Ausgehend von dem Bild einer Organisation im Mittelpunkt der Betrachtung werden um den Organisationskern gerne immer größer werdende Kreise gezeichnet, die drei verschiedene Umweltebenen symbolisieren sollen. Der erste, innere Ring soll dabei die Aufgabenumwelt anspechen, der zweite Ring die Domäne, und der dritte, äußere Ring die globale Umwelt.

Die Aufgabenumwelt („task environment") ist das, womit sich eine Organisation tagtäglich abmüht und was deshalb für sie das Nächstliegende ist. Zumeist wird in der Literatur damit der Satz der individuellen und korporativen Akteure bezeichnet, zu denen eine Organisation in ihrem Außenverhältnis direkte Austauschbeziehungen unterhält. Es handelt sich um das so genannte organisationale Netzwerk, das erneut gerne bildlich mit vielen Akteurkernen und deren Verbindungslinien zur Fokalorganisation dargestellt wird, wobei die jeweilige Intensität der Austauschbeziehung zusätzlich noch durch die Stärke der Verbindungslinien kenntlich gemacht werden kann. Oft genügt schon eine grobe Skizze des Netzwerks, um zu sehen, wo neuralgische Punkte einer Organisation liegen. Im Fall von Wirtschaftsunternehmen sind normalerweise die Kunden und die Lieferanten die zwei wesentlichen Akteure im Aufgabenumfeld. Sowohl bei der Kunden- als auch bei der Lieferantenstruktur ist es gemäß Transaktionskostenansatz von der Tendenz her kritisch, wenn sich das Geschäft auf sehr wenige oder sogar nur auf einen Kunden bzw. Lieferanten konzentriert. Dies erhöht die Abhängigkeit, ist ein besonderer Anreiz für opportunistisches Verhalten des Partners, erzeugt vielfach einen „lock-in"-Effekt bzw. schafft „hold-up"-Probleme (Abschnitt 3.3). Häufig übersehen wird bei Wirtschaftsunternehmen auch, dass sie finanziell mehr oder weniger am Tropf der Banken hängen. Selbst bei gut gehenden Geschäften verstricken sich Betriebe oft in Liquiditätsprobleme, die sie nur mit aktiver Unterstützung und einem gewissen Vertrauensvorschuss ihrer geldgebenden Banken überwinden können.

Die zweite Umweltebene, die „organizational domain", meint in der Regel die Branche bzw. den Wirtschaftszweig, in dem sich eine Organisation bewegt. Allerdings ist der Begriff der „Domäne" deshalb vorzuziehen, weil er sich auch in Bereichen außerhalb der Wirtschaft anwenden lässt. Bei Interessenorganisa-

tionen wie etwa den politischen Parteien spricht man selten von der Parteien-
branche (eher von der Parteienlandschaft), und noch weniger passend erscheint
diese Begrifflichkeit z.b. bei Kirchen oder bei Amateur-Fußballvereinen in einer
Stadt. Beträchtliche Überschneidungen gibt es an dieser Stelle zum einen mit
dem Begriff des „organisationalen Feldes", der im Rahmen des soziologischen
Neo-Institutionalismus eine Rolle spielt (mehr dazu in Abschnitt 8.3), und
zum anderen mit dem Konzept der „Organisationspopulation", wie es in der
Organisationsökologie verwendet wird (mehr dazu in Abschnitt 8.2). Verbleiben wir hier der Einfachheit halber bei Wirtschaftsunternehmen, kommt der
Großteil an Theorie und empirischer Forschung zur Strukturierung von Branchen und Wirtschaftszweigen aus der Industrieökonomik, im Englischen „industrial organization" genannt (vgl. dazu z.b. die Lehrbücher von Scherer und
Ross 1990 sowie Carlton und Perloff 1999). Für Industrieökonomen sind bei
der Charakterisierung von Branchen zwei Größen zentral: die Konkurrenz- und
Wettbewerbsintensität in der Branche und das Ausmaß der Unternehmenskonzentration. Die Schlüsselrolle des Wettbewerbs ergibt sich daraus, dass viele
andere Branchencharakteristika entweder als Bestimmungsfaktoren oder als
Folgen des Ausmaßes des Wettbewerbs gesehen werden können. Im Fall geringer Marktzutrittsbarrieren z.b. kann man erwarten, dass auf Grund eines starken Zustroms neuer Betriebe die Konkurrenz stimuliert wird. Auch wenn z.b.
die Gewinnspanne in einer Branche überdurchschnittlich hoch liegt oder die
Nachfrageentwicklung sehr günstig ist, würde man ein verstärktes Hineindrän-
gen neuer oder bestehender Betriebe in diesen Bereich und damit eine Bele-
bung der Konkurrenz erwarten. Die zweite Schlüsselvariable, das Ausmaß der
Unternehmenskonzentration, beschreibt ein wesentliches Ergebnis des Markt-
prozesses. Zwischen Wettbewerbsintensität und Unternehmenskonzentration
dürfte zwar in der Regel eine negative Beziehung bestehen, aber auch dann,
wenn nur wenige Anbieter den Markt dominieren, kann durchaus noch eine
starke Konkurrenz unter den wenigen Anbietern herrschen. Zudem lassen die
wenigen, marktbeherrschenden Unternehmen in vielen Fällen noch einen
Spielraum für kleine, mehr oder weniger spezialisierte Anbieter (vgl. dazu das
Ressourcen-Teilungs-Modell in Abschnitt 8.2). Ergänzend zur Wettbewerbsintensität kann damit die Unternehmenskonzentration als eine eigenständige Dimension zur Kennzeichnung der Branchenbedingungen angesehen werden.[9]
   Der äußere Ring schließlich, die globale Umwelt („global environment"), erstreckt sich auf die gesamtwirtschaftlichen und gesamtgesellschaftlichen Rahmenbedingungen. Dabei sind zwar immer noch die jeweiligen Rahmenbedingungen in den Grenzen der Nationalstaaten von besonderer Bedeutung, aber
zunehmend gewinnen auch z.b. Regelungen auf der EU-Ebene, Aktivitäten in-
ternationaler Organisationen, die Perspektiven der Weltwirtschaft und z.b.

---

9 Wenn es um die Aufgaben- und Branchenumwelt von Unternehmen geht, wird von Betriebs-
   wirten regelmäßig auf ein Schema der Umweltbeziehungen verwiesen, das Michael Porter
   (1999) weltweit predigt und propagiert. Die Predigt soll hier weder rekapituliert, noch kritisch
   diskutiert werden.

weltpolitische Gefährdungen an Einfluss. Welche inhaltlichen Gegebenheiten, Regelungen und Ereignisse auf der globalen Ebene für eine Organisation konkret eine Rolle spielen, hängt sicher in hohem Maße von der Art der betrachteten Organisation ab. Beschränken wir uns erneut auf Wirtschaftsunternehmen, stehen unbestritten die gesamtwirtschaftlichen Rahmenbedingungen im Vordergrund. Weiterhin gehören zu einem Minimalsatz der globalen Umwelt gewiss die politisch-rechtlichen Gegebenheiten und die sozio-kulturellen Rahmenumstände.

Umweltdimensionen: Zusätzlich zu den drei Umweltebenen werden in der Organisationsforschung eine Reihe von abstrakt-formalen Umweltdimensionen diskutiert. Relativ abstrakt und formal sind diese Dimensionen wohl in erster Linie deshalb, weil nur so eine Anwendbarkeit auf die verschiedenen Typen von Organisationen (mit einem sehr unterschiedlichen Leistungs- und Arbeitsprogramm) gewährleistet ist. In der Literatur fast standardmäßig wiederkehrend sind dabei vor allem die drei Aspekte: Umweltmunifizienz, Umweltdynamik und Umweltkomplexität.

Problemlos nachvollziehbar ist, dass die Reichhaltigkeit an einschlägigen Ressourcen in der Umwelt, die Umweltmunifizienz, für das Wohlergehen einer Organisation nicht unwichtig ist. Das Vorhandensein von Ressourcen bedeutet zwar noch nicht, dass eine Organisation diese auch für sich abrufen kann, aber Munifizienz ist zumindest eine gute Voraussetzung. So ist z.B. für die Gründung eines Gourmet-Restaurants die 200.000 Einwohner Stadt Freiburg/Breisgau vermutlich ein besserer Standort als die 200.000 Einwohner Stadt Rostock/Ostsee. Doch gemach, gibt es in Freiburg nicht schon genug dieser Etablissements, während Rostock noch Mangel leidet? Entscheidend ist, ob noch Ressourcen frei sind bzw. wie stark die vorhandenen Ressourcen gebunden sind. Dies abzuschätzen und damit die viel beschworene Marktlücke zu finden, erfordert Gespür und Erfahrung, die durch quantitativ schlüssige Marktanalysen nicht ersetzt werden können. Nichtsdestotrotz dürfte im Endergebnis der Grundsatz gelten: Dort, wo viel ist, lässt sich eher etwas holen.

Hinter der Dimension der „Umweltdynamik" steht die wenig spektakuläre Einsicht, dass bei sich rasch ändernden Rahmenbedingungen andere organisationale Strategien notwendig sind als in ultrastabilen Umwelten. Dabei ist zunächst einmal zu unterscheiden, ob es sich um vorhersehbare oder um nicht-vorhersehbare Dynamik handelt. Der klassische Fall für vorhersehbare Dynamik sind Saisonschwankungen. Darauf kann sich eine Organisation einstellen (z.B. im Sommer werden die Räumlichkeiten als Eisdiele, im Winter als Verkaufsstelle für Lebkuchen genutzt), sodass sie weniger problematisch sind. Das Hauptproblem bzw. die eigentliche Herausforderung bildet die nicht-vorhersehbare Dynamik. Nicht-prognostizierbare Veränderungen können mehr oder weniger häufig sein, und sie können sich im Ausmaß ihrer Intensität unterscheiden. Im Aufgabenumfeld einer Organisation können sich z.B. Lieferanten als unzuverlässig erweisen, was einerseits unterschiedlich häufig vorkommen kann und andererseits mit mehr oder weniger gravierenden Abweichungen von den Vereinbarungen. Gegen solche Instabilitäten in ihrem Aufgabenumfeld kann eine Organisation zum Teil noch Vorkehrungen treffen, schwieriger aber wird es bei Dynamik in der Domäne und in der globalen Umwelt. Diesem Sachverhalt wird begrifflich mitunter dergestalt Rechnung getragen, dass der Stabilität/Instabiität im Aufgabenumfeld das Konzept der „Turbulenz" zur Seite gestellt wird, das sich dann auf Dynamik außerhalb der Aufgabenumwelt beziehen soll.

Eine dritte Dimension, um das Umfeld einer Organisation zu charakterisieren, ist die Umweltkomplexität. Diese Dimension bezieht sich auf die Vielschichtigkeit und Heterogenität der Anforderungen, die an eine Organisation gerichtet sind, und auf die Breite des Spektrums der Umweltereignisse, die für eine Organisation relevant sind und die sie deshalb registrieren und beachten sollte. In einer wenig komplexen Organisationsumwelt hat z.B. ein Unternehmen eine Stammkundschaft, wobei alle Kunden weitgehend dieselben Wünsche haben. Eine bunte Mischung von großen und kleinen Kunden, Firmen- und Privatkunden, einmaligen und langjährigen Kunden usw. zeugt demgegenüber eher von einer komplexen Umwelt. Eine Grundvermutung mit Blick auf moderne Gesellschaften lautet, dass diese strukturell immer komplexer werden, was sich dann über kurz oder lang auch in Veränderungen der Organisationslandschaft widerspiegeln sollte.

Literatur zur Vertiefung und zum Weiterlesen

(1) Scott, Richard W. (2003): Organizations: Rational, Natural, and Open Systems, 5. Auflage, International Edition, Upper Saddle River, NJ: Prentice-Hall, Chap. 1 (dieses Einführungskapitel stellt die fünf Basiselemente von Organisationen vor und gibt jeweils eine knappe Erläuterung).

(2) Vanberg, Viktor (1983): Organisationsziele und individuelle Interessen, in: Soziale Welt, Jg. 34, S. 171–187 (obwohl inzwischen schon etwas betagt, liefert der Artikel eine noch immer brauchbare Zusammenfassung der Grenzen und Beschränkungen des „Ziel-Paradigmas" von Organisationen).

(3) Kieser, Alfred und Peter Walgenbach (2003): Organisation, 4. Auflage, Stuttgart: Schäffer-Poeschel, Kap. 3 (auf rund 130 Seiten vermittelt dieses Kapitel einen kenntnisreichen Einblick in Möglichkeiten der Beschreibung und Messung formaler Organisationsstrukturen; allerdings bringt die Thematik und die Art, wie sie präsentiert wird, eine nicht gerade spannende Lektüre; bis zur 3. Auflage dieses Buches war Kubicek der Koautor von Kieser, jetzt ist es Walgenbach).

(4) Vaessen, Peter M.M. (1993): Small Business Growth in Contrasting Environments, Nijmegen: Catholic University of Nijmegen, Chap. 3 (eine gelungene Zusammenfassung des internationalen Standes der Diskussion zum Konzept der Organisationsumwelt).

5. Basiselemente von Organisationen II: Struktur-Situations-Beziehungen nach der Kontingenztheorie

Nachdem in Kapitel 4 die Basiselemente von Organisationen separat betrachtet wurden, soll es in diesem Kapitel darum gehen, wie die Basiselemente miteinander zusammen hängen. Die Frage nach den Zusammenhängen der Basiselemente wird zwar auch noch in den weiteren Kapiteln 6 bis 8 zu den wesentlichen Themen gehören, aber dort wird sie zum Teil konzentriert auf bestimmte Ausschnitte, zum Teil nur indirekt und zum Teil in stärker theoretischer Manier angegangen. Im vorliegenden Kapitel wird diejenige Herangehensweise vorgestellt und besprochen, die in der Organisationsforschung in den 1960er und 1970er Jahren entwickelt wurde. Bekannt geworden ist das Ganze unter der Überschrift „Kontingenztheorie" oder auch „situativer Ansatz". Dieser Ansatz war zum damaligen Zeitpunkt eine echte Innovation in der Organisationsforschung, und auch heute noch hat er seine Anhänger. Zudem folgt so mancher empirische Organisationsforscher dem Programm der Kontingenztheorie, ohne explizit auf diese Theorie Bezug zu nehmen. Nachdem die Ausgangsfrage nach dem Zusammenspiel der Basiselemente noch einmal umrissen wurde, widmet sich das Kapitel der Grundstruktur, der Methodik, empirischen Ergebnissen und schließlich der Kritik des situativen Ansatzes.

5.1 Frage nach den Zusammenhängen der Basiselemente als Ausgangspunkt

In sein Schaubild der Kernelemente von Organisationen (Abbildung 4.1) hat Scott recht viele Pfeile eingezeichnet. Dies offenbar um zu signalisieren, dass organisationsintern alles mit allem zusammen hängt und sich dieses Geschehen vor dem Hintergrund eines gegenüber seiner Umwelt offenen Systems vollzieht. Solche Bekundungen umfassender wechselseitiger Interdependenzen und Vernetzungen sind freilich weder für die theoretische, noch für die praktische Arbeit sonderlich informativ. Denn erst dann haben wir etwas gelernt, wenn wir genauer wissen, in welcher Form zwei Organisationselemente miteinander verknüpft sind, wie stark der Zusammenhang zwischen ihnen ausgeprägt ist und wie die mutmaßliche Kausalrichtung verläuft. Antworten auf diese Fragen erschöpfen sich in der Organisationsforschung leider noch immer allzu oft in tentativen Begriffskonstruktionen, während empirische Verankerungen (wenn überhaupt) auf Fallbeispiele beschränkt bleiben.

Ein Musterbeispiel für derartige Begriffsübungen sind Versuche, die Dimensionen der formalen Organisationsstruktur gedanklich aus den Organisationszielen herzuleiten. Organisationen werden als Ziel-Mittel-Komplexe gesehen, bei denen „eine voll entwickelte und funktionierende Organisation die Übersetzung eines Zieles in Struktur und Prozeß darstellt" (Mayntz 1963, S. 77). Speziell in der betriebswirtschaftlichen Organisationslehre ist diese Sichtweise noch immer weit verbreitet: An oberster Stelle stehen die Organisationsziele; um diese zu erfüllen, werden die Aufgaben und Kompetenzen im Rahmen einer Aufbauorganisation verteilt; und innerhalb der Aufbauorganisation wird der Prozess der Aufgabenerfüllung über eine Ablauforganisation geregelt (z.b. Kosiol 1976; Bea und Göbel 2002, Kap. 7–10). Die Organisation wird als ein Instrument zur Verwirklichung der Organisationsziele mit den beiden Gestaltungsparametern der Aufbau- und Ablauforganisation konzipiert, und es wird das Bild vermittelt, als ob es sich hier um so etwas wie eine Deduktion, um logische Ableitungsschritte aus den Organisationszielen handeln würde.[1]

Dies ist ein schönes gedankliches Konstrukt bzw. Begriffsgebäude, nur leider harmoniert es nicht unbedingt mit der Realität. Unabhängig von den Problemen bei der Bestimmung der Organisationsziele (Abschnitt 4.2) ist es in der alltäglichen Praxis wohl meistens so, dass unterschiedliche Wege zum Ziel führen können. Für Belange des Umweltschutzes z.b. setzen sich Organisationen ein, die relativ demokratisch und dezentral organisiert sind (wie etwa der BUND), aber auch Organisationen, die in ihrem Aufbau und ihren Abläufen eher hierarchisch strukturiert sind (wie etwa Greenpeace). Welche der beiden Organisationsformen den gemeinsam angestrebten Umweltschutzzielen eher dient, ob also die BUND- oder die Greenpeace-Mitglieder die effizienteren Streiter für den Umweltschutz sind, lässt sich gewiss nicht leicht entscheiden. Im diskussionserprobten Lager der Umweltaktivisten hat man sich schon vor langer Zeit darauf verständigt, viele Blumen blühen zu lassen (für eine kurze Darstellung der verschiedenen Strömungen bei den Umweltorganisationen vgl. Diekmann und Preisendörfer 2001, Kap. VI.2).

Trotzdem lenkt schon die schlichte Alltagserfahrung darauf hin, dass es – jenseits definitorischer Gleichsetzungen, angeblicher logischer Ableitungen oder irgendwelcher Prinzipien – gewisse Regelhaftigkeiten in den Beziehungen der Basiselemente von Organisationen gibt. Beispielsweise sind Forschungseinrichtungen zumeist eher dezentral und partizipatorisch organisiert, denn neue Erkenntnisse und Erfindungen lassen sich nicht von Vorgesetzten verordnen. Bei einer Feuerwehr hingegen ist es wenig sinnvoll, wichtige Entscheidungen stets in

---

1 Gelegentlich wird auch der umgekehrte Weg vorgeschlagen, indem die Organisation gedanklich von unten nach oben zusammen gebaut wird: Ausgegangen wird von einzelnen Verrichtungen oder Aufgaben, diese werden zu Stellen synthetisiert, die Stellen zu Abteilungen, bis hin zur Gesamtorganisation mit einem ausdifferenzierten Zielsystem.

einem demokratischen Abstimmungsprozess zu treffen oder aber für Anweisungen der Vorgesetzten generell die Schriftform vorzusehen (es sei denn, man will das Haus abbrennen lassen). Ähnlich hat das Militär offenbar eine hohe Affinität zu dirigistisch-hierarchischen Organisationsmustern. In Friedenszeiten mag der Staatsbürger in Uniform ein schönes Leitbild sein, aber im Ernstfall erscheint dann doch eine zentralistische Struktur mit dem einfachen Prinzip von Befehl-und-Gehorsam unverzichtbar.[2]

Diese Regelhaftigkeiten durch empirische Erhebungen zu erforschen, ist ein für die Organisationssoziologie nahe liegendes Programm. Punktuell wurden die Zusammenhänge der Basiselemente von einzelnen Organisationsforschern zwar immer wieder einmal empirisch beleuchtet, aber erst die Kontingenztheorie hat sich dies explizit auf die Fahnen geschrieben und entsprechende Problemstellungen zu einem organisationswissenschaftlichen Programm ausgebaut. Hauptsächlich beteiligt an der Ausarbeitung der Kontingenztheorie waren drei Gruppen: (1) die Gruppe um Peter Blau an der University of Chicago im Rahmen des Comparative Organization Analysis Program, (2) die Aston-Gruppe um Derek Pugh an der Aston University in Birmingham, und mit einer gewissen Zeitverzögerung (3) die Gruppe um Alfred Kieser an der Universität Mannheim.

Wie oben angedeutet, kam ein wichtiger Impuls zum kontingenztheoretischen Forschungsprogramm, das seine Blütezeit in den 1960er und 1970er Jahren hatte, aus einer Kritik der so genannten klassischen Organisations- und Managementlehren (einige erläuternde Hinweise dazu werden noch in Abschnitt 6.1 folgen). Diese Lehren gingen davon aus, dass es allgemeingültige Organisations- und Managementprinzipien gibt, die man im Sinne organisatorischer Effizienz auf jeden Fall beherzigen sollte – Gestaltungsprinzipien also, die bei der Erledigung von Arbeitsaufgaben ein optimales Ergebnis versprechen. Die Kontingenztheoretiker bezweifelten dies, machten auf den unklaren wissenschaftstheoretischen Status der propagierten Managementprinzipien aufmerksam und forderten eine empirisch gestützte (anstelle einer normativen) Organisationslehre. Wenn man Empfehlungen für die Gestaltung von Organisationen geben könne, dann gemäß Kontingenztheorie stets nur kontingent, d.h. in Abhängigkeit von bestimmten Situations- und Kontextmerkmalen, wie z.B. von der Organisationsgröße oder von der Produktionstechnologie.

Aus der Feder von Alfred Kieser und Kollegen stammen sowohl umfangreiche, als auch etwas kompaktere Darstellungen des situativen Ansatzes bzw. der Kontingenztheorie (umfangreich zuletzt Kieser und Walgenbach 2003; kompakt u.a. Kieser 2002b). Da diese Darstellungen sozusagen aus berufenem

---

2   In der praktischen Umsetzung ist das Prinzip von Befehl-und-Gehorsam im Kriegsfall oft alles andere als einfach. Es ist eher fast kaum zu glauben, wie es z.B. Unteroffiziere im Befehlsmodus „erfolgreich" schaffen, ihre Soldaten dazu zu bringen, die schützende Stellung zu verlassen und in den sicheren Tod zu laufen (mehr dazu bei Axelrod 1984, Chap. 4).

Munde kommen, orientieren sich die weiteren Ausführungen in diesem Kapitel im Wesentlichen an ihnen.

5.2 Grundstruktur der Kontingenztheorie

Die Grundstruktur bzw. das Forschungsprogramm des situativen Ansatzes lässt sich an einem Schaubild illustrieren, das Kieser (z.B. 2002b, S. 172) in mehreren seiner Veröffentlichungen zur Kontingenztheorie verwendet. Aus diesem Schaubild, das in Abbildung 5.1 dargestellt ist, geht hervor, dass – wie in anderen organisationstheoretischen Ansätzen – letztlich die Effizienz einer Organisation erklärt werden soll. Effizienz steht dabei mehr oder weniger synonym für Erfolg, wobei auf die Feinheiten diverser Erfolgsmaße von Organisationen (vom bloßen Überleben bis hin zur Umsatzrendite) an dieser Stelle nicht eingegangen werden muss. Die Effizienz der Organisation wird gemäß Kontingenztheorie zentral vom Verhalten der Organisationsmitglieder, von deren Engagement und Arbeitseinsatz bestimmt, und dieses Verhalten wiederum wird entscheidend durch die formale Organisationsstruktur gesteuert. Die formale Organisationsstruktur ihrerseits wird beeinflusst, geprägt oder sogar erzwungen von der „Situation der Organisation", und daher auch die Bezeichnung als situativer Ansatz.

Abbildung 5.1: Forschungsprogramm des situativen Ansatzes

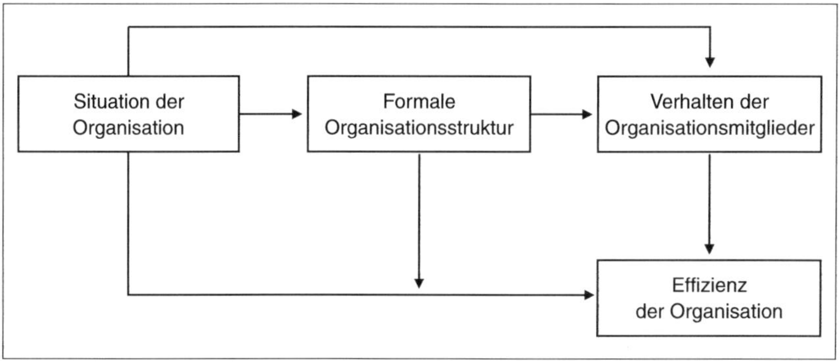

Quelle: Kieser (2002b, S. 172).

Unabhängig von den insgesamt sechs Wirkungspfeilen in Abbildung 5.1, die Vermutungen über direkte, indirekte und vermittelnde Effekte ansprechen, hat sich die Kontingenztheorie im Endergebnis einem und fast ausschließlich nur dem einen Pfeil gewidmet, nämlich dem Einfluss der Situation der Organisation auf die formale Organisationsstruktur. Die Theorie beschäftigt sich also ganz überwiegend damit, in welcher Form unterschiedliche Aspekte der formalen Struktur von Organisationen von situativen Rahmenumständen determininiert werden. Organisationen agieren in einem bestimmten Setting mit vorgegebenen Umweltbedingungen, und die eindeutig im Vordergrund des Interesses stehende Frage lautet, wie dies die interne Strukturgestaltung beeinflusst. Mit diesem gegenüber Abbildung 5.1 stark reduzierten Forschungsansatz entstehen für die Kontingenztheorie im Wesentlichen drei Aufgaben: Erstens muss die abhängige Variable, die formale Organisationsstruktur, näher spezifiziert und einer empirischen Messung zugänglich gemacht werden. Zweitens muss genauer gesagt und ausdifferenziert werden, was mit der unabhängigen Variable, der Situation der Organisation, konkret gemeint ist. Und drittens braucht man empirische Studien mit bestimmten Forschungsdesigns und Methoden, um die Form, Richtung und Stärke des Zusammenhangs von externen Situations- und internen Strukturkomponenten tatsächlich zu ermitteln.

Die Dimensionen der formalen Organisationsstruktur, wie sie oben in Abschnitt 4.3 beschrieben wurden (mit den fünf Hauptdimensionen der Arbeitsteilung, der Koordination, der Hierarchie, der Delegation und der Formalisierung), sind ganz überwiegend im Rahmen von Forschungsanstrengungen der Kontingenztheoretiker ausgearbeitet worden. In der Tat ist die „konzeptionelle Aufschlüsselung" und die „systematische Vermessung" der Organisationsstruktur eines der wesentlichen (historischen) Verdienste der Kontingenztheorie. Innerhalb der Organisationsforschung besteht heute weitgehende Einigkeit, welche Facetten der formalen Organisationsstruktur wichtig sind, was die einzelnen Facetten inhaltlich bedeuten und wie man sie empirisch operationalisiert. Diese konzeptionellen Klärungen und messtechnischen Fixierungen sind in Studien der Kontingenztheoretiker entwickelt und erprobt worden. Und sie wurden dann in der Folgezeit eine fast selbstverständliche Voraussetzung für weitere empirische Untersuchungen, die neue Erkenntnisse über die Funktionsweise von Organisationen hervor gebracht haben.

Als Beispiel dafür, wie in der Organisationsforschung in Anlehnung an die kontingenztheoretische Tradition die formale Organisationsstruktur charakterisiert und operational erfasst wird, sei an dieser Stelle auf die amerikanische „National Organizations Study" (NOS) verwiesen. Diese erstmals im Jahr 1991 durchgeführte Erhebung erstreckte sich auf eine Zufallsstichprobe von 727 „work establishments", d.h. auf Organisationen, in denen Menschen einer Erwerbstätigkeit nachgehen (allgemein zum Design von NOS vgl. Spaeth und O'Rourke 1996; zum Folgenden außerdem Marsden et al. 1996a). Die formale Struktur der NOS-Betriebe wurde über eine Befragung von Schlüsselpersonen erfasst, die in der Organisation (bevorzugt im Personalwesen) beschäftigt waren. Als wesentliche Aspekte der Organisationsstruktur wurden in Anlehnung an die Kontingenztheorie u.a. folgende Dimensionen empirisch erhoben: die Hierarchietiefe, die „departmentalization" (als Maß für die horizontale/funktionale Arbeitsteilung), die Dezentralisierung, die Formalisierung und die Verwaltungsintensität. Bei der konkreten Art der Erfassung, mit in der Regel mehreren Indikatoren für jede Dimension, folgten die NOS-Forscher über weite Strecken Vorschlägen der Aston-Gruppe und der Chicago-Gruppe um Peter Blau. Kurz:

Für die Erfassung der formalen Organisationsstruktur gibt es heutzutage ein halbwegs bewährtes und in weiten Teilen auf die Kontingenztheorie zurück gehendes Erhebungsinventar, das man als Organisationsforscher gewinnbringend für eigene empirische Arbeiten einsetzen kann.

Aber nicht nur mit Blick auf die formale Organisationsstruktur, sondern auch zur Charakterisierung der „Situation der Organisation" hat die Kontingenztheorie wertvolle Beiträge geliefert. Welche situativen Faktoren für eine Organisation potenziell und/oder tatsächlich wichtig sind, versteht sich ja keineswegs von selbst, sondern lässt sich nur über theoretische Überlegungen in Verbindung mit dazugehörigen empirischen Untersuchungen erschließen. Sicherlich etwas überraschend ist, dass die Kontingenztheoretiker unter den Oberbegriff der situativen Faktoren nicht nur externe Umfeldfaktoren, sondern auch interne Situationsparameter fassen. Auch hier bietet Kieser (2002b, S. 175) ein Schema zur Systematisierung an, das sich in die nachstehende Abbildung 5.2 umsetzen lässt.

Abbildung 5.2: Situative Einflussfaktoren auf die formale Organisationsstruktur

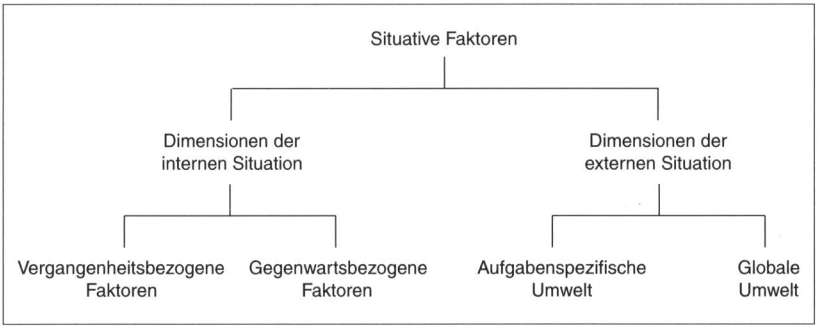

Quelle: In Anlehnung an Kieser (2002b, S. 175).

Die „Situation der Organisation" wird auf der ersten Stufe in Dimensionen der internen Situation und Dimensionen der externen Situation zerlegt. Bei den internen Situationsfaktoren wird sodann zwischen vergangenheits- und gegenwartsbezogenen Faktoren unterschieden. Zu den vergangenheitsbezogenen Faktoren gehört in erster Linie das Alter einer Organisation (also das in der Vergangenheit liegende Gründungsjahr). Zentral bei den gegenwartsbezogenen Faktoren sind für Kontingenztheoretiker auf jeden Fall die Größe einer Organisation sowie deren Fertigungstechnik. Bei den Dimensionen der externen Situation, also bei dem, was gemeinhin als Umwelt einer Organisation bezeichnet wird, unterscheidet Kieser gemäß Abbildung 5.2 die aufgabenspezifische Umwelt und die globale Umwelt. Damit greift er eine Differenzierung auf, die wir bereits aus Abschnitt 4.4 kennen. Kieser stützt seine Differenzierung auf die Umweltebenen, wobei er die mittlere Ebene der Umweltdomäne außer Acht lässt. Man hätte an dieser Stelle auch nach den in Abschnitt 4.4 aufgeführten

Umweltdimensionen (Umweltmunifizienz, Umweltdynamik, Umweltkomplexität) differenzieren können. Inhaltlich haben bei den Faktoren der externen Situation vor allem die Konkurrenzverhältnisse, die Umweltdynamik und die Umweltkomplexität im Rahmen kontingenztheoretischer Studien Aufmerksamkeit gefunden.

Als Beispiel für eine Studie, in der diese „Situationskonzeption" der Kontingenztheoretiker als hauptsächlicher Ausgangspunkt diente, sei erneut die NOS-Erhebung angesprochen (Marsden et al. 1996b). Um Regelhaftigkeiten in der Ausgestaltung der formalen Organisationsstruktur zu erklären, rekurrieren die NOS-Forscher auf Situationskomponenten wie das Alter der Organisation, die Organisationsgröße, den Wirtschaftssektor (Industrie versus Dienstleistungen), die Eigenständigkeit der Organisation, „unionization", staatliche Regulierungen und die über mehrere Indikatoren gemessene Umweltungewissheit sowie Umweltkomplexität. Vor allem die Organisationsgröße, das Organisationsalter und die Umweltkomplexität gehören sozusagen zum Standardrepertoire kontingenztheoretischer Situationsbeschreibungen. Neben vielen anderen Befunden zeigen die NOS-Analysen eindrucksvoll, dass die Organisationsgröße in der Regel der wichtigste Situationsfaktor für die Gestaltung der formalen Organisationsstruktur ist.

5.3 Methodisches Vorgehen der Kontingenztheoretiker

Wenn die notwendigen Vorarbeiten zur Klärung der Variablen geleistet sind, kann dazu übergegangen werden, das Ganze in empirische Studien umzusetzen. Ausgehend von der allgemeinen Idee einer quantitativ vergleichenden Organisationsforschung, wie sie vor allem in der Chicago-Gruppe propagiert wurde, hat die Kontingenztheorie zwei methodische Innovationen in die Organisationssoziologie eingeführt: (1) empirische Studien mit relativ großen Stichproben und (2) multivariate statistische Analyseverfahren in der Form von Regressions- und Pfadanalysen.

In der Zeit vor der Kontingenztheorie dominierte in der amerikanischen Organisationsforschung der „Harvard-Ansatz", der (wie übrigens auch heute noch) hauptsächlich auf detaillierte Fallstudien von Betrieben und Organisationen vertraut. An der Harvard University werden die berühmten „Harvard Business School Cases" als eine Art Betriebsgeheimnis gehütet und gepflegt, und durch immer neue Reanalysen und Reinterpretationen sowie stets neues Fallmaterial hofft man, zur Mehrung des Wissens über Organisationen beizutragen. Dem setzte die Chicago-Gruppe um Peter Blau ein Programm standardisierter Erhebungen mit größeren Stichproben von Organisationen entgegen. Allerdings ging man weder in Chicago, noch in der englischen Aston-Gruppe um Derek Pugh so weit, Stichproben querbeet über alle möglichen Formen von Organisationen zu ziehen (vom Gesangverein bis hin zum Automobilkonzern). Oft beschränkte man sich auf Organisationen in einem bestimmten Aktivitätsbereich

(Krankenhäuser, Schulen) und ganz überwiegend auf „Arbeitsorganisationen" (zum Konzept der Arbeitsorganisation und dessen Eingrenzung vgl. Müller-Jentsch 2003, Kap. 2). Meist waren die Stichproben zugunsten größerer Organisationen „verzerrt", und selten handelte es sich um echte Zufallsstichproben. Aber trotz dieser Unzulänglichkeiten gilt, dass das neuartige Forschungsdesign großer Stichproben mit standardisierten Erhebungen dazu zwang, in relativ abstrakter Manier über das Substrat und über Gemeinsamkeiten von Organisationen nachzudenken.

Zweifellos begünstigt wurde das Programm einer quantitativ vergleichenden Organisationsanalyse auch dadurch, dass in den 1960er und 1970er Jahren – auf der Auswertungsseite empirischer Studien – die Methoden der Regressions- und Pfadanalyse in die empirische Sozialforschung ihren Einzug hielten. Diese korrelationsstatistisch basierten Verfahren ermöglichen theoriebezogene Auswertungen auch größerer Datenbestände, was nicht nur im Bereich von Bevölkerungsumfragen, sondern eben auch im Bereich der Organisationsforschung neue Erkenntnisse versprach.

Mit multiplen Regressionsmodellen lässt sich der Einfluss mehrerer unabhängiger Variablen gleichzeitig untersuchen, und sie informieren über den Effekt einer Variable bei statistischer Kontrolle der anderen Variablen im Modell. Genau dies trifft eine Problemkonstellation, wie sie für die Organisationsforschung typisch ist. Merkmale der formalen Organisationsstruktur und Situationsfaktoren einer Organisation korrelieren unter- und miteinander oft relativ stark (alle Korrelationen z.B. zwischen Hierarchietiefe, Formalisierung, Organisationsalter und Organisationsgröße sind deutlich positiv), sodass es schwierig ist, einzelne Effekte kausal zu separieren. Mittels multivariater Regressionsgleichungen lassen sich kausale Effekte zwar nicht definitiv nachweisen, aber man kann doch halbwegs schlüssige Hinweise für oder gegen solche Effekte gewinnen. So kann etwa die Frage untersucht werden, ob das Organisationsalter auch bei statistischer Kontrolle der Organisationsgröße Tendenzen in Richtung einer vermehrten Formalisierung und Bürokratisierung stimuliert.[3]

Während Regressionsmodelle zunächst einmal von einer nur einstufigen Kausalstruktur ausgehen, bietet sich mit Pfadmodellen die zusätzliche Möglichkeit, auch mehrstufige Kausalketten, so sie denn theoretisch vermutet werden, empirisch zu überprüfen. Ein Diagramm wie z.B. die obige Abbildung 5.1, die das Forschungsprogramm des situativen Ansatzes beschreibt, lässt sich im Sinne einer dreistufigen Kausalstruktur lesen. Und sofern empirische Messungen für die vier beteiligten Variablenblöcke (Situation der Organisation, formale Organisationsstruktur usw.) vorliegen, kann es als Pfadmodell mit dem Ergebnis mehr oder weniger stark ausgeprägter Pfadkoeffizienten empirisch geschätzt werden.

---

3 Die These, dass Organisationen mit zunehmendem Alter „verbürokratisieren", findet sich z.B. bei Mintzberg (1979).

Es ist unbestritten ein Verdienst der Vertreter der Kontingenztheorie, die Verfahren der Regressions- und Pfadanalyse in die Organisationsforschung eingeführt zu haben. Wie vielen anderen Innovatoren ist es ihnen dabei allerdings so ergangen, dass sie das Potenzial dieser statistischen Methoden überschätzt und deren Beschränkungen unterschätzt haben. Bei einer Lektüre empirischer Arbeiten aus der Frühphase der Kontingenztheorie (z.B. Pugh et al. 1969; Blau und Schoenherr 1971; Child 1972) gewinnt man mitunter den Eindruck, Regressionsmodelle und Pfaddiagramme würden bereits für Theorie gehalten bzw. mit Theorie verwechselt. Aus heutiger Sicht ist die „Zahlengläubigkeit" der Kontingenzforscher, d.h. die Ernsthaftigkeit, mit der sie einzelne Korrelations-, Regressions- und Pfadkoeffizienten diskutierten und interpretierten, ziemlich befremdlich. Heute wissen wir, dass solche Koeffizienten (u.a. auf Grund von kaum zu vermeidenden Fehlspezifikationen der Modelle) mit Vorsicht und Bedacht zu behandeln sind, dies speziell und insbesondere dann, wenn sie auf Daten basieren, die – wie es bei den kontingenztheoretischen Studien durchgehend der Fall ist – lediglich Querschnittcharakter haben.

5.4 Ausgewähle empirische Ergebnisse

Mit Bezug auf drei in der Kontingenzforschung prominente Situationsfaktoren, nämlich die Organisationsgröße, die Fertigungstechnik und die Umweltdynamik, sollen in diesem Abschnitt beispielhaft einige Ergebnisse von inzwischen fast schon klassischen, zum Teil aber auch neueren empirischen Studien angesprochen werden (für eine wesentlich umfassendere Übersicht über die Empirie des situativen Ansatzes vgl. Kieser und Walgenbach 2003, Kap. 4).

Zur Bedeutung der Organisationsgröße: Analysen zum Zusammenhang von Organisationsgröße und Organisationsstruktur sind gemäß Kieser (2002b, S. 176) „das Paradestück des Situativen Ansatzes". Spätestens seit den Forschungen der Kontingenztheoretiker wissen wir, dass die Organisationsgröße (unabhängig davon, ob wir sie nun als einen Situationsfaktor oder als ein genuines Organisationsmerkmal sehen) zum A und O jeder Organisationsanalyse gehört. Die Organisationsgröße beeinflusst nicht nur die formale Organisationsstruktur, sondern u.a. auch Praktiken der Rekrutierung von Arbeitskräften, die Institutionalisierung von Elementen eines internen Arbeitsmarktes und insgesamt die Arbeits- und Beschäftigungsbedingungen (vgl. dazu beispielhaft mehrere Einzelbeiträge in Kalleberg et al. 1996a).[4] Effekte der Organisationsgröße sind so weitreichend, dass kleine, so genannte „simple structure organizations" (Mintzberg 1979) von den Kontingenztheoretikern oft von vornherein aus ihren

---

4 So z.B. erzielen Beschäftigte in größeren Organisationen erfahrungsgemäß im Durchschnitt ein höheres Einkommen und haben bessere Aufstiegschancen, sie artikulieren aber keine signifikant höhere Arbeitszufriedenheit.

Stichproben ausgeschlossen oder aber von Anfang an als eigenständige Kategorie behandelt werden. Sich auf Clusteranalysen stützende Versuche, die Vielzahl der Organisationen auf der Grundlage interner Strukturmerkmale in eine Typologie zu bringen, unterstreichen in der Regel die Eigenständigkeit und Sonderrolle der „Simples" (Kalleberg et al. 1996b).

Namentlich Peter Blau (1970, 1972) hat einen ganzen Satz von Einzelhypothesen dazu vorgelegt, wie und in welcher Form die Organisationsgröße die horizontale und vertikale Differenzierung sowie andere Strukturparameter von Organisationen beeinflusst. Die Blauschen Thesen haben sich bei empirischen Überprüfungen ganz überwiegend bestätigt, was aber auch damit zusammen hängt, dass sie zum Teil recht trivial anmuten bzw. Tautologie verdächtig sind. Dass größere Organisationen etwa eine stärkere Arbeitsteilung praktizieren (horizontale Differenzierung), stärker hierarchisch gegliedert sind (vertikale Differenzierung), zu einer ausgeprägteren Formalisierung neigen und planungsfreudiger sind, hätte man eigentlich auch ohne weitere theoretische Elaborationen und ohne breit angelegte empirische Studien erwarten können.

Weniger trivial erscheint allerdings der in zahlreichen Arbeiten (z.B. Blau und Schoenherr 1971; Child 1972, 1973; Marsden et al. 1996a) dokumentierte zusätzliche Befund, dass die Spezialisierung, die Zahl der Hierarchieebenen, die Formalisierung und das Ausmaß der Planung mit zunehmender Organisationsgröße nicht linear, sondern degressiv steigen, sodass sich also in Abhängigkeit von der Organisationsgröße ein konkaves Verlaufsmuster ergibt. Dies bedeutet, dass dann, wenn einmal eine bestimmte Organisationsgröße erreicht ist, sich der Größeneffekt abschwächt. Offenbar gibt es so etwas wie eine „natürliche Grenze" der funktionalen und vertikalen Differenzierung in Organisationen, was Blau mit mehr oder weniger einleuchtenden Argumenten der organisatorischen Effizienz begründet. Einfacher als bei Blau ließe sich argumentieren, dass Organisationen ab einer bestimmten Größe eben eine eigenständige Personalabteilung, Rechtsabteilung, Presseabteilung usw. haben und weitere Differenzierungsmöglichkeiten (bislang) nicht bekannt sind bzw. sich nicht durchgesetzt haben.

Ebenfalls nicht trivial und sogar gegenläufig zur Alltagsweisheit ist das empirisch recht gut bestätigte Ergebnis, dass mit wachsender Organisationsgröße der relative Verwaltungsaufwand und die Leitungsintensität (also der relative Umfang des „bürokratischen Apparats") nicht steigt, sondern sinkt. Bei der Erledigung von Verwaltungsaufgaben und bei der Kontrolle von Untergebenen gibt es einen nennenswerten Skaleneffekt, der augenscheinlich stärker ist als mögliche Tendenzen in Richtung einer Aufblähung des „Wasserkopfes".

Zur Bedeutung der Fertigungstechnik: Die Position, dass die Art der Produktionstechnik bzw. Produktionstechnologie die Ausgestaltung der formalen Organisationsstruktur weitgehend vorbestimmt, war in der Zeit vor dem Aufkommen der Kontingenztheorie (also vor den 1960er Jahren) weit verbreitet. Gewappnet mit Skepsis gegenüber vorschnellen Generalisierungen zur „Logik der

Organisation" haben die Kontingenztheoretiker konkrete empirische Studien initiiert, um diese „These des technologischen Determinismus" zu überprüfen und kontextspezifisch auszuarbeiten. Bekannt geworden ist in diesem Zusammenhang vor allem eine Studie von Joan Woodward (1965). Woodward untersuchte in 100 Industriebetrieben im Süden von England Regelhaftigkeiten in den Beziehungen zwischen der Fertigungstechnik einerseits und ausgewählten Dimensionen der Organisationsstruktur eines Betriebes andererseits. Die in den Betrieben eingesetzte Technologie charakterisierte die Autorin auf einer zehnstufigen „Komplexitätsskala" von „1 = handwerkliche Einzelfertigung" bis „10 = voll automatisierte Prozessproduktion". Vereinfacht man diese zehn Technologiestufen auf die drei Typen „handwerkliche Produktion" (Werkstattfertigung), „Massenproduktion" (Fertigung nach dem Fließprinzip) und „automatisierte Produktion" (kontinuierliche Prozessfertigung), lassen sich wesentliche inhaltliche Ergebnisse der Woodward-Studie in Tabelle 5.1 zusammenfassen.

Tabelle 5.1: *Beziehungen zwischen Fertigungstechnologie und verschiedenen Dimensionen der Organisationsstruktur in der klassischen Studie von Woodward*

Dimensionen der Organisationsstruktur	Fertigungstechnologie		
	Handwerkliche Produktion	Massen- produktion	Automatisierte Produktion
Hierarchieebenen des Managements	3	4	6
Kontrollspanne	23	48	15
Verhältnis von direkter zu indirekter Arbeit	9:1	4:1	1:1
Verwaltungsanteil	niedrig	mittel	hoch
Formalisierung (schriftliche Kommunikation)	niedrig	hoch	niedrig
Zentralisierung	niedrig	hoch	niedrig
Mündliche Kommunikation	hoch	niedrig	hoch
Qualifikationsniveau der Arbeitskräfte	hoch	niedrig	hoch
Gesamtstruktur	organisch	mechanisch	organisch

Quelle: Woodward (1965).

Für mehrere der untersuchten Zusammenhänge zeigen sich bei Woodward u-förmige bzw. umgekehrt u-förmige Verlaufsmuster in Abhängigkeit von der (Komplexität der) Fertigungstechnologie. U-förmig ist die Beziehung z.B. bei den Qualifikationsanforderungen an die Arbeitskräfte: Diese sind bei handwerklicher Produktionsweise hoch, sinken bei Massenproduktion ab (etwa bei Fließbandarbeitern), steigen dann aber beim Übergang zu automatisierter Produktion wieder an. Umgekehrt u-förmig sind hingegen gemäß Tabelle 5.1 die Zusammenhänge bei der Kontrollspanne, d.h. bei der Zahl der Untergebenen, die ein Vorgesetzter im Durchschnitt betreut, bei der Formalisierung, d.h. beim Ausmaß der Regelung der Koordination durch schriftliche Anweisungen,

und bei der Zentralisierung, d.h. bei der Bündelung von Entscheidungsbefugnissen auf den oberen Hierarchieebenen. Insgesamt charakterisiert Woodward
das Strukturmuster in handwerklichen und dann wieder in automatisierten
Produktionsbetrieben als „organisch", das in Betrieben der Massenproduktion
als „mechanisch" bzw. „mechanistisch". Geht man, was bei Woodward immer
wieder anklingt, von einem allgemeinen Trend in Richtung automatisierter
Produktionstechnologien aus, erscheint das Zeitalter des Fließbandes als eine
historisch begrenzte (und eher „ungute") Übergangsphase.

Weniger bekannt als Woodward, aber ebenfalls inzwischen fast schon klassisch ist eine empirische Studie zur (begrenzten) Rolle der Produktionstechnik
von Burkart Lutz (1976). Über das zentrale Anliegen und die Hauptergebnisse
der Lutz-Untersuchung, auf die schon ganz am Anfang des Buches einmal kurz
verwiesen wurde (Abschnitt 1.1), informiert Kasten 5.1.

Sicher würde man das Kind mit dem Bade ausschütten, wenn man behaupte-
te, die Art der eingesetzten Produktionstechnologie würde die formale Organisationsstruktur überhaupt nicht beeinflussen. Umgekehrt erscheint es aber auch
wichtig zu betonen, dass die technische Infrastruktur in der Regel einen beträchtlichen Spielraum für die Ausgestaltung der „sozialen Organisation" lässt
(mit mehr oder weniger ausgeprägten Hierarchien, mehr oder weniger begrenzten individuellen Handlungs- und Entscheidungsspielräumen, Mitspracherech-
ten usw.). Wenn Scott (2003, S. 261) nach einer Übersicht über die einschlägige empirische Forschung zum Zusammenhang von Technologie und Organisationsstruktur resümiert, dass „mixed and often conflicting results" das
Gesamtbild charakterisieren, dann belegt dies das Vorhandensein des angesprochenen Gestaltungsspielraums.

Nicht zuletzt greift die Vorstellung eines „technologischen Determinismus"
auch deshalb zu kurz, weil sie außer Acht lässt, dass wirtschaftliche und soziale
Aspekte oft bereits die Entscheidung für oder gegen eine bestimmte Technik
wesentlich beeinflussen. Viele Techniken wurden und werden implementiert,
weil sie elegante Kontrollmöglichkeiten eröffnen und unerwünschte Kontroll-
kosten sparen (vom Fließband bis hin zur automatischen Zählung der Anschlä-
ge auf einer PC-Tastatur). Andere Techniken wurden und werden eingesetzt,
um den Menschen die Arbeit tatsächlich zu erleichtern und um Zeit für wichti-
gere Aufgaben zu gewinnen (von der Konzentration auf das Beratungsgeschäft
im Bankgewerbe bis hin zum Mini-Bagger auf dem Friedhof).

Zur Bedeutung der Umweltdynamik: Im Kanon der Umweltmerkmale hat die
Umweltdynamik bei den Kontingenztheoretikern von Anfang an eine wichtige
Rolle gespielt. Als dynamisch wird eine Umwelt nicht schon dann bezeichnet,
wenn sie sich in vorhersehbarer Weise ändert bzw. vorhersehbaren Schwankungen unterliegt, sondern erst dann, wenn nicht oder kaum vorhersehbare Veränderungen und Ereignisse typisch sind (vgl. bereits Abschnitt 4.4). Im Gefolge
einer viel zitierten Studie von Tom Burns und George Stalker (1961) haben
sich die Kontingenztheoretiker in der Regel an der allgemeinen Vorstellung

Kasten 5.1: *Unterschiede der Organisationsstruktur bei gleicher*
Fertigungstechnologie in deutschen und französischen
Industriebetrieben in der klassischen Studie von Lutz

Um dem „Axiom der technisch-ökonomischen Determiniertheit" von Organisations-, Arbeits- und Beschäftigungsstrukturen zu widersprechen, unternahm Burkart Lutz (1976) eine Vergleichsstudie von deutschen und französischen Industriebetrieben. Für den Vergleich wurden sieben Paare von Betrieben (mit je einem deutschen und einem französischen Partner) ausgewählt, und zwar so, dass in der technischen Ausstattung und im Produktionsprogramm „maximale paarweise Vergleichbarkeit" gegeben war. Die Ausgangsidee bestand darin, unter Konstanthaltung der Produktionstechnologie nach länderspezifischen Differenzen und Besonderheiten in der Arbeitsorganisation Ausschau zu halten. Durchgeführt wurden die Erhebungsarbeiten in den 14 ausgewählten Betrieben im Jahr 1971.

In der Tat sind die von Lutz berichteten Unterschiede zwischen deutschen und französischen Betrieben auf einer ganzen Reihe von Organisationsdimensionen ziemlich markant: Sowohl die „Führungsdichte", d.h. die Zahl der Vorgesetzten in Relation zur Zahl der Arbeiter, als auch die Zahl der Führungsebenen liegt in französischen Industriebetrieben eindeutig höher. Weiterhin besteht in französischen Betrieben eine sehr viel stärker ausgeprägte Arbeitsteilung zwischen den produzierenden Teilen der Produktion einerseits und den technischen Büros, also den konzipierenden, planenden und kontrollierenden Teilen der Produktion andererseits. Aber nicht nur die technischen Büros sind in den französischen Industriebetrieben personell stärker besetzt, auch der kaufmännisch-administrative Bereich ist vergleichsweise „aufgebläht". Eine nahe liegende Folge ist ein höheres Niveau an Formalisierung und Standardisierung betrieblicher Abläufe in den französischen Betrieben.

Was nun sind die Ursachen des „phénomène bureaucratique"? Nach Einschätzung von Lutz sind die Unterschiede im Bildungs- und Ausbildungssystem der beiden Länder der entscheidende Auslöser. Industriebetriebe in Deutschland können auf relativ gut qualifizierte Facharbeiter mit einer normierten Lehrlingsausbildung im so genannten dualen System zurückgreifen, und generell ist das Bildungssystem in Deutschland vergleichsweise egalitär. Demgegenüber ist in Frankreich eine berufliche Erstausbildung nach dem Muster des dualen Systems kaum verbreitet, und das gesamte schulische und berufliche Bildungssystem ist vertikal stärker ausdifferenziert (von oft nur rudimentären Anlernphasen für Industriearbeiter bis hin zu staatlichen Eliteuniversitäten). Diese länderspezifischen Differenzen in den am Arbeitsmarkt verfügbaren Qualifikationen bewirken gemäß Lutz in Frankreich eine deutlichere Trennung von ausführender und planend-leitender Arbeit, von körperlicher und geistiger Arbeit und von „bad jobs" auf der einen und „good jobs" auf der anderen Seite (mehrere Autoren und Forschungsinstitute haben das Lutz-Projekt aufgegriffen und fortgeführt; verwiesen sei z.B. auf Maurice et al. 1980, die neben Frankreich und Deutschland auch noch Großbritannien in ihre empirischen Analysen einbezogen haben).

Quelle: Lutz (1976).

orientiert, dass in dynamischen Umwelten eher „organische Strukturen" effizient und vorteilhaft sind, in statischen Umwelten hingegen „mechanistische Strukturen".[5] Mechanistische Strukturen sind gekennzeichnet durch eine feingliedrige Arbeitsteilung, eine hohe Standardisierung und Programmierung, eine vielstufige Hierarchie, eine geringe Delegation von Entscheidungsbefugnissen (hohe Zentralisierung) und eine starke Formalisierung. Bei organischen Strukturen ist all dies genau umgekehrt. In dynamischen Umwelten müssen gemäß Burns und Stalker Organisationen flexibel, beweglich und lernfähig sein, und dies verträgt sich nicht mit einer ausgefeilten Arbeitsteilung, maschinenartiger Programmierung und einer starken Betonung von Unter- und Überordnungsverhältnissen. Auf Seiten der Arbeitskräfte ist es so, dass organische Strukturen besonders auch auf den unteren Hierarchieebenen breit qualifiziertes Personal benötigen, dass Fachwissen bzw. fachliche Autorität wichtiger ist als Amtsautorität und dass dementsprechend die organisationsinternen Lohn- und Statusunterschiede vergleichsweise gering sind. Im Grunde entspricht das, was Burns und Stalker als mechanistische Organisationsstruktur bezeichnen, weitgehend dem Idealtyp der Bürokratie von Max Weber (mehr dazu in Abschnitt 6.2).

Um empirische Realitäten angemessen zu beschreiben, ist aber die einfache Dichotomie von organischen und mechanistischen Strukturen in Reaktion auf dynamische Umfeldgegebenheiten wohl nicht ausreichend. Dies hat schon wenige Jahre nach Burns/Stalker (1961) eine empirische Untersuchung von Paul Lawrence und Jay Lorsch (1967) sehr schön demonstriert. Lawrence und Lorsch machten im Rahmen von Firmenstudien in drei amerikanischen Industriezweigen (Plastik, Container, Ernährung) deutlich, dass sich das Ausmaß der Umweltdynamik, -ungewissheit und -komplexität für verschiedene Bereiche einer Organisation oft unterschiedlich gestaltet. Dies zwingt dazu, möglichen Umwelteffekten nicht auf der Ebene der Gesamtorganisation, sondern auf der Ebene einzelner Abteilungen („departments") empirisch nachzugehen. Bei größeren Organisationen ist es laut Lawrence/Lorsch eher die Regel, denn Ausnahme, dass es sowohl Bereiche mit häufigen Änderungen aus der Umwelt gibt (z.B. in der Forschung und Entwicklung oder etwa im Marketing), als auch Bereiche, die mit relativ stabilen Umweltgegebenheiten konfrontiert sind (z.B. häufig in der direkten Produktion oder etwa in der Personalverwaltung). Mit Blick auf die jeweils anzutreffenden internen Abteilungsstrukturen findet vieles von dem, was Burns/Stalker feststellten, bei Lawrence/Lorsch eine Bekräftigung. Hinzu kommt allerdings die Beobachtung, dass größere Organisationen vielfach spezielle Unterabteilungen oder Stäbe einrichten oder eingerichtet haben, um Veränderungen in relevanten Umweltsegmenten schneller zu registrieren, gegebenenfalls abzuschirmen und im günstigen Fall eigenständig zu bearbeiten, sodass auf Reorganisationen in anderen Bereichen verzichtet werden kann. Wenn nun die Abteilungen oder Bereiche einer Organisation aufgrund

---

5 Wie in Tabelle 5.1 dargestellt, verwendete auch Woodward (1965) die Burns/Stalker-Dichotomie von „organic" versus „mechanistic structures".

unterschiedlicher Umweltbedingungen intern unterschiedlich strukturiert und differenziert sind, entsteht außerdem ein Folgeproblem, nämlich eine schwierigere Koordination der heterogenen Organisationsteile. Lawrence und Lorsch verwenden in ihrer Studie viel Mühe darauf, die Möglichkeiten und Bedingungen für eine erfolgreiche Koordination und Konfliktregulation unterschiedlich strukturierter Abteilungen einer Organisation herauszuarbeiten. Darauf soll hier nicht weiter eingegangen werden, zumal andere Autoren (v.a. Khandwalla 1977) diese Überlegungen und Befunde noch erweitert haben.

Insgesamt erscheint die grundlegende Idee, dass man in dynamischen Umwelten bewegliche Organisationen braucht, im Endergebnis nicht sonderlich instruktiv und überraschend. Sie wird eigentlich erst dann empirisch gehaltvoll, wenn konkrete Strategien und Mechanismen spezifiziert werden, mit denen Organisationen Veränderungen und Unwägbarkeiten ihrer Umwelt zu bewältigen versuchen. Leider verbleiben die Kontingenztheoretiker auch in ihren empirischen Arbeiten zumeist auf einem so abstrakten Niveau, dass sie kaum zum strategischen Entscheidungsverhalten individueller Akteure im Kontext von Organisationen vordringen. Damit sind wir freilich bereits bei der Kritik des situativen Ansatzes.

5.5 Kritikpunkte an dem Ansatz

Mehr oder weniger beiläufig wurden in die voranstehenden Ausführungen schon wiederholt kritische Bemerkungen zur Kontingenztheorie eingestreut. So z.B. wurde darauf verwiesen, dass das ursprüngliche Forschungsprogramm (dargestellt in Abbildung 5.1) eigentlich nur in einem Punkt stringent eingelöst wurde, nämlich bei der Untersuchung möglicher Effekte der „Situation der Organisation" auf die formale Organisationsstruktur. Solche Beschränkungen im Fokus der Aufmerksamkeit sind gewiss legitim und (im Gegensatz zu inhaltsleeren wissenschaftlichen Totalitätsbekundungen) oft auch sinnvoll. Aber im Rahmen der Erforschung und Gestaltung von Organisationen ist und bleibt das (am Ende der Kausalkette von Abbildung 5.1 stehende) Effizienzkriterium eine Art „finaler Bezugspunkt", dessen weitgehende Ausblendung den Erkenntniswert der Kontingenztheorie mit Sicherheit schmälert. Zumeist wird stillschweigend davon ausgegangen, dass eine Organisationsstruktur, die an die situationalen Gegebenheiten angepasst ist, per se eine höhere Effizienz der Organisation garantiert. Der Grad der Anpassung muss bzw. müsste ja eigentlich an irgendeinem Kriterium festgemacht werden, und dieses Kriterium ist eben in der Regel die Effizienz. Man hätte sich gewünscht, dass die Kontingenztheoretiker in alle ihre Studien auch direkte Messungen der organisationalen Effizienz einbeziehen, um Mutmaßungen über gelungene Fitkonstellationen von Situation und Organisation einem harten empirischen Test zu unterziehen.

Ebenfalls schon moniert wurden verschiedene methodische Mängel und Schwächen des situativen Ansatzes. Mit der Ausnahme der mehrfach zitierten

„National Organizations Study" (NOS)[6] basieren die empirischen Studien der Kontingenztheoretiker auf Stichproben, die nicht den Charakter repräsentativer Zufallsstichproben haben, z.b. weil bestimmte (bevorzugt kleinere) Organisationen von vorneherein ausgeschlossen werden, weil die Stichproben zu geringe Fallzahl haben und/oder weil die Auswahl nicht dem Zufallsprinzip folgt. Vom Untersuchungstyp her handelt es sich um Querschnitterhebungen, und inzwischen ist hinlänglich bekannt, dass sich Kausalzusammenhänge mit solchen Querschnittdaten nicht schlüssig untersuchen lassen. Vorschnelle Interpretationen korrelativer Zusammenhänge im Sinne von Kausalität waren zumindest in der Startphase der Kontingenztheorie weit verbreitet. Korrelations-, Regressions- und Pfadkoeffizienten wurden mit einer heute kaum noch nachvollziehbaren Akribie berichtet, kommentiert und generalisiert. Aber dies war damals – bedingt durch den innovativen Impuls multipler Regressions- und Pfadanalysen – ein Vorgehen, das keineswegs auf die Organisationsforscher beschränkt war. Die starke Betonung statistischer Auswertungsverfahren erscheint nicht zuletzt deshalb fragwürdig, weil gleichzeitig über verschiedene Studien hinweg die Operationalisierungen der theoretischen Konstrukte erheblich voneinander abwichen. In zahlreichen Untersuchungen wurden zwar dieselben Konzepte (Standardisierung, Zentralisierung, Formalisierung usw.) verwendet, aber messtechnisch verbargen sich dahinter durchaus unterschiedliche Sachverhalte.

Blicken wir noch einmal zurück auf Abbildung 5.1, wird außerdem klar, dass die Kontingenztheorie zumeist bei Behauptungen dergestalt stehen bleibt, dass zwischen zwei Variablen eine Beziehung besteht, ohne dass etwas Genaueres über die Richtung, Form oder Stärke der Beziehung gesagt wird. Das Credo der Theorie besteht im Wesentlichen darin, eine empirische Ermittlung der Zusammenhänge von Situationsfaktoren und Merkmalen der formalen Organisationsstruktur einzufordern. Welche Zusammenhänge konkret erwartet werden und warum, wird nur in Ausnahmefällen thematisiert und vorab spezifiziert. Solche Vorab-Erwartungen und damit potenziell falsifizierbare Hypothesen sollten aber den Kern einer Theorie bilden, und dieser Kern bleibt beim situativen Ansatz eine weitgehende Leerstelle. In ihren zahlreichen empirischen Studien haben die Kontingenztheoretiker mehr oder weniger stark ausgeprägte Regelhaftigkeiten festgestellt, die in erster Linie für Beschreibungen von Organisationen und deren Umfeld hilfreich sind. Als einen theoretischen Ansatz im engeren Wortsinn kann man diese Deskriptionen aber nicht bezeichnen.

---

6 Die NOS-Erhebung von 1991 war so erfolgreich, dass sie mit leichten Abwandlungen im Forschungsdesign in den Jahren 1996/97 und 2002 wiederholt wurde. Die Grundidee, um zu einer brauchbaren Organisationsstichprobe (genauer: Stichprobe von Arbeitsorganisationen) zu gelangen, besteht bei NOS darin, dass man in einer vorgelagerten repräsentativen Bevölkerungsumfrage (bei NOS ist dies der amerikanische General Social Survey GSS) die Erwerbstätigen danach fragt, wo sie arbeiten bzw. beschäftigt sind und wie die Adresse ihres Arbeitgebers lautet. Diese Arbeitgeber-Adressen bilden dann den Grundstock für die Organisationsstichprobe.

Wenn zwischen Situations- und Organisationselementen irgendwelche regelmäßigen Beziehungen bestehen, taucht aus theoretischer Sicht stets die Frage auf, warum und weshalb das so ist. Und da Organisationsstrukturen letztlich ein Resultat menschlicher Gestaltungsbemühungen sind, muss jede Theorie bzw. das, was den Namen Theorie verdient, auch die handelnden Akteure einbeziehen. Genau dieser Akteurbezug fehlt jedoch in der Regel in kontingenztheoretischen Arbeiten. Es handelt sich um eine so genannte Strukturtheorie, die nach Regelhaftigkeiten in den Beziehungen von Kollektivmerkmalen (Organisationsgröße, Fertigungstechnik, Hierarchiegliederung etc.) sucht, ohne explizit auf die Mikroebene der handelnden Akteure zu rekurrieren. Der ganze Prozess, dass bestimmte Situationskonstellationen von den involvierten Akteuren wahrgenommen, interpretiert und bewertet werden müssen und auf dieser Grundlage Handlungsstrategien und Gestaltungspläne erarbeitet und mehr oder weniger erfolgreich implementiert werden, bleibt aus den Betrachtungen ausgeschlossen. Reine Strukturtheorien sind aus der Perspektive des methodologischen Individualismus[7] hinreichend oft kritisiert worden (vgl. beispielhaft Coleman 1990, Chap. 1), und diese Kritik trifft in vollem Umfang die Kontingenztheorie. Unschöne Konsequenzen der fehlenden Mikrofundierung sind unter anderem, dass z.B. Ausnahmefälle von ansonsten bestehenden Regelhaftigkeiten oder etwa Veränderungen von Regelhaftigkeiten im Zeitablauf nicht erklärt werden können. Zumeist auch lassen sich auf der Makro- bzw. Mesoebene nur wenige und wenn, dann inhaltlich kaum überraschende Zusammenhänge finden. Genau dies gilt (wie in Abschnitt 5.4 bereits mehrfach angedeutet) über weite Strecken für die von den Kontingenztheoretikern berichteten Regelhaftigkeiten. Diese sind in ihrer Summe etwas dürftig, eher uninteressant und allzu oft wenig erstaunlich.

Literatur zur Vertiefung und zum Weiterlesen

(1) Kieser, Alfred (2002): Der Situative Ansatz, in: Alfred Kieser (Hg.), Organisationstheorien, 5. Auflage, Stuttgart: Kohlhammer, S. 169–198 (eine kompakte Darstellung der Kontingenztheorie, wobei Kieser für diese Theorie in der Regel die Bezeichnung „situativer Ansatz" bevorzugt).

(2) Kieser, Alfred und Peter Walgenbach (2003): Organisation, 4. Auflage, Stuttgart: Schäffer-Poeschel, Kap. 4 (dieses mit 250 Seiten ziemlich ausufernde Kapitel gibt einen „Rundumschlag" zu empirischen Forschungsergebnissen im Rahmen des situativen Ansatzes).

(3) Kalleberg, Arne L., David Knoke, Peter V. Marsden und Joe L. Spaeth (Hg.) (1996), Organizations in America, Thousand Oaks: Sage (eine Aufsatzsammlung, in der von unterschiedlichen Autoren/gruppen Ergebnisse der National Organizations Study aus dem Jahr 1991 vorgestellt werden).

---

7 Als methodologischen Individualismus bezeichnet man die wissenschaftstheoretische Position, die darauf beharrt, dass man bei sozialwissenschaftlichen Erklärungen und Theorien ohne Rekurs auf die handelnden Individuen (als gleichsam natürlichen Basiseinheiten) nicht auskommt.

6. Organisationskonzeptionen I: Organisationen als rationale Systeme

Ausgehend von der Scott-Triade mit Organisationen als rationalen, natürlichen und offenen Systeme (dazu bereits Abschnitt 1.3) bildet die erstgenannte Konzeption, der „rational actor view of organizations", den Gegenstand dieses Kapitels. Die Vorstellung, dass es sich bei Organisationen um rational geplante und gesteuerte Gebilde handelt, kann als die seit langem und noch immer dominierende Sichtweise sowohl im Alltagsleben als auch innerhalb der Organisationsforschung eingestuft werden. Sie wird gestützt durch historisch-klassische Forschungstraditionen ebenso wie durch neuere organisationstheoretische Ansätze. Im ersten Schritt werden im Folgenden zunächst noch einmal die Grundlinien und dann die Varianten der „rationale Akteure"-Sicht von Organisationen verdeutlicht. Anschließend werden entlang dieser Linie die zwei wichtigsten klassischen Theorieansätze kurz besprochen: das Bürokratiekonzept von Max Weber und die wissenschaftlichen Betriebsführung von Frederick Taylor. Als Musterfall für eine neuere Organisationstheorie, die dem Paradigma rationaler Organisation verpflichtet ist, wird im letzten Abschnitt die Agency-Theorie behandelt.

6.1 Ausgangspunkte und Varianten des „rational actor view"

Die gerade gegebene Einschätzung, dass „rational systems" die dominierende Organisationskonzeption ist, gilt zwar nicht unbedingt für die soziologische, aber mit Sicherheit für die volks- und betriebswirtschaftliche Organisationsforschung. In vielen mikroökonomischen Modellen z.B. werden Unternehmen auf eine einfache (Cobb-Douglas-)Produktionsfunktion reduziert, bei der verschiedene Inputs (Kapital, Arbeit, Rohstoffe) möglichst effizient und mathematisch exakt nachvollziehbar in Outputs (Produkte, Dienstleistungen) umgewandelt werden, und dies mit dem Generalziel der Gewinnmaximierung (vgl. dazu statt vieler Douma und Schreuder 2002, Chap. 2.4). Im Grundtenor nicht anders, wenngleich stärker am einzelwirtschaftlichen Kalkül ausgerichtet, sind die meisten Kategoriensysteme und Theoriekonstruktionen der Betriebswirte. Hier lässt sich aus der gesamten Begrifflichkeit (angefangen von betrieblichen Kurz- und Langfrist-Strategien, über internes Controlling und die Kostenrechnung, bis hin zur linearen oder auch nicht-linearen Optimierung) unschwer ablesen, dass rationales Handeln und Gestalten als übergeordnete Leitidee fungiert.

Ob ein Autor oder ein Theorieansatz der rationalen Organisationssicht folgt, lässt sich alternativ und/oder ergänzend an mindestens vier Indizien festmachen. Diese Indizien können als Ausgangspunkte oder auch definierende Kennzeichen der „rational systems"-Perspektive qualifiziert werden. Es handelt sich um (vgl. insbesondere Scott 2003, Chap. 2): (1) die Betonung der Organisationsziele als Richtschnur organisationalen Handelns, (2) die Akzentuierung der formalen Organisationsstruktur als Gestaltungsparameter, (3) die Fokussierung auf das Management als Steuerungsinstanz und (4) die Annahme rationaler individueller Akteure.

Der „rational actor view" sieht Organisationen als zielgerichtete Gebilde und orientiert sich am Zielmodell von Organisationen, wie es im obigen Abschnitt 4.2 dargestellt und kritisch kommentiert wurde. Die Organisationsziele gelten als wesentliche Leitlinie für die Ausgestaltung der formalen Organisationsstruktur, wobei die Verknüpfung der Ziele und der formalen Struktur gerne als Ziel-Mittel-Beziehung aufgefasst wird (siehe auch schon die Hinweise in Abschnitt 5.1). Die organisatorischen Regelungen und Strukturen werden als eine Art geronnene und institutionalisierte Rationalität angesehen, d.h. als zeitlich erprobte und bewährte Mittel zur Erreichung der angestrebten Organisationsziele. Die Hauptverantwortung für das reibungslose und effiziente Funktionieren der Organisation trägt das Management bzw. die Organisationsleitung. Als zentrale Steuerungsinstanz kann das Management die Zielprioritäten setzen, was allerdings bei privatwirtschaftlichen Unternehmen mit ihrem eingebauten Druck hin zur Gewinnmaximierung kaum eine Rolle spielt, und es muss vor allem stets dafür sorgen, dass auch bei sich verändernden Umfeldbedingungen die Organisationsabläufe die Zielfunktion angemessen bedienen. Die Vorstellung ist, dass Entscheidungen der Organisationsspitze das Organisationsgeschehen weitgehend determinieren und dass Veränderungen der eingespielten Abläufe im Wesentlichen nach dem Schema von Top-Down-Prozessen initiiert und durchgesetzt werden. Zugespitzt läuft dies auf ein Organisationsverständnis im Sinne von „great man"-Veranstaltungen bzw. von „one man-shows" hinaus, denn sämtliche Erfolge oder auch Misserfolge werden der Führungsriege und letztlich dem ranghöchsten Akteur zugeschrieben. Nicht nur vom Management, sondern von allen an der Organisation Beteiligten wird angenommen, dass sie eigeninteressiert und (zumindest subjektiv) rational handeln. Im Kern wird die Idee individuell rationalen Handelns bruchlos auf die höhere Ebene von Organisationen übertragen, wobei mitunter sogar noch davon ausgegangen wird, dass sich persönliche Idiosynkrasien auf der Organisationsebene durch wechselseitige Beobachtung und Kontrolle der Einzelpersonen abschleifen.

In der konkreten Ausformulierung als Theorien oder (bescheidener) Theoriebausteine begegnet man dem „rational actor view" in zwei Varianten: einmal in der Form älterer klassischer Ansätze und zum anderen in der Form neuerer ökonomischer Theorien. Zu den klassischen Ansätzen mit einer Akzentuierung von Organisationen als rationalen Systemen gehören das Bürokratiekonzept von Max Weber (1864–1920), die wissenschaftliche Betriebsführung von Frederick Taylor (1856–1915) und der administrative Ansatz von Henri Fayol (1841–1925). Alle drei Ansätze sind in der Zeit um 1900 entstanden und betonen die Ausgestaltung der formalen Organisationsstruktur zusammen mit der Befolgung von Organisationsprinzipien, ohne sich sonderlich um die individuellen Akteure zu kümmern. Demgegenüber sind die individuellen Akteure in verschiedenen Lesarten der „homo oeconomicus" der fast selbstverständliche Kristallisationspunkt der ökonomischen Ansätze. Im Zusammenwirken eigeninteressierter Individuen werden organisatorische Regelungen und Institutionen kreiert, deren Logik vor allem die so genannte neue Institutionenökonomik („new institutional economics") zu ergründen versucht. Speziell für die Analyse von Organisationen wurden schrittweise zwei Ansätze entwickelt, die inzwischen ganz im Zentrum der „organizational economics" stehen: der Transaktionskostenansatz und die Agency-Theorie.[1]

Wie bereits einleitend angekündigt, sollen im weiteren Verlauf dieses Kapitels auf Seiten der Klassiker Weber und Taylor etwas genauer vorgestellt werden und auf Seiten der aktuellen ökonomischen Theorieansätze die Agency-Theorie. Mit einem etwas anderen Akzent, nämlich dem der Erklärung, warum es überhaupt Organisationen gibt, wurde die Transaktionskostentheorie ja schon in Kapitel 3 ausführlich besprochen, weshalb hier nicht mehr darauf eingegangen werden muss.

6.2 Idealtyp der Bürokratie bei Max Weber

Am Anfang jedes geschichtlichen Abrisses der Organisationssoziologie steht in der Regel das Bürokratiemodell von Max Weber, das auf relativ wenigen Seiten in dem Monumentalwerk „Wirtschaft und Gesellschaft" (1972, zuerst 1922) erläutert wird. Aber eigentlich avancierte Weber wohl nicht in erster Linie wegen seines Bürokratieansatzes zum Ziehvater der Organisationssoziologie, sondern vermutlich wegen seiner grundlegenderen Überlegungen und Thesen zur historischen Entwicklung und zur Verfasstheit der vom Strukturtyp „Bürokratie/Organisation" geprägten modernen Gesellschaft. Konkret ordnete Weber bürokratische Organisationen in zwei allgemeinere Entwicklungen ein, nämlich erstens in den Prozess der gesellschaftlichen Rationalisierung und zweitens in den Wandel der gesellschaftlichen Herrschaftsformen. Bevor Webers Bürokratiekonzept beschrieben wird, erscheint es deshalb angebracht, diese beiden Verankerungen zumindest in ihren Grundzügen zu skizzieren.

Umfangreiche historisch-vergleichende Studien, die in ihren Anfängen religionssoziologisch motiviert waren und dementsprechend überwiegend in seinen

---

1 Zusätzlich zum Transaktionskostenansatz und zur Agency-Theorie wird oft noch die „Theorie der Verfügungsrechte" bzw. allgemeiner die „property rights"-Forschung als bedeutsame Theorierichtung innerhalb der neuen Institutionenökonomik aufgeführt (vgl. z.B. Schreyögg 1999; Ebers und Gotsch 2002). Soweit es dabei um Organisationen geht, sind wichtige Ideen des „property rights"-Ansatzes inzwischen in die Transaktionskosten- und Agency-Theorie eingeflossen, sodass man von einem eigenständigen organisationstheoretischen Ansatz eigentlich nicht mehr sprechen kann.

religionssoziologischen Aufsätzen niedergelegt sind, führten Weber zu der Diagnose, dass Rationalisierungsprozesse in nahezu allen Lebensbereichen das hervorstechende Merkmal und gleichsam der Megatrend moderner westlicher Gesellschaften sind. Zwecks Systematisierung unterscheidet er drei Ebenen, auf denen sich seiner Einschätzung nach die Rationalisierungsprozesse vollziehen: die Ebene der Weltbilder und Glaubenssysteme, die Ebene der Institutionen und die Ebene der praktischen Lebensführung. Was die Weltbilder und Glaubenssysteme anbelangt, kam es zu einer Abkehr von zuerst magischen und dann religiösen Vorstellungen und damit zu einer „Entzauberung der Welt". Zu dieser Entzauberung und Versachlichung hat in Europa nicht nur die Aufklärung beigetragen, sondern gemäß Weber ganz wesentlich auch der Protestantismus, der den modernen Kapitalismus hervor gebracht hat. Politik und Wirtschaft haben sich inzwischen von ihren religiösen Wurzeln gelöst, und der „neue Gott" ist eher die moderne Wissenschaft, welche Magie und Religion in Randbereiche der Gesellschaft verbannt hat. Parallel zur Rationalisierung der Weltbilder verlief eine Rationalisierung der die Gesellschaft tragenden Institutionen. Religiös gerechtfertigte politische Institutionen wurden durch demokratische ersetzt, auf Einzelpersonen und Verwandtschaftsnetzwerken aufgebaute Kleinbetriebe sind zu GmbHs oder sogar Aktiengesellschaften mutiert, und selbst die Kirchen haben sich von ihrer Fixierung auf die Person des Priesters gelöst. Als hauptsächlichen Träger der Rationalisierung der Institutionen sieht Weber die Organisationsform der Bürokratie, sodass also an dieser Stelle sein Bürokratiekonzept theoretisch verankert ist. Mit einer mehr oder weniger großen Zeitverzögerung ist die Rationalisierung schließlich auch in die private Lebenswelt der Menschen eingedrungen. Diese organisieren ihren Haushalt jetzt wie ein kapitalistisches Unternehmen (mit Lagerhaltung von Konservendosen und Just-in-Time-Beschaffung von Lebensmitteln aus dem Supermarkt), sind von Arbeitnehmern zu „Arbeitskraftunternehmern" (Voß und Pongratz 1998) geworden, investieren in Schulbildung, soziale Beziehungen und in Kinder und deren Qualität, streben nach optimaler Zeitallokation, betreiben „impression management", beurteilen ihre Mitmenschen mit Nutzen- und Kostenkategorien und schließen am Ende noch eine Versicherung ab, die im eigenen Todesfall zur Deckung der Begräbniskosten dient.

Definiert als „die Chance, für einen Befehl bestimmten Inhalts bei angebbaren Personen Gehorsam zu finden", kann Herrschaft gemäß Weber (1972, S. 28 und S. 122 ff.) nach ihren Geltungsgründen in charismatische, traditionale und legale Herrschaft unterteilt werden.[2] Charismatische Herrschaft ba-

---

2 Herrschaft ist im Weberschen Begriffsgebäude eine spezielle Form von Macht, nämlich legitime bzw. legitimisierte Macht. Macht wird von ihm (1972, S. 28) definiert als „jede Chance, innerhalb einer sozialen Beziehung den eigenen Willen auch gegen Widerstreben durchzusetzen, gleichviel worauf diese Chance beruht". Bei der Herrschaft entfällt die Komponente des Widerstrebens, da die Untergebenen mehr oder weniger freiwillig den Befehlen und Vorgaben des Führers/Vorgesetzten Folge leisten.

siert darauf, dass Menschen an besondere Eigenschaften, die Vorbildlichkeit oder das Heldentum einer anderen Person glauben und sich deshalb freiwillig deren Befehlen unterordnen. Der Ursprung der traditionalen Herrschaft sind demgegenüber Gewohnheiten, Überlieferungen und Traditionen, d.h. die Legitimität leitet sich daraus ab, dass es schon immer so war bzw. seit langem so ist, dass ein bestimmter Personentyp von einem anderen Personentyp Gehorsam einfordern kann. Die legale Herrschaft schließlich hat ihren Geltungsgrund im Glauben an die Rechtmäßigkeit gesatzter Ordnungen, wobei diese im Prinzip als revidierbar angesehen werden und für die Beteiligten ein Spielraum besteht, sich deren Geltungsbereich zu entziehen. Die gesatzte Ordnung regelt, wer wem Befehle welchen Inhalts erteilen darf, und die Befehlsgewalt gilt nur so lange, wie die Ordnung (Verfassung, Vertrag, Mitgliedsrolle) anerkannt wird. Für Weber ist die Bürokratie die „reinste Form" und der „Inbegriff" der legalen Herrschaft. Mit Blick auf die langfristige gesellschaftliche Entwicklung postuliert die Webersche Herrschaftssoziologie einen Rückgang der Bedeutung charismatischer und traditionaler und eine zunehmende Bedeutung legaler Herrschaft. Während die Hauptschwäche charismatischer Herrschaft darin besteht, dass Charisma bekanntlich oft schnell verblasst und sich die Untergebenen neue Helden suchen, ist das Hauptproblem traditionaler Herrschaft, dass traditionsbasierte Vererbungsmechanismen nicht selten inkompetente Führer auf den Thron heben. Demgegenüber bescheinigt Weber der legalen Herrschaft Sachbezogenheit und formale Rationalität, die inhaltlich den jeweiligen Gegebenheiten entsprechend unterschiedlich ausgefüllt werden muss. Im allgemeinen Prozess der Rationalisierung würden die vorrationalen Herrschaftsformen (Charisma und Tradition) von der rationalen Herrschaftsform (Bürokratie) verdrängt.

Gestützt auf diese beiden Verankerungen (Bürokratie als Motor der institutionellen Rationalisierung und als Reinform legaler Herrschaft) liefert Weber eine Charakterisierung der modernen Bürokratie im Sinne eines Idealtyps. Solche Idealtypen sind ein von ihm gerne gebrauchtes methodisches Hilfsmittel. Sie zielen nicht auf eine Beschreibung der Realität, sondern auf ein pointiertes Hervorheben wesentlicher Merkmale.[3] Welche Merkmale im Einzelnen für den Idealtyp der Bürokratie konstitutiv sind, hat Weber nirgendwo in der Form einer konsistenten Aufstellung dargelegt, vielmehr hat er das Ganze in verschiedenartigen Untergliederungen präsentiert und in die für ihn typischen Schachtelsätze verpackt. Dies bringt es mit sich, dass Weber-Interpreten die definierenden Merkmale der Bürokratie recht unterschiedlich darstellen. Auch die in Tabelle 6.1 gegebene Auflistung ist sicher nicht der Weisheit letzter Schluss.

---

3 Auf die lange Diskussion, ob und inwieweit das Operieren mit Idealtypen im Weberschen Sinne wissenschaftlich hilfreich und sinnvoll ist, kann hier nicht eingegangen werden. Sicher ist, dass Webers Konstruktion der Bürokratie als Idealtyp in der organisationssoziologischen Literatur für Verwirrung gesorgt hat (dazu z.B. bereits Mayntz 1965).

Tabelle 6.1: Merkmale des Idealtyps der Bürokratie von Max Weber

(1)   Positionen/Stellen als Bausteine der Organisation
(2)   feste Amtskompetenzen und klare Amtshierarchie
(3)   Regelgebundenheit und Unpersönlichkeit der Amtsführung
(4)   Aktenmäßigkeit aller verwaltungstechnischen Abläufe
(5)   qualifiziertes und loyales Fachpersonal

Quelle: Weber (1972, S. 122 ff. und S. 551 ff.).

Überblicken wir die Merkmalsliste in Tabelle 6.1, erscheinen uns die Punkte vertraut, ja fast allzu vertraut. Nicht zuletzt dank Weber sind sie zu einer Art Gemeingut im Denken über Organisationen geworden. Der entscheidende „Trick" und die wegweisende „soziale Innovation" ist zweifellos darin zu sehen, dass Bürokratien/Organisationen als von Personen losgelöste Stellen- oder Positionsgefüge gedacht und konzipiert werden. Dies verleiht ihnen Dauerhaftigkeit und macht sie von Personen, den jeweiligen Stelleninhabern unabhängig. Die derzeitigen Positionsinhaber sind im Idealfall jederzeit problemlos ersetzbar, es handelt sich um das, was im Englischen als „substitutes" bezeichnet wird. Historisch hat es lange gedauert, bis sich die gedankliche Separierung von Person und Position durchgesetzt hat. Heutzutage hingegen reden wir wie selbstverständlich von unbesetzten Arbeitsplätzen, gestrichenen Stellen, Führungspositionen und ähnlichen „sozialen Konstrukten", die freilich durch schriftliche Stellenbeschreibungen, komplett eingerichtete Büros etc. längst Realität geworden sind.

Im Idealtyp der Bürokratie hat jede Stelle feste Kompetenzen, d.h. es gibt eine funktionale Arbeitsteilung mit klaren Zuständigkeiten. Vertikal sind die Stellen in einem System der Unter- und Überordnung arrangiert, verbunden mit Weisungsbefugnissen und einer mehr oder weniger großen Befehlsgewalt. Zu bearbeitende Vorgänge werden im Instanzenzug bewältigt, und im vorschriftsgemäßen Kommunikationsfluss dürfen Hierarchieebenen nicht einfach übersprungen werden.

Wie im Rahmen der jeweiligen Kompetenzen zu entscheiden ist, ist durch Regeln und Vorschriften weitgehend präjudiziert. Dies macht die Bürokratie von persönlichen Einstellungen, Vorlieben oder auch Antipathien der Stelleninhaber unabhängig. „Sine ira et studio", d.h. ohne Zorn und ohne Eifer laufen die Entscheidungen unter Anwendung der Regeln fast automatisch ab. Die Regelgebundenheit und Unpersönlichkeit trägt zum einen zur (notfalls auch psychischen) Entlastung der Stelleninhaber bei, zum anderen macht sie für die Betroffenen die Entscheidungen nachvollziehbar und berechenbar. Speziell die Vorhersagbarkeit und Berechenbarkeit ist eine wesentliche Begrenzung und „Zähmung" von Herrschaft und Macht, denn bekanntlich ist nichts schlimmer als ein System der rein willkürlichen Machtausübung. Wenn Betroffene wissen, dass Entscheidungen auf einer bestimmten Grundlage nach bestimmten Kriterien in einem bestimmten Zeitraum gefällt werden, kann man erwarten, dass sogar den eigenen Interessen zuwider laufende Entscheidungen akzeptiert und hingenommen werden. Dies zumal nach dem Prinzip der Gleichbehandlung alle demselben Regelwerk unterworfen sind. Die Regelgebundenheit und Unpersönlichkeit ist ein Garant für formale Rationalität, die von Weber als notwendige, wenngleich nicht hinreichende Bedingung für substanziell-inhaltliche Rationalität gesehen wird.

Als Voraussetzung für Unpersönlichkeit und als Kontrollmechanismus für Regelgebundenheit fungiert die Aktenmäßigkeit aller verwaltungstechnischen Abläufe. Nicht das gesprochene Wort ist ausschlaggebend, sondern letztlich nur das, was schriftlich dokumentiert und abgelegt ist. Die umfassende Verschriftlichung macht es möglich, dass Stelleninhaber ohne größere Friktionen vorübergehend ersetzt oder dauerhaft ausgetauscht werden können. Im Fall von Dissens und Streitigkeiten kann das vorliegende schriftliche Material an einen anderen Stelleninhaber (in der Regel auf der nächst höheren Hierarchiestufe) weitergereicht werden, der dann erneut „sine ira et studio" prozessiert.

Zusätzlich zur Aktenmäßigkeit sollen eine umfassende Qualifizierung und eine hohe Loyalität des Fachpersonals sicherstellen, dass das bürokratische Geschehen regelgebunden, unpersönlich und möglichst reibungslos verläuft. Die Stelleninhaber absolvieren eine eigenständige Fachschulung, und in jedem Zuständigkeitsbereich der Bürokratie gilt das Prinzip des Fachwissens. Zur Vermeidung von Personalfluktuation einerseits und zur Verhinderung von Bestechlichkeit andererseits wird den Bürokraten zudem eine relativ gute Bezahlung für ihre Arbeit gewährt. Weiterhin sind regelmäßige Beförderungen vorgesehen, die in ihrer Summe feststehende Karriereleitern bzw. Laufbahnen ergeben.

Eine Bürokratie mit den eben skizzierten idealtypischen Merkmalen gewährleistet nach Weber ein Höchstmaß an technischer Effizienz. Sie funktioniert wie ein Automat oder eine Maschine, profitiert von mengenmäßigen Skalenerträgen, diszipliniert ihre Mitglieder ebenso wie die Außenstehenden und ist in der Gesamtbetrachtung allen anderen Formen der Ausübung von Macht und Herrschaft überlegen. In der Tat hat man an vielen Stellen in seinem Gesamtwerk den Eindruck, als sei Weber ein Bewunderer und unbedingter Verfechter der Bürokratie. Zumindest artikuliert er immer wieder Erstaunen und lässt eine fast kindliche Neugierde am Phänomen der modernen Bürokratie und deren Leistungskraft erkennen.

Im Endergebnis ist es allerdings eher eine Art Hassliebe, die Webers persönliches Verhältnis zur Bürokratie charakterisiert. Genauso gerne wie auf die Stärken kommt er auf die Schwächen und Gefahren der Bürokratie zu sprechen. Schlagwortartig hat er seine Kritik und seine Bedenken in der Metapher des „stahlharten Gehäuses der Hörigkeit" gebündelt. Die am bürokratischen Geschehen beteiligten Individuen würden zu „kleinen Rädchen in der Maschine" degradiert. Von den Besonderheiten des Einzelfalles müsse abstrahiert werden, was allzu oft zu inhaltlich unsinnigen Entscheidungen führe. Die Bürokratie würde zu einem „Korsett" mit einer steten Tendenz zur Erstarrung und Verselbstständigung.

Einen realistischen Ausweg bzw. eine Trendwende gegen die bürokratische Herrschaft sieht Weber nicht, was seinen Analysen im Grundtenor eine kulturpessimistische Note gibt. Wiederholt schlägt er zwar vor, „charismatische Führer" an die Spitze von Unternehmen, Parteien und staatlichen Verwaltungen zu berufen, aber er fällt damit auf eine Herrschaftsform zurück, die er selbst als „vorrational" abgewertet hat. Kieser (2002c, S. 53 f.) vermutet, dass Weber sein Plädoyer für charismatische Führer wohl eingeschränkt hätte, wenn er noch persönliche Erfahrungen mit den faschistischen Herrschaftsformen in Europa in der Phase von 1930 bis 1945 gemacht hätte.

6.3 Wissenschaftliche Betriebsführung nach Frederick Taylor

Während Max Weber mit seinem Bürokratiemodell vor allem staatliche und privatwirtschaftliche Verwaltungen im Auge hatte, war es im Bereich der industriellen Produktion in erster Linie Frederick Taylor, der mit seiner wissenschaftlichen Betriebsführung die Anfänge der Organisationsforschung bestimmte. Sein Hauptwerk „The Principles of Scientific Management" (1911) wurde in zahlreiche Sprachen übersetzt und gilt als Klassiker der betriebswirtschaftlichen Organisationslehre. Allerdings beschränkte sich Taylor keineswegs auf im engen Sinne betriebswirtschaftliche Fragen, vielmehr sah er sein Programm der wissenschaftlichen Betriebsführung als einen gesellschaftspolitisch erfolgversprechenden Weg zur Bewältigung der Konflikte zwischen dem Management auf der einen Seite und den Arbeitern auf der anderen Seite. Die angestrebte Befriedung der industriellen Produktion („industrial peace") sollte hauptsächlich durch den Einsatz wissenschaftlicher Methoden erfolgen. Durch wissenschaftliche Versachlichung könnte zum einen die Tyrannei und Willkür des Managements beendet, zum anderen die allgegenwärtige Bummelei, Drückebergerei und Sabotage der Arbeiter unterbunden werden.

Taylor wendete sich mit Vehemenz gegen eine Organisationslehre, die sich an Glaubenssätzen, allgemeinen Leitlinien und Faustregeln orientierte, und forderte demgegenüber eine wissenschaftliche Disziplin, die sich auf gezielte Beobachtungen und systematische Feldexperimente stützt. Sein methodisches Programm bestand darin, im ersten Schritt Arbeitern sehr sorgfältig bei ihrer Arbeit zuzuschauen, und zwar vor allem solchen Arbeitern, die in ihrem Bereich Spitzenleistungen bringen. Im zweiten Schritt müsse dann systematisch variiert und experimentiert werden, indem man verschiedene Arbeiter die gleiche Arbeit verrichten lässt und gleiche Arbeiter mit unterschiedlichen Arbeitsgeräten ausstattet. Im Rahmen sowohl der Beobachtungen als auch der Experimente achtete Taylor stets auf die Sequenz der Elementarbewegungen und auf die dabei aufgewendete Zeit. Diese Taylor-Methodik wurde später dann in ein breiteres Inventar von so genannten Zeit- und Bewegungsstudien umgesetzt.

Berühmt geworden sind z.B. Taylors Schaufel-Experimente und seine Bemühungen um eine Effektivierung der Roheisen-Verladung. Bei den Schaufel-Experimenten war die Frage, bei welcher Schaufellast (in Abhängigkeit vom zu schaufelnden Material und der Schaufelgröße) und bei welchem Schaufelmodus (mehr oder weniger schwungvolles Schaufeln) ein Arbeiter die größte Tagesleistung vollbringt. Um diese Frage zu beantworten, beobachtete Taylor „erstklassige Schaufler" über eine längere Zeitspanne, veränderte die Schaufelgrößen und damit die Schaufellast und gab unterschiedliche Anweisungen zur Form der Ausführung der Schaufelbewegung. In ähnlicher Weise schaute er ausgewählten „Bestarbeitern" der Bethlehem-Stahlwerke beim Verladen von Roheisen auf Eisenbahnwaggons zu. Sein dortiges Engagement führte nach eigenen Angaben dazu, dass die Arbeiter ihre durchschnittliche Tagesleistung an per Hand transportierten Eisenbarren von ursprünglich 12,5 auf 47,0 Tonnen steigerten. Obwohl Taylor bei der Schilderung seiner Beobachtungen und Experimente gerne mit exakten Mengen- und Zeitangaben operiert, fällt auf, dass er bei der Beschreibung der forschungspraktischen Details seiner „Experimente" bevorzugt mit Einzelbeispielen argumentiert.

Das übergeordnete Ziel einer Effizienzsteigerung glaubte Taylor am besten durch eine möglichst weitgehende Arbeitsteilung, durch die nach ihm dann später benannte Tayloristische Produktionsweise erreichen zu können. Zentral für ihn war dabei die Separierung von Hand- und Kopfarbeit. Die Beobachtung der Arbeiter diente im Endeffekt dazu, zu schriftlich fixiertem Wissen hinsichtlich einer optimalen Bewältigung aller Arbeitsvorgänge zu gelangen. Das Erfahrungswissen in der Köpfen der Arbeiter, das ihnen selbst meist gar nicht so recht bewusst sei, sollte systematisch gesammelt und in die Arbeitsplanung und -vorbereitung hinein verlagert werden. Die Trennung von körperlicher und geistiger Arbeit hat aus der Sicht von Taylor eine ganze Reihe von Vorteilen, sowohl für die Arbeiter als auch (und mehr noch) für das Management. Die Arbeiter würden von unnötigem Nachdenken und jeglicher Schreibarbeit entlastet und „befreit". Außerdem könnte das Arbeitspensum so festgelegt werden, dass sie ihre Arbeit auch längerfristig ohne gesundheitliche Schädigung ausführen können. Durch umfangreiche Sammlung des Wissens über Arbeitsvorgänge werde verhindert, dass einzelne Arbeiter ihr Wissen „monopolisieren" und zu Drückebergerei nutzen. Schließlich kann bei strikter Arbeitsteilung für viele Tätigkeiten (zum Teil auch auf der Meister- und Vorgesetztenebene) geringer qualifiziertes Personal eingesetzt werden, was den Aufwand an Schulung reduziert und wegen niedrigerer Bezahlung die Arbeitskosten senkt.

Was die gerade angesprochene Bezahlung der Arbeiter anbelangt, propagierte Taylor das Prinzip von „Pensum und Bonus". Den Arbeitern, die eine natürliche Tendenz zum Faulenzen hätten, müsse ein fixes Tagespensum vorgegeben werden, und im Fall einer Übererfüllung dieses Pensums müssten sie mit einem Bonus finanziell entlohnt, ansonsten bestraft bzw. bei wiederholter Unterschreitung des Pensums entlassen werden. Umgerechnet in Zeiteinheiten führt das Tagespensum auf eine „Normalzeit" für die Erledigung bestimmter Arbeitsvorgänge und auf eine Entlohnung nach Akkord. Ein kritischer Punkt ist dabei natürlich die jeweilige Festlegung der Normalzeiten. Diese erfolgt im Taylor-System wissenschaftlich fundiert durch einen Stab von Experten auf der Grundlage vorheriger Zeit- und Arbeitsablaufstudien. Ein Arbeiter, der sich anstrengt, kann bei Akkordlohn ein hohes Einkommen erreichen, während ein Faulpelz Abschläge hinnehmen muss. Dies entspreche dem Grundsatz der Leistungsgerechtigkeit und werde von den Arbeitern durchaus akzeptiert und gut geheißen.

Wenn ein Arbeiter von Anfang an oder über einen längeren Zeitraum nicht die geforderte Arbeitsleistung bringt, muss dies nicht unbedingt an mangelndem Einsatzwillen liegen, sondern hat gemäß Taylor seine Ursache oft darin, dass „der falsche Mann am falschen Platz" steht. Immer wieder betont er als ein Kernprinzip seines Systems, die Arbeiter für die zu besetzenden Arbeitsplätze sorgfältig auszuwählen, systematisch anzulernen und in der Anfangsphase genau zu beobachten. Schreyögg (1999, S. 40) wertet die diesbezüglichen Ausführungen und Empfehlungen Taylors als „die Geburtsstunde der modernen Personalwirtschaft", was in Anbetracht der recht hemdsärmligen Taylorschen Einstellungstests und Schulungsmethoden aber vielleicht doch etwas übertrieben ist. Gleichwohl ist die grundlegende Idee, dass dann, wenn eine Person sich für eine Arbeit nicht eignet und/oder nicht interessiert, eine möglichst frühzeitige Beendigung des Arbeitsverhältnisses bzw. ein Wechsel des Arbeitsplatzes letztlich beiden Parteien zum Vorteil gereicht, sicher nicht von der Hand zu weisen.

Nach einer anfänglich nur zögerlichen Resonanz fand das Taylor-System im Schlepptau der enormen Produktionserfordernisse im Zusammenhang mit dem ersten Weltkrieg zuerst in den USA und dann in praktisch allen Industrieländern Anklang (zur Rezeption in den USA und speziell auch in Deutschland vgl. Kieser 2002d, S. 83 ff.). Auch von Lenin wird berichtet, dass er an den Methoden von Taylor Gefallen fand und sie als geeignet für die sozialistischen Industriebetriebe einschätzte. Dies hatte die weit über die Lebensspanne von Lenin hinaus reichende Folge, dass viele Industriebetriebe in den ehemals sozialistischen Ländern stärker tayloristisch organisiert waren als vergleichbare Betriebe in den kapitalistischen Ländern. Der eigentliche Durchbruch hin zu einer auch für die Arbeiterschaft attraktiveren Taylor-Variante kam dann in den 1920er Jahren mit Henry Ford und dessen fordistischer Produktionsweise. Gewiss war die Arbeit an den von Ford eingeführten Fließbändern zur Autoproduktion kein Zuckerschlecken, aber Ford senkte die tägliche Arbeitszeit auf acht Stunden und verdoppelte den Stundenlohn der Arbeiter, sodass diese im Vergleich zu ihren Kollegen, die nicht in den Ford-Werken arbeiteten, in hohem Maße privilegiert waren. Hinzu kam die auch für den einfachen Arbeiter realistische Aussicht auf ein eigenes Auto, das nicht nur, aber sicher auch als eine Art Vehikel zur kompensatorischen Freizeitgestaltung fungierte. Henry Ford hatte in den 1920er Jahren zahllose Anhänger und Bewunderer auf der ganzen Welt, zu denen u.a. auch Adolf Hitler zählte. Obwohl dieser wenig und ungern las, kannte er die damals als Bestseller kursierende Biographie von Ford. Als Autofan (ohne Führerschein) entnahm er dieser Biographie vermutlich auch die Idee von Straßen nur für Autos (genannt Autobahnen).

Vergleicht man das Bürokratiekonzept von Weber und die wissenschaftliche Betriebsführung von Taylor, zeigen sich Denkstile, die unterschiedlicher kaum sein können. Hier das durch historisches Wissen gesättigte und mit Bedenken ringende soziologische Räsonieren von Weber, und dort der rustikal-burschikose und optimistische Pragmatismus von Taylor. In den inhaltlichen Kernaussagen bestehen gleichwohl erstaunliche Parallelen, denn beide sehen einen gesellschaftlichen Generaltrend hin zu Versachlichung, Verwissenschaftlichung und Rationalisierung, der im Wesentlichen getragen wird von modernen Organisationen, seien es nun Bürokratien oder industrielle Großbetriebe.

6.4 Institutionenökonomische Ansätze: Das Beispiel der Agency-Theorie

Weder Weber in seinem Bürokratiemodell, noch Taylor in seiner wissenschaftlichen Betriebsführung haben sich sonderlich um eine Mikrofundierung ihrer Ansätze gekümmert. Das in einer Bürokratie erwartete Verhalten ist im Weberschen Schema der Handlungstypen gewiss am ehesten zweckrationales Handeln (im Unterschied zu wertrationalem, traditionalem und affektuellem Handeln). Und Taylor geht hinsichtlich der Motivationsstruktur seiner Arbeiter ganz selbstverständlich von einem Akteurtyp aus, den Douglas McGregor (1960) später mit der Bezeichnung „Theorie X" (im Unterschied zu Theorie Y) in die arbeitswissenschaftliche Literatur eingeführt hat.[4] Diese vereinfachenden Akteurmodelle stehen bei Weber und Taylor im Hintergrund, ohne dass sie systematisch für die Herleitung ihrer Organisationskonzepte genutzt werden.

Wesentlich stringenter sind an dieser Stelle die ökonomischen Organisationsansätze, die ihre Überlegungen gezielt vom Fundament des „homo oeconomicus" her entwickeln. Speziell die Ansätze der schon mehrfach genannten neuen Institutionenökonomik greifen dabei auf eine Version des „homo oeconomicus" zurück, die nicht mehr allumfassende Informiertheit und Voraussicht postuliert, sondern unvollständige Information und nurmehr begrenzte Rationalität. In deren Rahmen wird auch und insbesondere berücksichtigt, dass die Beschaffung von Informationen oft schwierig und mit Kosten verbunden ist und deshalb über ein eigenständiges Nutzen-Kosten-Kalkül in die Analyse einbezogen werden muss. Von den Teiltheorien der Institutionenökonomik (Transaktionskostenansatz, Agency-Theorie und eventuell noch „property rights"-An-

---

4 Nach Theorie X sind Menschen überwiegend faul und gehen Arbeit möglichst aus dem Weg. Wenn sie denn arbeiten, brauchen sie Anleitung und Kontrolle, haben eine Vorliebe für Routinetätigkeiten und scheuen Verantwortung. Am ehesten lassen sie sich noch durch materielle bzw. finanzielle Anreize zur Arbeit bewegen, deren Motivationseffekt aber in der Regel schnell verpufft.

satz)[5] folgt eindeutig die Agency-Theorie am konsequentesten der Idee, eine Organisationstheorie von unten, also von den involvierten Akteuren her zu entfalten. Ihre Grundideen und Anwendungen sollen in diesem Abschnitt vorgestellt werden.

Anders als der Transaktionskostenansatz hat die Agency-Theorie, der man auch unter Bezeichnungen wie Principal-Agent-, Prinzipal-Agenten- oder Agentur-Theorie begegnet, keine besonders hervorgehobenen und die Diskussion beherrschenden Vertreter. Vielmehr haben an ihrer Entwicklung zahlreiche Autoren mitgewirkt, u.a. Armen Alchian, Harold Demsetz, Eugene Fama, Michael Jensen, William Meckling und Stephan Ross. In einem Überblicksartikel unterscheidet Kathleen Eisenhardt (1989) zwei verschiedene Strömungen der Theorie: eine positivistische Variante, die primär deskriptiv-empirisch ausgerichtet ist, und eine modelltheoretisch-normative Variante, die primär an der Ausarbeitung formaler Modelle zur optimalen Ausgestaltung der Prinzipal-Agenten-Beziehung interessiert ist.

Unabhängig von der Strömung ist stets die dyadische Beziehung zwischen einem so genannten Prinzipal und einem so genannten Agenten der Ausgangspunkt der Betrachtung. Der Prinzipal möchte, dass der Agent bestimmte Aufgaben für ihn erledigt, und zu diesem Zweck überlässt er dem Agenten bestimmte Ressourcen, gewährt ihm bestimmte Entscheidungskompetenzen und verspricht eine Belohnung. Der Agent ist bereit, die Aufgaben zu übernehmen, um die vom Prinzipal in Aussicht gestellte Belohnung zu erlangen. Insoweit haben die zwei Akteure zunächst einmal ein gemeinsames Interesse am Zustandekommen einer Kooperation. Partiell besteht aber – rationales und eigeninteressiertes Verhalten beider Akteure vorausgesetzt – eine Interessendivergenz. Der Prinzipal möchte eine Erledigung der Aufgaben bei möglichst geringer Entlohnung des Agenten (bzw. bei gegebener Belohnung eine möglichst optimale, ganz seinen Vorstellungen entsprechende Erfüllung der Aufgaben). Der Agent hingegen hat eine möglichst hohe Entlohnung für die Erledigung der Aufgaben im Auge (bzw. bei gegebener Belohnung einen möglichst niedrigen Arbeitseinsatz und eine Verwendung der übertragenen Ressourcen zu seinen Gunsten). Die grundlegende Frage nun, mit der sich die Agency-Theorie befasst, konzentriert sich auf die Handlungsperspektive des Prinzipals, da von ihm letztlich die Initiative zur Kooperation ausgeht, und lautet: Wie kann der Prinzipal die Beziehung so ausgestalten, dass der Agent die zu erledigenden Aufgaben möglichst weitgehend im Sinne des Prinzipals ausführt und ihn nicht hintergeht und „ausbeutet", d.h. die übertragenen Ressourcen zu seinen Gunsten missbraucht?

Beispiele für Prinzipal-Agenten-Beziehungen finden sich im Alltag reichlich: Der von der „positivist agency theory" in ihren Anfängen am häufigsten untersuchte Fall bezieht sich auf die Beziehung zwischen Managern und Eigentümern bei großen Aktiengesellschaften, dies in Anschluss an die klassische Studie

---

5 Zu dieser Drei- oder auch Zweiteilung vgl. nochmals die Hinweise im obigen Abschnitt 6.1 (Fußnote 1).

von Berle und Means (1932), in der für die fortgeschrittenen Industrieländer eine schleichende Entmachtung der Eigentümer/Aktionäre (als Prinzipalen) durch die Manager (als Agenten) behauptet und beklagt wird. Erst später hat sich die Aufmerksamkeit zunehmend auf die Arbeitgeber-Arbeitnehmer-Beziehung verlagert, mit dem Arbeitgeber als Prinzipal und den Arbeitern als Agenten. Aber auch dann, wenn ich mein Auto in eine Werkstatt bringe, damit es dort für den TÜV fit gemacht wird, wird eine Prinzipal-Agenten-Beziehung initiiert, mit mir als prinzipalem Autobesitzer und der Agenten-Werkstatt. Im Fall eines Arztbesuches gilt, dass sich der Patient (als Prinzipal) der Ärztin (als Agentin) anvertraut.

Die aufgeführten Beispiele zeigen, dass trotz der etwas irreführenden Begrifflichkeit der Prinzipal keineswegs immer der Akteur ist, der in der jeweiligen Beziehung der Stärkere oder Mächtigere ist. Konstitutiv für die Prinzipal-Agenten-Beziehung ist im Gegenteil sogar, dass sich der Prinzipal dem Agenten „ausliefert" und bezogen auf die ins Auge gefassten Aufgaben zunächst einmal eher in einer schwächeren Position ist.

Weiterhin kann man den Beispielen unschwer entnehmen, an welchen Stellen sich die Brücke von der eigentlich allgemeineren Agency-Theorie hin zur Organisationsforschung schlagen lässt. Aus der Perspektive der Agency-Theorie ist eine Organisation ein Gefüge von Aufgabendelegationen und damit von Prinzipal-Agenten-Beziehungen, wobei diese vielfach als Vertragsbeziehungen, als implizite oder explizite Verträge gesehen werden.[6] Die positivistische Variante der Agency-Theorie folgt der Idee, beobachtbare Regelungen im Binnen- oder auch Außenverhältnis von Organisationen als Antwort auf „die Agentur-Problematik" zu begreifen. Die normative Variante der Theorie will Empfehlungen geben, durch welche Regelungen („mechanism design") man die Agentur-Problematik jeweils am besten bewältigen kann.

Was aber ist der genauere inhaltliche Kern der Agentur-Problematik, d.h. wo und an welchen Stellen liegen die Probleme? Zur Problembeschreibung und -diagnose werden gerne zwei Konzepte herangezogen, die ursprünglich aus dem Versicherungswesen kommen: „moral hazard" und „adverse selection" (vgl. dazu z.B. Milgrom und Roberts 1992, S. 149 ff. und S. 166 ff.). Als „moral hazard" bezeichnet man den Anreiz, dass Leute, weil und nachdem sie eine Versicherung haben, ihr Verhalten dergestalt ändern, dass höhere Ansprüche auf die Versicherung zukommen. Seit Herr X eine Fahrradversicherung abgeschlossen hat, nimmt er sein Rad nicht mehr mit in sein Arbeitszimmer, sondern kettet es notdürftig unten am Abstellplatz für Fahrräder an (und wartet insgeheim schon seit längerem darauf, dass es jemand mitnimmt, auf dass die Versicherung eine Teilfinanzierung für das ersehnte neue Modell übernimmt). Übertragen auf den Kontext von Arbeitsorganisationen bewirkt „moral hazard", dass z.B. Arbeiter als Agenten nicht so hurtig und sorgfältig zu Werke gehen, wie

---

6 Douma und Schreuder (2002, S. 109) z.B. sprechen in ihrer Abhandlung der Agency-Theorie von Firmen und Organisationen als „a nexus of contracts".

wenn sie auf eigene Rechnung arbeiteten, oder dass z.B. Manager in die eigene Tasche wirtschaften und deshalb die armen Aktionäre leer ausgehen. „Adverse selection" spricht den Tatbestand an, dass so genannte schlechte Risiken eher dazu neigen, überhaupt in eine Versicherung einzutreten und somit erhöhte Ansprüche auf die Versicherung zukommen. Herr X hat auch deswegen eine Fahrradversicherung abgeschlossen, weil er im Zeittrend der Gentrifikation demnächst in die Innenstadt umziehen wird und es dort in seinem neuen Haus keinen Fahrradkeller gibt und weil er zudem am Wochenende sein Rad dann öfter am Bahnhof abstellen muss. Wiederum übertragen auf den Kontext von Arbeitsorganisationen führt „adverse selection" z.B. auf die These, dass eher „faule Säcke" unkündbare Beamtenjobs als Lehrer anstreben.

Sowohl bei „moral hazard" als auch bei „adverse selection" besteht das Kernproblem darin, dass eine asymmetrische Informationssituation vorliegt. Der Versicherte bzw. der Agent hat gegenüber dem Prinzipal einen Wissensvorsprung, er kennt sich im Bereich der zu erledigenden Aufgaben besser aus, und er weiß genauer als der Prinzipal, was er kann, will, schon getan hat und eventuell noch zu tun gedenkt. Zu einem Problem wird dieser Wissensvorsprung in Verbindung mit der Annahme, dass der Agent diese Situation für sich ausnutzt, d.h. Informationen verbirgt bzw. selektiv weiter gibt („hidden information") und über sein vergangenes und geplantes Verhalten keine genaue Auskunft gibt („hidden action"). So z.B. hat ein Arbeitnehmer, der sich bei einem Arbeitgeber um eine neue Stelle bemüht, einen Anreiz, eventuell bestehende Krankheiten nicht von sich aus anzusprechen, seine Fähigkeiten im besten Licht darzustellen und auf jeden Fall unerwähnt zu lassen, dass er den Job nur als vorübergehende Notlösung sieht. Und wenn z.B. ein Handwerker eine Arbeit unvollständig erledigt hat, dann ist es oft immer noch „Verhandlungssache", ob die Arbeit tatsächlich als schlecht einzuschätzen ist, und wenn ja, wer und was die Gründe dafür sind.

Mit Blick auf die eigentliche Problemstellung, nämlich eine den Interessen des Prinzipals dienende Ausgestaltung der Beziehung zum Agenten zu entwickeln und zu implementieren, hat die Agency-Theorie für verschiedene inhaltliche Anwendungsbereiche mehr oder weniger systematisch das Spektrum der Ausgestaltungsmöglichkeiten in seinen Vor- und Nachteilen (theoretisch und/oder auch empirisch) ausgelotet. Bezogen auf das Beispiel der relativ sensiblen Arzt-Patient-Beziehung vermittelt Kasten 6.1 einen Einblick, an welche Vorkehrungen zum Schutz des Patienten man vor dem Hintergrund der Agency-Theorie denken könnte und würde.

Am wichtigsten für die Organisationsforschung erscheint freilich der Anwendungsfall der Arbeitgeber-Arbeitnehmer-Beziehung. Hier differenziert die Agency-Theorie mindestens vier Gruppen von Instrumenten zur Disziplinierung der Agenten (vgl. u.a. Eisenhardt 1989; Milgrom und Roberts 1992, S. 185 ff.; Ebers und Gotsch 2002, S. 214 f.): (1) direkte Verhaltenskontrolle,

---

Kasten 6.1: Die Beziehung zwischen Patient und Arzt als Prinzipal-Agenten-Beziehung

Schon Talcott Parsons (1958) hat gesehen und analytisch feinsinnig seziert, dass die Beziehung zwischen Patient und Arzt in hohem Maße potenziell problemträchtig ist. Dies zum einen weil der Patient in einem für ihn wichtigen Bereich (Disposition über den eigenen Körper) sich dem Arzt anvertraut, zum anderen weil der Arzt in puncto Gesundheit/Krankheit in der Regel einen großen Wissensvorsprung hat. Dieser Wissensvorsprung bewirkt, dass ein Arzt nahezu beliebig Nachfrage nach seinen Leistungen schaffen kann. Um den Patienten (als Pinzipal) vor opportunistischer Ausbeutung durch den Arzt (als Agenten) zu schützen, kann man vor dem theoretischen Hintergrund der Agency-Theorie, die es zur Zeit von Parsons noch nicht gab, erstens über individuelle Handlungsstrategien und zweitens über strukturell-institutionelle Absicherungen der Patienten nachdenken.

Individuelle Handlungsstrategien der Patienten: Präventiv kann unser Prinzipal durch einen gesundheitsbewussten Lebensstil erreichen, dass Arztbesuche nur selten notwendig werden und er mithin erst gar nicht zum Patienten wird. Wenn sich gleichwohl Beschwerden einstellen, kann der Patient durch eigenständiges Erarbeiten medizinischen Fachwissens versuchen, sich selbst zu kurieren (im hypochondrischen Fall kann dies auf ein medizinisches Zusatzstudium hinauslaufen). Wenn sich trotz alledem ein Arztbesuch nicht vermeiden lässt, kann er nach dem Prinzip der Risikostreuung einer Diagnose immer erst dann trauen, wenn sie von mindestens zwei Ärzten bestätigt wurde. Gelingt es dem Patienten, zu einem Arzt eine Beziehung aufzubauen, die über die rein medizintechnische Ebene hinaus reicht, von einer längerfristigen Bekanntschafts- bis hin zu einer engen Freundschaftsbeziehung, er vermutlich mit einer „Vorzugsbehandlung" rechnen. Alternativ zu dieser Strategie der Personalisierung der Beziehung wären vertragliche Regelungen denkbar, die sich auf das Ergebnis der ärztlichen Behandlung beziehen, z.B. in der Form, dass der Arzt nur bei erfolgreicher Behandlung bezahlt wird (was aber dazu führen würde, dass Ärzte die schweren Fälle scheuen würden). Nicht zuletzt wird der Patient angesichts seiner medizinischen Inkompetenz besonders auf so genannte Qualitätssignale achten, z.B. zeigt ein volles Wartezimmer immerhin an, dass ich nicht der Einzige bin, der sich in die Hände dieses medizinischen Agenten begibt.

Strukturell-institutionelle Vorkehrungen: Auch die medizinische Profession selbst hat ein Interesse daran, vom Dr. Eisenbarth-Image weg zu kommen und die Zahl schwarzer Schafe in ihren Reihen zu begrenzen. Ein wichtiges Instrument dabei sind Zugangsbeschränkungen zum Arztberuf mit Hilfe von Ausbildungszertifikaten. Die geforderte Ausbildung soll sicher stellen, dass sich nicht jeder ein Arztschild an die Haustüre hängen kann und bei einem Arzt auf jeden Fall von einem Mindeststandard an medizinischem Wissen ausgegangen werden kann. Besonders betont wird in der Medizinausbildung und auch noch später der ärztliche Ethik-Kodex (Eid des Hippokrates), der explizit jede Übervorteilung der Patienten als moralisch verwerflich einstuft. Gepflegt und bekräftigt wird der Ethik-Kodex von vergleichsweise schlagkräftigen ärztlichen Standesorganisationen, die neben Appellen an die Moral diverse andere Kontrollmechanismen und Disziplinierungsmaßnahmen für ihre Mitglieder bereit halten. Nicht zuletzt sind eine immer wichtiger werdende Vorkehrung die Versicherungen gegen so genannte ärztliche Kunstfehler.

(2) ergebnisabhängige Belohnung, (3) Kautionsregelungen und (4) Verbesserungen des Informationssystems.[7]

Direkte Verhaltenskontrolle („behavior-based contracts"): Hier versucht der Prinzipal, dem Agenten genauer auf die Finger zu schauen, indem er sein Verhalten überwacht, kontrolliert bzw. (neudeutsch formuliert) Monitoring betreibt. Überwachung und Kontrolle sind freilich mit Kosten verbunden und zudem können sie die Motivation und die Arbeitsfreude des Agenten beeinträchtigen. Anstelle von lückenloser Überwachung tendiert der Prinzipal aus Kostengründen dazu, lediglich stichprobenartig zu kontrollieren, wobei sich die optimale Kontrollrate (bei der die Grenzkosten gleich dem Grenzertrag der Kontrolle sind) z.B. nach dem Muster eines Jäger-Beute-Modells gestalten lässt. Ein relativ elaboriertes Modell dazu, wann und unter welchen Bedingungen ein direktiver Kontrollstil der Motivation der Arbeitskräfte abträglich ist, hat Bruno Frey (1997) vorgelegt. Nach diesem Modell ist enge Kontrolle und Überwachung vor allem dann kontraproduktiv, wenn es sich um interessante und herausfordernde Tätigkeiten handelt und wenn die Arbeitskräfte mit Blick auf die zu erledigenden Aufgaben intrinsisch motiviert sind.

Ergebnisabhängige Belohnung („outcome-based contracts", „incentive contracts"): In der Regel plädieren die Vertreter der Agency-Theorie im ersten Schritt stets für eine ergebnisbezogene Entlohnung des Agenten, also z.B. für Akkordlöhne, Prämien bei besonderen Leistungen oder für Gewinnbeteiligungsmodelle. Eine ergebnisorientierte Belohnung setzt aber voraus, dass die Arbeitsergebnisse erstens messbar und zweitens möglichst individuell zurechenbar sind, was in arbeitsteilig gegliederten Organisationen ziemlich oft nicht gegeben ist. Ergebnisbasierte Verträge sind speziell dann problematisch, wenn die Arbeitsergebnisse von vielen unwägbaren Faktoren, die der Agent nur bedingt beeinflussen kann, abhängen. Weiterhin sind Arbeitnehmer oft risikoaversiv und haben eine Präferenz für ein zeitlich stabiles Einkommen.[8] Ein Prinzipal kann sich dies zunutze machen, indem er ein fixes Kontrakteinkommen gewährt und die Risikoprämie einstreicht. Genau dies wird mitunter als Kern des unternehmerischen Handelns eingestuft.

Kautionsregelungen („bonding"): Damit ein Agent vorgesehene Aufgaben erledigen kann, muss ihm der Prinzipal zuvor häufig Arbeitsgeräte anvertrauen und

---

7 Diese vier Gruppen von Instrumenten gelten nicht nur für die Arbeitgeber-Arbeitnehmer-Beziehung, sondern in jeweils etwas abgewandelter Form und mit problemspezifischen Ausarbeitungen in den meisten Prinzipal-Agenten-Beziehungen.

8 Von Risikoaversion spricht man dann, wenn eine Person von zwei Alternativen mit gleichem Nettonutzen die Alternative mit der größeren Sicherheit bevorzugt. Beispiel: Alternative 1 (= der Akteur bekommt 10 Euro sicher) wird gegenüber Alternative 2 (= der Akteur bekommt 100 Euro mit einer Wahrscheinlichkeit von 0,1) bevorzugt. Bei Risikoneutralität ist der Akteur indifferent, bei Risikogeneigtheit würde er Alternative 2 bevorzugen.

ihn im Gebrauch dieser Geräte schulen und ausbilden. Diese Ausbildungsinvestitionen würden verloren gehen, wenn ein Arbeiter vorzeitig kündigt, um in einen besser bezahlten Job zu wechseln. Um sich vor einem solchen Verlust zu schützen, kann der Arbeitgeber direkte oder indirekte Kautionen einführen. Eine direkte Kaution wäre, wenn z.b. Taylor von seinen Schaufelarbeitern verlangt hätte, dass sie jeden Morgen einen Geldbetrag zahlen, bevor ihnen ein Schaufelsatz ausgehändigt wird, oder wenn z.b. ein Arbeitgeber einen Angestellten nur dann auf eine betriebliche Fortbildung schickt, wenn dieser zuvor eine Kaution an ihn entrichtet hat, die im Fall einer vorzeitigen Kündigung nach der Fortbildung ganz oder teilweise bei ihm verbleiben würde. Solche direkten Kautionen sind in anderen Prinzipal-Agenten-Beziehungen üblich (z.b. bei Mietverhältnissen), in Arbeitsverhältnissen jedoch relativ selten, nicht zuletzt wohl auf Grund von Liquiditätsproblemen der Arbeiter. Allerdings verwenden Arbeitgeber bei Fortbildungen gerne indirekte Kautionsregelungen in der Form, dass sich ein Arbeiter verpflichten muss, für eine bestimmte Zeit nach der Fortbildung im Betrieb zu verbleiben; wenn nicht, wird nachträglich eine finanzielle Beteiligung an der Fortbildung in einer bestimmten Höhe fällig. Auch ohne den besonderen Fall von Fortbildungen nutzen Arbeitgeber indirekte Kautionszahlungen, um die Arbeiter von Bummelei („shirking") abzuhalten und die Bestarbeiter an sich zu binden. Dies indem sie Senioritätsentlohnung gemäß Abbildung 6.1 verwenden.

Abbildung 6.1: Indirekte Kautionsregelung durch Senioritätsentlohnung

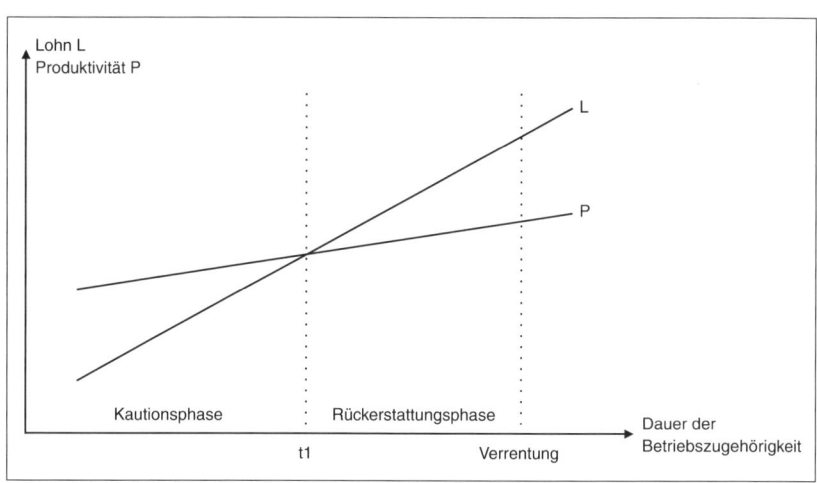

Bis zum Zeitpunkt t1 (z.b. einer Betriebszugehörigkeit bis 15 Jahre) erhalten die Arbeiter einen Lohn, der unterhalb ihrer Produktivität liegt. Diese Unterbezahlung bedeutet, dass sie eine indirekte Kaution entrichten. Jenseits von t1 werden sie dann überbezahlt, d.h. die Kaution wird ihnen sukzessive zurück erstattet. Die Rückerstattungsphase muss freilich zeitlich begrenzt werden, und deshalb gibt es in den meisten Ländern ein gesetzlich festgelegtes Verrentungsalter.[9] Durch die Gestaltung des Lohn-Produktivitäts-Zusammenhangs gemäß Abbildung 6.1 beugt der Arbeitgeber „adverse selection" vor und diszipliniert gegen „moral hazard". Schlechte Arbeiter werden sich wegen der langen Kautionsdurststrecke erst gar nicht um einen Job in dem Betrieb bemühen, und gute Arbeiter müssen bis zum Ende eifrig sein, denn im Fall einer Entlassung würden sie den noch ausstehenden Rest ihrer Kaution verlieren.

Verbesserungen des Informationssystems: Neben derart raffinierten „Bonding"-Bonbons dürfen die einfachen und nahe liegenden Instrumente nicht vergessen werden. Wenn das Grundproblem ein Informationsdefizit des Prinzipals ist, dann wird er gewiss darüber nachdenken, auf welchen Wegen er seinen Informationsstand verbessern kann. In der Regel ist es hilfreich, wenn der Prinzipal sich bei den zu erledigenden Aufgaben selbst gut auskennt. Weiterhin wird er dem Agenten Rechenschaftspflichten auferlegen (Führen von Arbeitsstundenheften, Dokumentation der Bewirtschaftung der bereit gestellten Mittel etc.). Eine gängige Praxis sind zudem Leistungsvergleiche unterschiedlicher Agenten, z.B. von Arbeitern in verschiedenen Betriebsstätten. Um opportunistischem Verhalten des Agenten vorzubeugen oder es im Nachhinein zu erkennen, tendiert der Prinzipal dazu, unterschiedliche und voneinander möglichst unabhängige Informationsquellen zu nutzen, um so nach dem Prinzip von „cross examination" Hinweise auf eventuell unbotmäßiges Agentenverhalten zu gewinnen. Solch detektivische Recherchen sind freilich stets mit Zeit und Kosten verbunden, was uns auf die „Informationsökonomie" zurück verweist.

Überblicken wir abschließend noch einmal die eben vorgestellte Agency-Theorie, sind Überschneidungen und Parallelen mit dem Transaktionskostenansatz (Kapitel 3) unverkennbar. In ihrer Charakterisierung der individuellen Akteure stimmen die beiden Theorien weitgehend überein.[10] Ansonsten werden Gemeinsamkeiten oft durch unterschiedliche „Begriffstraditionen" verdeckt. Wenn z.B. Williamson von „markets" versus „hierarchies" spricht, dann sind das in der Sprache der Agency-Theorie weitgehend „outcome-based contracts" versus „behavior-based contracts". In der zeithistorischen Theorieentwicklung

---

9 Ausführlicher zur Frage „Why is there mandatory retirement?" vgl. bereits Lazear (1979). Alternativ zu gesetzlichen gibt es oft betriebliche Regelungen zum altersbedingten Ausscheiden. Die „lebenslange Beschäftigung" in japanischen Großbetrieben endet z.B. mit 55 Jahren. Bis zum regulären gesetzlichen Rentenalter verbleibt den „jungen Alten" dann noch genug Zeit, „a second career" zu starten. Diese zweite Karriere reicht wegen der niedrigen gesetzlichen Renten in Japan oft über das reguläre Rentenalter hinaus.

10 Johannes Berger (2002, S. 202) sieht allerdings „einen scharfen Gegensatz zu Williamsons Transaktionskostenökonomik" dergestalt, dass die Agency-Theorie den Akteuren unbegrenzte Rationalität (unbounded rationality) unterstellt. Dies gilt jedoch nur für bestimmte Varianten der Agency-Theorie, v.a. für die modelltheoretisch angelegten Varianten.

war es so, dass der Transaktionskostenansatz ursprünglich eher als Makrotheorie gestartet ist und sich nach und nach in den Mikrobereich des Innenlebens von Organisationen hinein bewegt hat. Bei der Agency-Theorie war es umgekehrt. Heute haben sich die beiden Theorieansätze so weit angenähert, dass es manchmal schwierig ist, einzelne Arbeiten der einen oder der anderen Theorie zuzuordnen. Von der Grundtendenz her ist es so, dass die Agency-Theorie wohl irgendwann in der allgemeineren Transaktionskostenökonomik aufgehen wird (vgl. Berger 2002, S. 195).

Literatur zur Vertiefung und zum Weiterlesen

(1) Scott, Richard W. (2003): Organizations: Rational, Natural, and Open Systems, 5. Auflage, International Edition, Upper Saddle River, NJ: Prentice-Hall, Chap. 2 (das Konzept von Organisationen als „rational systems" wird vorgestellt und mit ausgewählten Theorievarianten erläutert).

(2) Kieser, Alfred (2002): Max Webers Analyse der Bürokratie, in: Alfred Kieser (Hg.), Organisationstheorien, 5. Auflage, Stuttgart: Kohlhammer, S. 39–64 (eine gelungene Einordnung und Darstellung von Webers Idealtyp der Bürokratie).

(3) Taylor, Frederick W. (1911): The Principles of Scientific Management, New York: Harper (deutsch: Die Grundsätze wissenschaftlicher Betriebsführung, Weinheim: Beltz 1995; Taylor im englischen Original oder auch in der deutschen Übersetzung ist eine amüsante Lektüre, zumal das Buch recht dünn ist).

(4) Eisenhardt, Kathleen M. (1989): Agency Theory: An Assessment and Review, in: Academy of Management Review, Vol. 14, S. 57–74 (ein einfach geschriebener Überblicksartikel zur Agency-Theorie, der auch speziell auf die Bedeutung dieser Theorie für die Organisationsforschung eingeht).

7. Organisationskonzeptionen II: Organisationen als natürliche/soziale Systeme

Historisch war das Verständnis von Organisationen im Sinne von natürlichen bzw. sozialen Systemen eine Reaktion zum einen auf empirische Überzeichnungen der „rational actor"-Sicht und zum anderen auf weltanschauliche Befürchtungen hinsichtlich unerfreulicher Konsequenzen durchrationalisierter Organisationen. Diese Verquickung von wissenschaftlicher Analyse einerseits und weltanschaulichem Credo andererseits zeigt sich besonders deutlich in der so genannten Human-Relations-Schule, die in Opposition zum Taylorismus in den USA den „natural systems view" hoffähig machte. Nachdem dann die Weltwirtschaftskrise und der Zweite Weltkrieg Human-Relations in den Hintergrund gedrängt hatten, trat „das Soziale" in den 1960er und 1970er Jahren erneut auf den Plan. Diesmal aber weniger im Sinne von „sozial = die Wünsche und Interessen der Arbeitnehmer berücksichtigend", sondern in einem deutlicher soziologischen Sinne von „sozial = das tatsächliche Interaktionsgeschehen in Organisationen ins Blickfeld nehmend". Den Ursprung dieser Sichtweise lieferte die verhaltenswissenschaftliche Entscheidungstheorie. Diese und zuvor die Human-Relations-Schule werden in den Abschnitten 2 und 3 dieses Kapitels besprochen. Um die beiden „Theorien" besser einordnen zu können, bemüht sich Abschnitt 1 vorab noch einmal, die Ausgangspunkte und Varianten des „natural systems view" zu verdeutlichen.

7.1 Ausgangspunkte und Varianten des „natural systems view"

Der gemeinsame Ausgangspunkt von Organisationsforschern, die sich dem „natural systems view" verpflichtet fühlen, besteht (wie schon gesagt) in einer kritischen Distanz gegenüber dem Rational-Modell von Organisationen. Es wird bezweifelt, dass Organisationen Ziele haben und sich ein sinnvoller Organisationszielbegriff bilden lässt. Weiterhin würden sich die formale Organisationsstruktur und die tatsächlichen Organisationsabläufe sehr häufig unterscheiden, d.h. es gebe eine Diskrepanz zwischen Sollen und Sein, zwischen normativen Vorgaben und dem, was in Organisationen faktisch geschehe. Typisch sei, dass die Dinge im Endergebnis oft anders liefen, als es die Organisationsspitze geplant und sich vorgestellt habe. In Organisationen seien nämlich nicht in erster Linie Stelleninhaber und Funktionsträger am Werk, die brav exekutieren, was von ihnen erwartet wird, sondern lebendige und reale Menschen mit eigenen Ideen, eigenen Interessen und individuellen Stimmungen und Launen. Wenn man sich etwas länger mit der (speziell auch soziologischen) Organisationsforschung und -literatur beschäftigt, begegnet man den gerade aufgeführten Einwänden und Vorbehalten (z.b. auch bei Scott 2003, Chap. 3) so oft, dass sie fast schon wie eine Schablone oder Platitüde wirken, die man kaum mehr hören kann und will.

Inhaltlich konzentriert sich die „natürliche Systeme"-Perspektive auf die Binnenstruktur und das Innenleben von Organisationen, d.h. es werden hauptsächlich interne Abläufe und Strukturaspekte unter Ausblendung von Kontext- und Umfeldbedingungen untersucht. Für diese internen Organisationsanalysen werden empirische Studien gefordert und wurden tatsächlich, bevorzugt als Fallstudien einzelner Organisationen, auch in einer nicht mehr überschaubaren Fülle vorgelegt. Genau diese empirische Forschung bestätigt und bekräftigt in mehr oder weniger schöner Regelmäßigkeit die angesprochenen Einwände gegen Rational-Konzeptionen von Organisationen.

Basierend auf diesen Ergebnissen wird mitunter in zugespitzter Form als neue, dem Alltagsglauben zuwider laufende Leitfrage formuliert: „Why are organizations such a mess?" (Gibbons 2000), und was können wir trotzdem tun, um organisationale Abläufe zu verstehen und dann gegebenenfalls doch in gewünschte Bahnen zu lenken. Ob und inwieweit Organisationen chaotischer sind als andere soziale Gebilde (etwa Familien), ist und bleibt letztlich eine Glaubensfrage, die sich auf Grund ihrer Allgemeinheit eigentlich von vorne herein nicht beantworten lässt. Zumindest die elementare Prämisse, dass es im Endergebnis Strukturmuster und Regelhaftigkeiten gibt, wird man nicht aufgeben wollen, denn sonst würde ja der Sinn jeglicher Organisationsforschung fraglich.

Eine und vermutlich sogar die entscheidende Weichenstellung beim Zugang zu sozialen Systemen ist, ob man sie eher als harmonische und konsensorientierte oder eher als konflikt- und problembehaftete Gebilde sieht. Während die Harmonie-„Brille" Gemeinsamkeiten, Solidarität und wechselseitig ertragreiche Kooperation betont, akzentuiert die Konflikt-„Brille" divergierende Interessen, Machtausübung und gewaltsame Auseinandersetzungen. Die Harmonie-„Voreingenommenheit" mündet in die forschungspraktische Empfehlung, dass man dann, wenn man soziale Systeme verstehen und in ihren Abläufen ursächlich erklären will, eben jene Gemeinsamkeiten und integrativen Elemente zentral ins Blickfeld nehmen muss. Umgekehrt drängt die Konflikt-„Voreingenommenheit" in die Richtung, zwecks Verstehen und/oder Erklären die hauptsächlichen Konfliktlinien und Interessengegensätze zu fokussieren. Ähnlich wie sich soziologische Großtheorien entlang der Harmonie-Konflikt-Polarität gruppieren lassen (funktionalistische versus konflikttheoretische Ansätze), kann man damit auch die verschiedenen Varianten der „natural systems"-Organisationstheorien in eine Ordnung bringen. Wie diese Ordnung aussieht, ist in Abbildung 7.1 aufgezeichnet.

Die Human-Relations-Schule, die im nächsten Abschnitt behandelt wird, steht auf der Harmonie-Seite von Abbildung 7.1. Noch stärker von einer har-

*Abbildung 7.1:   Theorieansätze über Organisationen als natürliche/soziale Systeme
                  zwischen Harmonie und Konflikt*

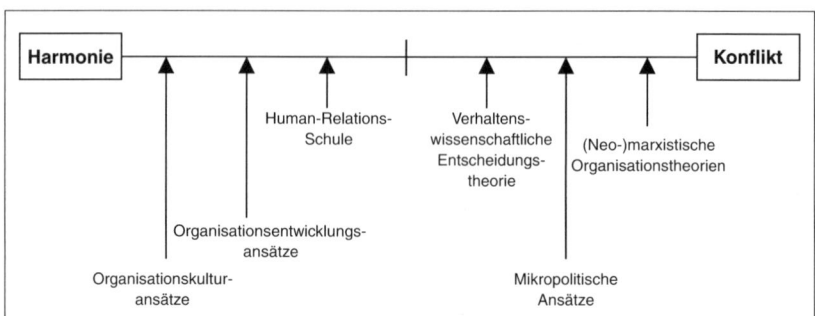

monischen Grundposition geprägt sind die neueren Organisationsentwick-lungsansätze (OE-Ansätze), die in den 1980er Jahren ihre Blütezeit erlebten, und die neueren Organisationskulturansätze, die danach in den 1990er Jahren ihre Boomphase durchliefen. Im Rahmen der OE-Ansätze (für knappe Übersichten vgl. z.B. Thom 1992; Kieser 2002e, S. 119 ff.) geht es in der Regel um die Gestaltung und Bewältigung von Organisationswandel, und zwar so, dass möglichst die Interessen aller Beteiligten einbezogen und berücksichtigt werden. Organisationen werden als sensible, eingespielte und sorgsam austarierte soziale Systeme gesehen, die man nur behutsam und mit Vorsicht auf einen neuen Weg bringen kann. Die OE-Ansätze folgen ganz überwiegend einem demokratisch-partizipativen Gestaltungsmodell, d.h. es wird als essenziell angesehen, dass die Betroffenen von Anfang an in organisatorische Veränderungs- und Anpassungsprozesse eingeschaltet werden und diese in allen Phasen aktiv mitgestalten können („Betroffene zu Beteiligten machen").

Mindestens in gleichem Maße konsensorientiert wie OE sind die Organisationskultur-Philosophien (für knappe Übersichten z.B. vgl. Hatch 1997, Chap. 7; Schreyögg 1999, Kap. 6.4). Ihre Grundidee besteht – überspitzt formuliert – darin, Organisationen nach dem Muster eines abgeschotteten Mikrokosmos bzw. eines isoliert lebenden Volksstammes zu sehen, mit einem eigenen Sprachcode, eigenen Werten und Normen und einem eigenen Symbolsystem. Ähnlich wie sich ein Bayer als Bayer mit einem spezifisch bajuwarischen „design for living" (= Kultur) definiert, kann sich der Siemens-Mitarbeiter als Siemensianer und die Mitarbeiterin von Hewlett-Packard als Mitglied der HP-Familie sehen. Wie Kulturen generell kann man auch Organisationskulturen nicht von heute auf morgen schaffen oder aber verändern, denn sie werden gemeinhin als umfassende Orientierungsgebäude verstanden, die langsam gewachsen und Schritt für Schritt in Fleisch und Blut übergegangen sind. Gleichwohl haben sich Vertreter der Organisationskultur-Konzepte auf den Weg gemacht, z.B. durch die Propagierung von Leitbildern oder durch den Aufbau eigener Symbolwelten („corporate design" mit Logo, Homepage, Newsletter und einem unverkennbaren Büromöbelsystem) aktiv die organisationale Enkulturation, die „corporate identity" und das Wir-Gefühl zu befördern. Sowohl die OE- als auch die Organisationskultur-Ansätze haben sich von einer ursprünglich wissenschaftlichen Ausrichtung ziemlich schnell zu primär anwendungsorientierten Management-Philosophien verwandelt, und deshalb sollen sie im Weiteren nicht vertieft werden.[1]

Der Konfliktpol auf der rechten Seite von Abbildung 7.1 wird am klarsten repräsentiert durch marxistisch inspirierte Organisationstheorien (für Einblicke vgl. z.b. Bruch 2000; Türk 2000, S. 161 ff.). Diese tendieren dazu, das Geschehen in privatwirtschaftlichen Unternehmen als Hauptschauplatz und Vor-Ort-Bühne der Auseinandersetzung zwischen Arbeit und Kapital zu sehen. Betriebe werden nach dem Muster einer Kampfarena konzipiert, wobei die Kontrahenten (Kapitalisten und Proletarier) mit ungleichen Machtmitteln ausgestattet sind. Löst man sich vom speziellen Kontext so genannt kapitalistischer Betriebe, lässt sich die Generalvermutung einer Konfliktarena durchaus auch auf andere Typen von Organisationen übertragen. Klassischen Charakter hat dabei die oben (in Abschnitt 2.4) schon einmal angesprochene Studie von Robert Michels (1989, zuerst 1911), in der im Grunde für alle größeren Organisationen ein „ehernes Gesetz der Oligarchie" mit einer unüberbrückbaren Konfliktlinie zwischen der Organisationselite einerseits und den sonstigen Mitgliedern andererseits postuliert wird. Den Konfliktpaaren „Kapitalist versus Proletarier" und „Organisationselite versus einfache Mitglieder" kann man freilich noch andere Konfliktgruppen und Konfliktfelder hinzu fügen, z.b. „the battle of the sexes", Stamm- versus Randbelegschaften oder die Jungen gegen die Alten, was dann auf eine umfassendere und in der Regel auch gemäßigtere konflikttheoretische Position führt.

Dass organisationale Entscheidungen, Strukturen und Prozesse aus einem komplexen Zusammenspiel widerstreitender Interessen der Organisationsmitglieder hervor gehen und oft mühsam ausgehandelt werden müssen, ist eine wesentliche Ausgangsprämisse der verhaltenswissenschaftlichen Entscheidungstheorie, die hauptsächlich in den 1960er Jahren die amerikanische Organisationsforschung dominierte. Es handelt sich dabei um eine stark „gezähmte" Konflikttheorie, die nicht von Klassenkampf, Ausbeutung und Elitenherrschaft, sondern von Machtspielen, strategischen Manövern, Koalitionsabsprachen u.ä. spricht. Ihr Hauptanliegen ist ein auf detaillierten Beschreibungen basierendes „informiertes Verstehen und Nachvollziehen" organisationaler Entscheidungen und Abläufe. Dieses Programm hat seit seinen Anfängen in der Organisationsforschung einen bleibenden Stellenwert und wird von manchen Autoren mit

---

1 Mit Bezug auf OE und die Organisationskultur wird kritisch auch von „Management durch Ideologie" gesprochen. Dies mag mit Blick auf viele praktische Umsetzungen gerechtfertigt sein, ist aber keine zwangsläufige Entwicklung. Speziell und insbesondere die Ausgangsidee der Organisationskulturansätze, als Forscher in eine Organisation hinein zu gehen, so als ob es sich um ein neues und gänzlich unvertrautes ethnographisches Feld handelt, und dementsprechend auf das ethnographische Methodeninventar zurück zu greifen, hat durchaus einen Reiz.

gewissen inhaltlichen Beigaben allgemeiner unter den Terminus „mikropolitische Ansätze" (oder auch „politische Ansätze") subsumiert. Eine genaue Trennung von verhaltenswissenschaftlicher Entscheidungstheorie und mikropolitischen Ansätzen ist nicht möglich, und deshalb werden in Abschnitt 7.3 zum Teil auch Punkte angesprochen, die nicht im Ursprungsprogramm der verhaltenswissenschaftlichen Entscheidungstheorie enthalten, sondern erst später im Rahmen einer allgemeineren mikropolitischen Sicht dazu gekommen sind.

7.2 Human-Relations-Schule

Die Human-Relations-Schule ging aus einer Serie von Experimenten, Beobachtungen und Befragungen hervor, die in der Zeitspanne von 1924–1932 in den Hawthorne-Werken der Western Electric Company am Rande von Chicago durchgeführt wurden. Hauptverantwortlich für die Hawthorne-Studien waren zunächst Fritz Roethlisberger und William Dickson, die auch das Basisbuch zum Human-Relations-Ansatz geschrieben haben (Roethlisberger und Dickson 1939). Später kam noch der Harvard-Psychologe Elton Mayo dazu, der in den Folgejahren zum unermüdlichen Promotor der Human-Relations-Bewegung wurde (vgl. etwa Mayo 1998, zuerst 1945).

Die Experimente in den Hawthorne-Werken begannen mit einer klassisch ergonomischen Ausrichtung.[2] Roethlisberger und Dickson wollten die optimale Helligkeit bei der Montage von Telefonrelais herausfinden und unternahmen dazu diverse Beleuchtungsexperimente: jeweils mit Versuchs- und Kontrollgruppe, variierenden Beleuchtungsstärken und Messungen der Arbeitsleistung als abhängiger Variable. Die Ergebnisse fügten sich nicht ohne weiteres den Erwartungen, denn die Zusammenhänge zwischen den Lux-Werten und der Arbeitsleistung waren schwach, erratisch und insgesamt nur schwer erklärbar. Die beiden Forscher gelangten zu der Einsicht, dass offenbar auch „psychische" bzw. „zwischenmenschliche Faktoren" eine wichtige Rolle spielen. Sie interpretierten diese im Sinne von „experimentellen Störgrößen" und versuchten deshalb, sie durch entsprechende experimentelle Vorkehrungen in den Griff zu bekommen. Dies beinhaltete u.a. die räumliche Abgrenzung ausgewählter Untersuchungsgruppen. Weiterhin stimulierten die sperrigen Ausgangsergebnisse inhaltliche Erweiterungen der Experimente, so z.B. wurden experimentell auch die Effekte verschiedener Pausenregelungen, unterschiedlicher Lohnanreize und von Änderungen im Vorgesetztenverhalten untersucht. In der Zeit ab 1928 ergänzte Mayo das Forschungsprogramm durch umfangreiche und wiederholte Befragungen der Belegschaft der Hawthorne-Werke.

---

2 Noch heute hat die Ergonomie (= Arbeitswissenschaft) eine Vorliebe dafür, Effekte physikalisch messbarer Umgebungseinflüsse auf die Arbeitsleistung nicht nur zu untersuchen, sondern relativ einseitig zu betonen. Etwas sarkastisch bezeichnet man sie deshalb mitunter als LLL-Wissenschaft (Licht, Luft, Lärm).

Aus dem beeindruckenden Berg von Daten, die in den Hawthorne-Studien gesammelt wurden, die Kernpunkte heraus zu filtern, ist schwierig und relativ willkürlich. Orientiert man sich der Einfachheit halber an der späteren Rezeption der Hawthorne-Befunde, dann sind es drei Punkte, die mehr oder weniger regelmäßig angesprochen werden: (1) der Hawthorne-Effekt, (2) die „Entdeckung" der informellen Gruppe und (3) die produktivitätssteigernde Wirkung eines guten Betriebsklimas.

Hawthorne-Effekt: In mehreren Experimenten, auch schon bei den Beleuchtungsexperimenten zu Beginn, zeigte sich, dass die Arbeitsleistung sowohl in der Experimental- als auch in der Kontrollgruppe stieg, dass in der Experimentalgruppe sogar bei extrem ungünstigen Beleuchtungsverhältnissen eine überdurchschnittliche Leistung erbracht wurde und dass auf einen Glühbirnenwechsel (auch wenn es Glühbirnen gleicher lx-Stärke waren) regelmäßig ein gewisses Leistungshoch folgte. Dies führten die Forscher auf den Tatbestand der experimentellen Zuwendung zurück. Dadurch, dass die Versuchspersonen wissen, dass sie an einem Experiment oder generell an einer wissenschaftlichen Untersuchung teilnehmen, ändern sie ihr Verhalten, und zwar speziell auch bei der Zielvariable (in diesem Fall der Arbeitsleistung), sodass die Ergebnisse verfälscht werden. Dieser Befund ist unter der Bezeichnung „Hawthorne-Effekt" inzwischen ein fester Bestandteil der sozialwissenschaftlichen Methodenlehre zur so genannten Reaktivität von Messungen.

„Entdeckung" der informellen Gruppe: Das Geschehen in Organisationen vollzieht sich in hohem Maße im Kontext von Arbeitsgruppen. Und diese Arbeitsgruppen haben oft ihre eigenen Standards, Regeln und Normen, die nicht unbedingt mit den formellen Vorgaben übereinstimmen. So z.B. gibt es meistens klare Vorstellungen über die Höhe der „angemessenen Arbeitsleistung", und wer über dieses Pensum hinaus arbeitet, wird als Normbrecher informell sanktioniert (vgl. dazu die noch immer instruktive Beobachtungsstudie von Roy 1952).[3] Oft auch steht neben dem offiziellen Gruppenführer ein informeller Führer, der mehr für das Geschehen im sozial-emotionalen Bereich der Gruppe verantwortlich ist. Dies bedeutet dann, dass die formale und die informelle Statushierarchie nicht deckungsgleich sind. Die informellen Strukturen und Prozesse können die formalen stützen und bekräftigen, ja es ist sogar so, dass sie Organisationen vielfach überhaupt erst gangbar machen, indem sie Regelungs-

---

3 Um die informellen Normen bezüglich einer angemessenen Arbeitsleistung aufzubrechen bzw. höher zu schrauben, wurden in Betrieben der früheren Sowjetunion mitunter so genannte Stachanow-Arbeiter eingesetzt (benannt nach Alexej Stachanow, der am 31. August 1935 in einer Kohlegrube im Donbass an einem einzigen Tag 102 Tonnen Kohle förderte und damit die Tagesnorm um das Dreizehnfache überbot). Anfangs freiwillig, später dann nicht mehr so ganz freiwillig arbeiteten die Stachanow-Arbeiter eine begrenzte Zeitspanne in Arbeitsgruppen oder Abteilungen, um den anderen Arbeitern vorzuführen, welche Leistung bei entsprechender Geisteshaltung möglich ist.

lücken schließen und für die erforderliche Flexibilität sorgen. Nicht selten allerdings arbeitet die „informelle Struktur" gegen die formellen Vorgaben, insbesondere wenn die Verhaltenszumutungen als überzogen, ungerecht oder unsin-
nig eingeschätzt werden. So gesehen haben die informellen Prozesse auch eine
gewisse Schutzfunktion für die schwächeren Organisationsmitglieder. Es ist ein
bleibendes Verdienst des Human-Relations-Ansatzes, auf mögliche und wahr-
scheinliche Diskrepanzen zwischen der formalen und informellen Struktur von
Organisationen aufmerksam gemacht zu haben. Speziell in der genuin soziologisch ausgerichteten Organisationsforschung weiß man heute, dass man die formellen Vorgaben und Regelungen, wie sie in einer Organisation bestehen, nicht
mit den tatsächlichen Abläufen und Strukturen verwechseln und gleichsetzen
darf. Sie sind eine und nicht mehr als eine Determinante des tatsächlichen Or-
ganisationsgeschehens.

Produktivitätssteigernde Wirkung eines guten Betriebsklimas: Die eigentliche Botschaft des Human-Relations-Ansatzes lautete, dass „gute zwischenmenschliche
Beziehungen" ein zentraler Faktor für die Produktivität und Arbeitsleistung in
einer Gruppe sind. Mit zentral ist dabei vor allem auch gemeint, die „human
relations" seien wichtiger als finanzielle Anreize, sprich die Entlohnung. Die
zwischenmenschlichen Beziehungen erstrecken sich zum einen auf das Verhältnis zwischen Vorgesetzten und deren Untergebenen, zum anderen auf die Beziehungen der Arbeiter untereinander. Wie sich das Verhältnis von Vorgesetzten und Untergebenen gestaltet, hängt im Wesentlichen vom Führungsstil der
Vorgesetzten ab, und hier propagierte Mayo die Überlegenheit einer „freundli-
chen Führung", d.h. eines personen- bzw. mitarbeiterorientierten Führungsver-
haltens. Unter Mayos Anleitung wurden die Vorgesetzten in den Hawthorne-
Werken in nicht-direktiver Gesprächsführung geschult, um ihre Fähigkeiten zu
verbessern, ihren Untergebenen zuzuhören, sich in ihre Lage hinein zu versetzen und diskursiv gemeinsam Aufgaben- und Problemstellungen zu bewältigen.
Was die Beziehungen der Arbeiter untereinander anbelangt, ist die Zusammen-
setzung der Arbeitsgruppen eine in der Praxis wichtige Steuerungsgröße. Bei
der Einstellung neuer Arbeitskräfte sollte es gemäß Mayo et al. ein entscheiden-
des Kriterium sein, ob die Bewerber in die bestehende Gruppe „passen", und
die Wahrscheinlichkeit für einen „social fit" könne man verbessern, indem man
der Gruppe bei der Auswahlentscheidung über Bewerber ein Mitspracherecht
einräume.

Nicht der Hawthorne-Effekt und auch nicht die Entdeckung der informellen
Prozesse und Strukturen sind bzw. waren das inhaltliche Hauptanliegen der
Human-Relations-Bewegung, sondern die zuletzt besprochene produktivitätssteigernde Wirkung eines guten Betriebsklimas, guter zwischenmenschlicher
Beziehungen und einer hohen Arbeitszufriedenheit der Beschäftigten. Nach
dem Motto „glückliche Kühe geben mehr Milch" (Rosenstiel 2003, S. 435) erscheint eine solche Wirkung auf den ersten Blick einleuchtend und plausibel.

Dennoch hat es um die Frage, ob und inwieweit die Daten der Hawthorne-Experimente diesen Wirkungszusammenhang empirisch zu untermauern vermögen, eine lebhafte Kontroverse gegeben. Unter der Überschrift „Die Hawthorne-Studien auf dem Prüfstand" vermittelt Kasten 7.1 einen Einblick in diese Kontroverse.

Kasten 7.1: *Die Hawthorne-Studien auf dem Prüfstand*

Es gibt nur wenige empirische Untersuchungen in den Sozialwissenschaften, die so viel Aufmerksamkeit erweckt und so viel nachträglichen Forschungsaufwand auf sich gezogen haben wie die Hawthorne-Studien. Im Wesentlichen gestützt auf das umfangreiche Archivmaterial bei Western Electric, haben sich Forscher über einen Zeitraum von mehr als 50 Jahren immer wieder um Replikationen, Reanalysen und Neuinterpretationen des Datenmaterials bemüht. Die Einschätzung und Beurteilung der Ursprungsarbeiten schwankt zwischen Hochachtung und vernichtender Kritik (für eine Zusammenfassung vgl. Kieser 2002e, S. 113 ff.; siehe weiterhin die bei Kieser nicht oder nur am Rande aufgeführten Arbeiten von Landesberger 1958; Gillespie 1991; Jones 1992). Mehr beispielhaft seien im Folgenden kurz drei kritische Beiträge vorgestellt.

Alex Carey (1967) wirft den Hawthorne-Forschern zum einen unlautere Praktiken bei der Durchführung ihrer Experimente vor, zum anderen einseitige und fehlerbehaftete Interpretationen ihrer eigenen Ergebnisse. Schlaglichtartig belegt er den ersten Punkt mit dem Austausch von Arbeiterinnen im Verlauf eines der Experimente. Zwei Arbeiterinnen in der fünfköpfigen Experimentalgruppe ließen trotz mehrfacher Zurechtweisungen nicht davon ab, sich während der Arbeit ständig zu unterhalten und „zu schwätzen". Deshalb wurden sie wegen Aufsässigkeit („insubordination") und schlechter Leistung aus der Gruppe genommen und durch zwei neue, den Vorgesetzten als besonders leistungsfähig bekannte Arbeiterinnen ersetzt. Mit Blick auf den zweiten Punkt versucht Carey insbesondere zu belegen, dass die These der Hawthorne-Forscher, die zwischenmenschlichen Beziehungen seien für die Arbeitsleistung wichtiger als die Entlohnung, durch die Daten nicht gedeckt wird. Im Gegenteil sei es so, dass eine unvoreingenommene Interpretation der Befunde für eine dominierende Rolle der Lohnanreize spreche.

Die Hawthorne-Forscher werteten ihre Daten stets nur mit bivariaten Analyseverfahren aus, was durchaus den damaligen methodischen Standards entsprach. Demgegenüber reanalysierten Richard Franke und James Kaul (1978) das Material ausgewählter Experimente mit multiplen Regressionsmodellen. Die Behauptung von Carey, dass der Austausch der Arbeiterinnen die Ergebnisse eines der Experimente sehr deutlich beeinflusste, findet bei Franke/Kaul eine Bestätigung. Nicht bestätigt wurde in den multivariaten Analysen das Carey-Ergebnis, dass die Lohnhöhe ein wichtiger Prädiktor der Arbeitsleistung ist. Aber auch die Variable „participative treatment of workers" ergab multivariat keinen ausgeprägten Einfluss auf die Leistung.

Sogar an dem berühmten Hawthorne-Effekt, der in keinem Lehrbuch der empirischen Sozialforschung fehlt, wurde „gerüttelt". Stephen Jones (1992) präsentiert Befunde, die in der Tat erhebliche Zweifel aufkommen lassen, ob das, was später als Hawthorne-Effekt bezeichnet wurde, in den Hawthorne-Studien selbst überhaupt eine nennenswerte Rolle spielte. Jones beendet seine soliden Reanalysen des Hawthorne-Materials mit den Feststellungen: „I found essentially no evidence of Hawthorne effects" (S. 467), „the Hawthorne effect is largely a construction of subsequent interpreters of the Hawthorne experiments" (S. 467).

Insgesamt lässt sich aus heutiger Sicht zum Human-Relations-Ansatz festhalten: Obwohl sich Roethlisberger, Dickson und Mayo nur selten explizit gegen Taylor wandten, ist ihr Ansatz historisch als Gegenprogramm zu Taylors wissenschaftlicher Betriebsführung zu sehen. Der Human-Relations-Schule wird zwar häufig vorgehalten, ihre Begründer seien „hochgradig ideologisch befangen" (Kieser 2002e, S. 113) gewesen und hätten ihre Daten nach dem Muster von „wishful thinking" produziert und interpretiert, aber im Vergleich zu Taylor kann man mit Sicherheit sagen, dass die Hawthorne-Studien wissenschaftlichen Standards eher genügt haben als die Taylor-Studien. Taylor hat es fast gänzlich unterlassen, seine Experimente und Beobachtungen in irgendeiner Form sauber und wissenschaftlich nachprüfbar zu dokumentieren, was die Hawthorne-Forscher recht akribisch und im Grunde genommen vorbildlich getan haben. Genau durch diese Akribie haben sie überhaupt erst die Möglichkeiten für kritische Replikationsstudien eröffnet. Was die Kernaussage des hohen Stellenwertes interpersoneller Beziehungen auch im Kontext von Arbeitsorganisationen anbelangt, ist die Botschaft der Human-Relations-Bewegung gleichsam Wasser auf die Mühlen soziologischen und sozialpsychologischen Denkens. Heutzutage glauben wir allerdings zu wissen, dass der Zusammenhang zwischen dem Betriebsklima bzw. der Arbeitzufriedenheit auf der einen Seite und der Arbeitsproduktivität bzw. der Arbeitsleistung auf der anderen Seite nicht ganz so einfach ist, wie es sich die Vertreter der Human-Relations-Schule vorgestellt haben (für einen Überblick über Forschungsergebnisse speziell zum Zusammenhang von Arbeitzufriedenheit und Arbeitsleistung vgl. etwa Rosenstiel 2003, S. 435 ff.). In vielen Studien erweist sich dieser Zusammenhang als erstaunlich schwach. Je nach Kontextbedingungen, z.B. in Abhängigkeit von der tätigkeitsbedingten Interaktionshäufigkeit, ist die Qualität der zwischenmenschlichen Beziehungen unterschiedlich bedeutsam. Und: Im Gesamtmuster ist die Beziehung zwischen Betriebsklima und Arbeitsleistung wohl eher umgekehrt u-förmig, d.h. die Arbeitsleistung leidet nicht nur bei einem schlechten, sondern auch bei einem allzu guten Betriebsklima. Wenn die Beschäftigten nur noch damit beschäftigt sind, sich untereinander gut zu verstehen, Kaffee zu trinken und sich wechselseitig über die Welt und ihr Leben auszutauschen, dann ist dies der schnöden wirtschaftlichen Produktivität nicht unbedingt zuträglich.

7.3 Verhaltenswissenschaftliche Entscheidungstheorie

Die verhaltenswissenschaftliche Entscheidungstheorie hat ihre Anfänge in den 1940er und 1950er Jahren und gehört seit den 1960er Jahren sozusagen zum Grundinventar der Organisationsforschung. Die zwei herausragenden Vertreter dieser Theorie sind Herbert Simon und James March, die in einem mehr als 40-jährigen Publikationsstrom in diesem Bereich gearbeitet und geschrieben haben. Wie schon der Name andeutet, hat sich die Theorie „Entscheidungen in Organisationen" als zentralen Untersuchungsgegenstand gewählt. Hinter dem, was Organisationen tun und was in ihnen geschieht, stehen in der Regel mehr oder weniger gut bedachte Entscheidungen von Einzelpersonen oder Kleingruppen (Vorstandsriege, Aufsichtsrat, Abteilungsleitung etc.), und deshalb macht es Sinn, genau diese Entscheidungen zentral ins Blickfeld zu nehmen, wenn man organisationale Strukturen und Prozesse verstehen und erklären will.

Neben den Entscheidungen in Organisationen hat sich die Theorie in ihrer Startphase oft auch mit vorgelagerten Entscheidungen „an der Grenze" bzw. „außerhalb" von Organisationen befasst (vgl. Berger und Bernhard-Mehlich 2002, S. 133 f.). Gemeint sind damit hauptsächlich die persönlichen Teilnahme- und Beitrittsentscheidungen, also die Motive und Beweggründe von Menschen, in eine Organisation einzutreten, dort Beiträge zu leisten, in der Organisation zu verbleiben oder aber auszutreten. Dieser Strang der Theorie (vgl. dazu die Ausführungen in Abschnitt 2.3 mit den dortigen Verweisen auf Barnard, March und Simon) ist aber im Verlauf der Zeit zunehmend zu einem schmalen Seitenpfad der „behavioral theory of the organization" geworden.

In ihrem ursprünglichen Denken waren Simon und March, deren zwei wohl wichtigste Bücher Simon (1997, zuerst 1945) und March/Simon (1958) sind, von einer stark rationalistischen Auffassung geprägt. Sie waren davon überzeugt, man könne – auch außerhalb der industriellen Produktion – viele Entscheidungen, die von Verwaltungsorganisationen getroffen werden, und viele Abläufe innerhalb solcher Organisationen mit Hilfe von Computerprogrammen steuern und damit ohne weiteres menschliches Zutun automatisieren. Da Entscheidungen im Endeffekt stets auf individuellem Handeln beruhen, lag es dabei nahe, im ersten Schritt genauer nachzuvollziehen, wie Individuen Entscheidungen treffen, und erst dann im zweiten Schritt zu Entscheidungen auf der Organisationsebene überzugehen. Für individuelles Entscheiden standen schon in den 1940er Jahren erstens der Apparat der mathematisch-statistischen Entscheidungstheorie und zweitens das Konzept des „homo oeconomicus" der neoklassischen Ökonomie zur Verfügung. Praktische Umsetzungsversuche dieser Konzepte im Kontext von real existierenden Organisationen erwiesen sich jedoch als schwierig bzw. ganz unmöglich. Als Alternative und/oder Ergänzung zum vollständig informierten und mit umfassender Über- und Voraussicht ausgestatteten „rational actor" entwickelte Simon in der Folgezeit das Konzept der „bounded rationality".

Wie schon in Abschnitt 3.1 ausgeführt, wird bei der „bounded rationality" (in der Regel) davon ausgegangen, dass Menschen eine begrenzte kognitive Informationsaufnahme- und -verarbeitungskapazität haben und deshalb den Raum der Entscheidungsalternativen vereinfachen, auf der Basis lückenhaften Wissens über die Konsequenzen von Entscheidungsalternativen agieren und auch die Bewertung der Konsequenzen nur rudimentär vornehmen. Gemäß Simon ist menschliches Handeln und Entscheiden zwar „intendedly rational", aber häufig weit entfernt von objektiver Rationalität. Oft wird auf Informationen verzichtet, weil deren Beschaffung als zu mühsam und zeitaufwändig eingeschätzt wird; bereitwillig geben wir uns mit Lösungen zufrieden, die einem

Mindestanspruch genügen („satisficing"); und generell seien Menschen „infectious repetits", d.h. sie kopieren Routinen und folgen Praktiken, die sich eingespielt und angeblich bewährt haben.

Wenn nun auf der individuellen Ebene Entscheidungen nur begrenzt rational sind, wie sieht es dann bei den organisationalen Entscheidungen aus, bei denen ja oft mehrere individuelle Akteure direkt oder indirekt mitwirken? Insbesondere Simon (1997) scheint lange geglaubt zu haben, man könne individuelle Rationalitätslücken auf der Organisationsebene ausbügeln und durch eine klar geregelte Arbeitsteilung, standardisierte Verfahren und andere strukturelle Setzungen so etwas wie eine umfassendere organisationale Rationalität sicher stellen. Immer neue empirische Studien ließen jedoch diesen Glauben zerrinnen, denn das, was diverse Fallstudien ausgewählter Entscheidungen von Organisationen hervor gebracht haben, war ernüchternd, ja zum Teil sogar niederschmetternd. Selbst Entscheidungen, die für das weitere Schicksal einer Organisation zentral sind, basieren vielfach auf unzulänglichen und falschen Informationen, werden schlecht vorbereitet und fallen oft in Abhängigkeit von den Gegebenheiten zum Zeitpunkt der Entscheidung gänzlich überraschend aus.

Diese Ernüchterung fand ihren Höhepunkt in einem Modell mit der Bezeichnung „garbage can model of organizational choice" (Cohen et al. 1972). Von einem Mülleimer-Modell organisationaler Entscheidungen sprechen Cohen, March und Olsen deshalb, weil (bildlich gesehen) bei anstehenden Treffen bzw. Sitzungen alle Beteiligten ihren Dreck in den Mülleimer hineinwerfen, das Ganze kräftig durchgeschüttelt wird und dann mehr oder weniger zufällig irgendwelche Lösungen für irgendwelche Probleme aus dem Hut gezaubert werden. Will man die Mülleimer-Geschichte noch etwas vertiefen, kann man dies mit Hilfe von Abbildung 7.2 tun.

Bei „garbage can decision processes" (dazu aktueller auch March 1994, S. 198 ff.) sind vier Elemente von Bedeutung: Teilnehmer, Lösungen, Probleme und Entscheidungsgelegenheiten. Im herkömmlichen Verständnis von Entscheidungsprozessen wird davon ausgegangen, dass diese vier Elemente wohl geordnet sind: Bestimmte Akteure sind für einen Bereich zuständig und nehmen deshalb an Entscheidungen in diesem Bereich teil; es stehen bestimmte Probleme an, die vorab z.B. in einer Tagesordnung aufgeführt sind; für die anstehenden Probleme wird nach Lösungen gesucht; und die Lösungen erfolgen bei bestimmten Gelegenheiten, z.B. auf Sitzungen im Zwei-Wochen-Turnus. Nicht so bei Mülleimer-Entscheidungen: Hier sind die Elemente nur lose gekoppelt, fluktuierend und bunt gemischt. Oft wird bei bestimmten Entscheidungsgelegenheiten über andere Probleme entschieden als urspünglich geplant, oder die Entscheidungsgelegenheiten verlagern sich hin an den abendlichen Biertisch. Wenn Lösungen vorhanden sind, wie z.B. zusätzliches Geld oder leistungsfähige Kleincomputer, dann wird nach passenden Problemen gesucht, die man damit angehen kann. Außerdem wechselt der Kreis der Beteiligten, was dazu führen kann, dass heute so und morgen anders entschieden wird. Die Beteiligten vertagen unerfreuliche Probleme, bilden vorab oder spontan Koali-

Abbildung 7.2: *Mülleimer-Modell organisationaler Entscheidungsprozesse*

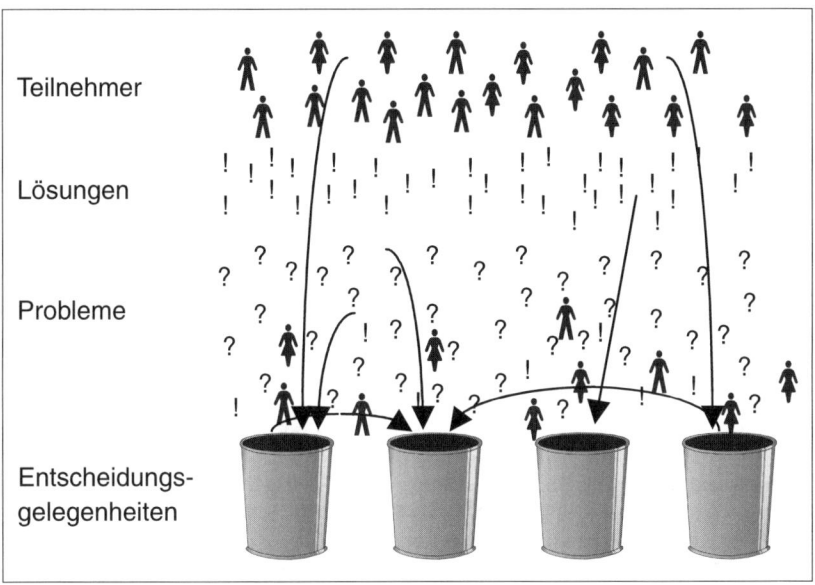

Teilnehmer

Lösungen

Probleme

Entscheidungs-
gelegenheiten

Quelle: In Anlehnung an Berger und Bernhard-Mehlich (2002, S. 150).

tionen und sprechen sich ab, überfrachten Entscheidungsgelegenheiten mit angeblich dringenden Problemen usw. Kurz: Die Elemente liegen ungeordnet wie in einem Abfalleimer herum, werden immer wieder neu gemixt, und die Situationen haben insgesamt den Charakter von „organized anarchies" (March 1994, S. 199).

March selbst gesteht zu, dass das Mülleimer-Modell eine bildhafte Überzeichnung der Gegebenheiten in Organisationen ist und dass das Modell in mehrdeutigen Situationen bzw. bei „complex interactions" eher gilt als in einfachen Settings.[4] Da der Anarchie immerhin noch Organisiertheit zuerkannt wird, haben sich im Gefolge von March zahlreiche Forscher auf den Weg gemacht, durch empirische Studien einzelner Organisationen und durch Detailrekonstruktionen einzelner Entscheidungen in Organisationen Regelhaftigkeiten, gängige Strategien und beliebte Taktiken bei organisationalen Entscheidungen aufzudecken. Zum Teil weit über die ursprünglichen Anliegen von Simon und March hinausgehend mündete dies in einen allgemeineren (mikro-)politischen Ansatz, der das Geschehen in Organisationen nach dem Muster eines konflikt-

---

4 Als Beispiel für einen Organisationstyp, bei dem das Mülleimer-Modell passt, erwähnt March bevorzugt und immer wieder die Universitäten. In einem Interview soll er (als abgeklärter Senior-Professor) einmal gesagt haben, dass seine verhaltenswissenschaftliche Entscheidungstheorie wesentlich durch seine Erfahrungen in Gremien und Ausschüssen von Universitäten und Forschungseinrichtungen inspiriert und geprägt ist.

beladenen politischen Aushandlungsprozesses begreift (grundlegend zum mikropolitischen Ansatz vgl. Crozier und Friedberg 1993; eine „Rundumschau" gibt Neuberger 1995). Heute wird der Mikropolitik-Ansatz, der sich auch von der anfänglichen Konzentration auf Entscheidungen weitgehend gelöst hat, speziell von soziologisch geschulten Organisationsforschern fast wie selbstverständlich genutzt, um z.b. betriebliche Reorganisationsprozesse oder z.b. die Implementation neuer Technologien oder neuer Praktiken in Organisationen zu untersuchen. Beispielhaft wird in Kasten 7.2 eine Studie vorgestellt, die sich mit der Implementation von Umwelttechnik und Umweltschutzmaßnahmen in einem Betrieb befasste.

Kasten 7.2: Umweltschutz im Betrieb

Vor dem theoretischen Hintergrund des mikropolitischen Ansatzes untersuchte Carlo Burschel (1996) in einer Fallstudie eines mittelständischen Betriebes der Metallindustrie, wie der Umweltschutz in dem Betrieb organisiert ist und wie und mit welchen Problemen Umweltschutzmaßnahmen und -techniken implementiert werden. Interessant sind u.a. die Burschel-Ergebnisse zur Rolle des Umweltschutzbeauftragten und zu den Gründen für die Dominanz so genannter End-of-Pipe-Umwelttechnologien.

Vor allem wegen der zu erfüllenden verwaltungstechnischen Anforderungen seitens des Umweltrechts wurde in dem Betrieb eine eigenständige Umweltabteilung eingerichtet, deren Leiter (ein Dipl.-Ing.) nach außen gleichzeitig als Beauftragter für den Umweltschutz fungierte. Die Schaffung dieser neuen Abteilung wurde von anderen Abteilungen, insbesondere von der Abteilung für Arbeitssicherheit, kritisch gesehen, da diese eine Schwächung ihrer Position und einen Abfluss von Ressourcen befürchteten. Der Umweltbeauftragte versuchte, seine Stellung im Wesentlichen durch eine „innerbetriebliche Verdichtung und Vertiefung der rechtlichen Vorgaben" zu legitimieren. Damit ist gemeint, dass die ohnehin relativ detaillierten staatlichen Vorgaben weiter verfeinert und ergänzt und in eine innerbetriebliche Umweltbürokratie umgesetzt wurden. Burschel beschreibt dies ausführlich an den zwei Beispielen der Entsorgungsnachweise und Abfallbegleitscheine, die dem Umweltbeauftragten bei den Beschäftigten den Ruf eines bürokratischen Abfallverwalters einbrachten. Angesichts der Konzentration auf rechtliche Dinge und juristische Absicherungen blieb für die Umweltabteilung und den Umweltbeauftragten kaum Zeit zur Initiierung oder auch nur zur Mitwirkung an umweltschutzrelevanten Investitionsprojekten. Außerdem zeigte sich, dass mit der Bestellung eines Umweltbeauftragten eine Tendenz zum „Wegdelegieren" des betrieblichen Umweltschutzes verbunden ist. Wie für Frauenfragen die Frauenbeauftragte, so ist für den Umweltschutz der Umweltbeauftragte zuständig, und ansonsten kümmert sich niemand darum.

Aus der Forschung zum betrieblichen Umweltschutz ist bekannt, dass Betriebe eine Vorliebe für End-of-Pipe-Umwelttechnologien haben. Diese werden dem Produktionsprozess additiv nachgeschaltet (eine Kläranlage, Rauchgasentschwefelung etc.) und kosten einen Betrieb auf jeden Fall zusätzliches Geld. Demgegenüber sind so genannte integrierte Umwelttechnologien zwar auch nicht kostenlos zu haben, aber da sie mit einer Veränderung des Produktionsprozesses verbunden sind, besteht zumindest die Chance, dass die Kosten im Zuge der Reorganisation wieder hereingeholt werden können. Insofern ist die Dominanz additiver Techniken zunächst einmal überraschend. Folgt man den Ergebnissen von Burschel, ist ein wichtiger

Grund, dass sich additive Techniken problemloser in das betriebliche Geschehen einbauen lassen. Die beim Einsatz integrierter Technologien erforderlichen Reorganisationsprozesse sind mit internen „Reibungsverlusten" verbunden, an mehr oder weniger tradierten und fest gefügten Besitzständen wird gerührt, und häufig besteht der Verdacht, dass mit dem Umweltschutzargument unter der Hand Rationalisierungsmaßnahmen durchgesetzt werden sollen, die den Interessen der Beschäftigten zuwider laufen. Burschel demonstriert dies am Beispiel des Baus einer zentralen Lackierhalle, die nach einer Entscheidung der Unternehmensleitung die dezentralen Lackierstationen ersetzen sollte. Trotz der unbestrittenen Umwelt- und Gesundheitsvorteile des Projekts reagierte die Belegschaft mit Widerstand, weil eine Intensivierung der Arbeitskontrolle und ein weiterer Abbau von Arbeitsplätzen befürchtet wurde. Bei den Schweißern z.B. waren zuvor aus Umweltschutzgründen an den Schweißgeräten neue Absauganlagen installiert worden. Dies brachte es mit sich, dass die Schweißer die üblichen und noch immer geltenden Akkordsätze nicht mehr im gleichen Umfang erreichen konnten. Basierend auf den Erfahrungen auch zahlreicher anderer Studien (vgl. z.B. Cebon 1996; Diekmann und Preisendörfer 2001, S. 138 ff.), kann man die allgemeine These formulieren, dass sich Umwelttechnologien (und Technologien allgemein) umso schwieriger in ein organisationales Setting einführen lassen, je stärker sie „sozial eingebettet" sind. Und: Je stärker der Grad der sozialen Einbettung, umso weniger folgen Investitionen in neue Technologien einem einfachen sachlogisch-rationalen Kalkül.
Quelle: Burschel (1996).

Viele Muster, Regelmäßigkeiten und „Spielchen", die Forscher im Rahmen der verhaltenswissenschaftlichen Entscheidungstheorie bzw. des mikropolitischen Ansatzes für organisationale Entscheidungen und Abläufe beschreiben, dürften denjenigen, die sich praktisch oder aber auch „nur" theoretisch mit Politik und Parteiarbeit auskennen, ziemlich vertraut vorkommen. Es soll hier deshalb genügen, mehr sporadisch einige gängige Entscheidungspraktiken anzusprechen (ausführlicher etwa Neuberger 1995, S. 107 ff.): Bevor es in einer Sache etwas zu entscheiden gibt, taucht die Frage auf, ob und inwieweit überhaupt ein Problem besteht. Die Existenz eines Problems zu bestreiten bzw. es schlicht zu ignorieren, ist in sehr vielen Fällen ein verlockender „Lösungsweg". Wenn ein Problem nicht mehr zu ignorieren ist und man trotzdem an einer Lösung nicht sonderlich interessiert ist, bietet sich eine Abschiebung in Ausschüsse oder Kommissionen an, die möglichst erst nach der Sommerpause ihre Arbeit aufnehmen. Oder aber eine Weiterleitung in die bürokratische Warteschleife, d.h. diverse Abteilungen (allen voran die Rechtsabteilung) werden um Stellungnahmen gebeten, deren Erstellung natürlich seine Zeit braucht. Angesichts einer permanenten Problemüberfülle folgen Organisationen vielfach auch dem so genannten Feuerwehr-Prinzip, d.h. Probleme werden nur und erst dann angegangen, wenn es wirklich brennt. Wenn eine Gruppe von Personen über mehrere Probleme zu entscheiden hat, besteht zudem stets ein Anreiz zu Tauschgeschäften, zum so genannten „Logrolling", d.h. Akteur A unterstützt Akteur B bei der Abstimmung über x, auf dass sich B bei der Abstimmung über y erkenntlich zeigt. Bei den meisten der genannten und anderen Entscheidungspraktiken spielt der Faktor Zeit eine wesentliche Rolle. Nach dem Motto „Zeit heilt Wunden" und nach der Devise „morgen sieht die Welt wieder anders aus" kann man bei freundlicher Sicht der Dinge von einer „Politik der ruhigen Hand", bei weniger freundlicher Sicht von „sturem Aussitzen" sprechen.

In Reaktion auf den Tatbestand der organisierten Anarchie kann und wird sich ein einzelnes Organisationsmitglied die Frage stellen, was er oder sie tun kann, um in der „garbage can world" (March 1994, S. 205) die eigenen Interessen möglichst effektiv durchzusetzen. Zu solchen mikropolitischen Techniken gibt es inzwischen eine regelrechte Ratgeber-Literatur, die teils ernst und teils in Dilbert-Manier (www.dilbert.com) Empfehlungen gibt, wie man sich im Spielgeschehen von Organisationen taktisch möglichst geschickt verhalten sollte (für Hinweise und Merksätze in Anlehnung an March und Kollegen vgl. Neuberger 1995, S. 188; Berger und Bernhard-Mehlich 2002, S. 152 f.). So ist z.B. die Empfehlung, sich zur Beförderung der eigenen Interessen Zeit zu nehmen und ausdauernd zu sein, vermutlich ein guter Rat, zumal er nicht nur im Kontext organisationaler Entscheidungen gilt. Ein Problem erfolgreicher mikropolitischer Taktiken besteht mit Sicherheit darin, dass sich Erfolg bekanntlich schnell herum spricht und dann, wenn viele diese Taktiken nutzen, die Komplexität des organisationalen Spielgeschehens noch um eine Ebene höher verlagert wird. Auf ein weiteres Problem verweist Erhard Friedberg (2003), einer der Väter des mikropolitischen Denkens in der Organisationsforschung. Er stuft die „Annahme, jeder sei sein eigener Machiavelli" (S. 99) als ein weit verbreitetes Missverständnis und eine grobe Verkürzung des mikropolitischen Ansatzes ein. Denn mit der Vorstellung des „hyperluziden Akteurs" (S. 102) würden auf der einen Seite die Freiräume des Einzelnen in Organisationen überschätzt und auf der anderen Seite die organisationalen Zwänge und Interdependenzen unterschätzt (vgl. auch Hiller 2005, S. 222 ff.).

Kontrovers lässt sich schließlich darüber diskutieren, wie die eingeschränkte Rationalität, die mangelnde Geradlinigkeit und die scheinbaren Absurditäten vieler organisationaler Entscheidungsabläufe zu beurteilen sind. Auf den ersten Blick neigt man gewiss zu der Position, die „organized anarchies" als kontraproduktiv einzuschätzen und (wie Simon) mit reformerischem Eifer auf Kanalisierung zu drängen. Es lässt sich aber auch argumentieren, dass dahinter wieder eine gewisse Rationalität und Eigenlogik steckt. Unser Wissen über die Welt ist unvollständig und lückenhaft und erweitert sich in der Regel nur schrittweise in einem Suchprozess mit Schleifen und Umwegen; und genau deshalb bräuchte man auch Entscheidungsprozesse, die für Irrwege und Irrläufer offen sind. Weiterhin kann man hoffen, dass durch langwierige, vielstimmige und umständliche Entscheidungsprozesse grobe und weit reichende Fehler eher vermieden werden als durch stromlinienförmige Verfahren. Wenn an Entscheidungen viele Akteure mitwirken und ihre Interessen geltend machen können, mündet dies zumeist in eine Politik des „piecemeal engineering". Und das Hauptargument für ein dergestalt behutsames und schrittweises Vorgehen ist, dass dadurch die Wahrscheinlichkeit für fundamentale Fehlentscheidungen verringert wird.

Nicht zuletzt sind es auch demokratietheoretische Überlegungen, die dafür sprechen, gewisse Ineffizienzen bei Entscheidungsprozessen in Kauf zu nehmen, wenn gleichzeitig die Mitsprachemöglichkeiten verbessert und im Endergebnis die Legitimität erhöht wird.

In der Zusammenschau gebührt der verhaltenswissenschaftlichen Entscheidungstheorie und den späteren (mikro-)politischen Ansätzen das Verdienst, die Idee von Organisationen als politische Arena und als konfliktträchtiges soziales System systematisch in die Organisationsforschung eingeführt zu haben. Diese Idee wurde in verschiedenen Facetten inhaltlich ausgearbeitet und hat sich in zahllosen empirischen Fallstudien als fruchtbar erwiesen. Man kann allerdings nicht sagen, dass dabei eine konsistente und in sich halbwegs geschlossene Theorie (mit klaren Explananda und einem Kernbestand an bewährten Hypothesen) entstanden ist. Es ist vielmehr eher eine allgemeine Sichtweise geblieben, die uns einen begrifflichen Handwerkskasten und Anregungen für inhaltliche Fragestellungen liefert, wenn wir Entscheidungsprozesse, Veränderungen, strukturelle Regelungen und Konflikte innerhalb von Organisationen untersuchen wollen.

Literatur zur Vertiefung und zum Weiterlesen

(1) Scott, Richard W. (2003): Organizations: Rational, Natural, and Open Systems, 5. Auflage, International Edition, Upper Saddle River, NJ: Prentice-Hall, Chap. 3 (das Konzept von Organisationen als „natural/social systems" wird vorgestellt und mit ausgewählten Theorievarianten erläutert).

(2) Kieser, Alfred (2002e): Human Relations-Bewegung und Organisationspsychologie, in: Alfred Kieser (Hg.), Organisationstheorien, 5. Auflage, Stuttgart: Kohlhammer, S. 101–131 (auch dieses Kapitel in Kiesers Theoriebuch ist auf jeden Fall lesenswert).

(3) March, James G. (1994): A Primer on Decision Making, New York: Free Press (viele Ideen aus dem March/Simon-Umfeld finden sich in diesem Büchlein in relativ komprimierter Form).

8. Organisationskonzeptionen III: Organisationen als offene Systeme

Organisationen als offene Systeme, d.h. als von ihrer Umwelt beeinflusste und abhängige Gebilde zu sehen, schließt nicht aus, sie gleichzeitig entweder als „rational actors" oder auch als „natural/social systems" zu konzipieren (Scott 2003, Chap. 5). Der Transaktionskostenansatz etwa folgt dem „rational actor view", und zugleich thematisiert er mit der Problemstellung „Eigenproduktion versus Fremdbezug" zentral die Frage der Grenzziehung einer Organisation und damit deren Umweltbezug (zum Transaktionskostenansatz vgl. Kapitel 3). Oder z.B. die Organisationskulturansätze (vgl. dazu die wenigen Bemerkungen und Literaturhinweise in Abschnitt 7.1) konzentrieren sich zwar auf das soziale Innenleben von Organisationen, aber sie erkennen sehr wohl, dass gesamtgesellschaftliche Werte und Normen gleichsam von außen, von den Organisationsmitgliedern in die Organisation hinein getragen werden, was etwa speziell bei ländervergleichenden Studien von Bedeutung ist. Diese Möglichkeiten der Kombination von „offen-rational" und „offen-natürlich" erschweren eindeutige Zuordnungen einzelner Theorien zu einer Organisationskonzeption bzw. geben solchen Zuordnungen ein Element von Willkür. Dennoch bleibt es in der Regel möglich, den hauptsächlichen Fokus einer Theorie zu bestimmen und auf dieser Basis eine Zuordnung vorzunehmen. Wie in den Kapiteln 6 und 7 wird auch in Kapitel 8 damit begonnen, die Ausgangspunkte und Varianten der „open systems"-Perspektive etwas eingehender zu beleuchten. Anschließend werden die zwei in der aktuellen Organisationssoziologie wichtigsten „Umwelttheorien" besprochen: die Organisationsökologie und der soziologische Neo-Institutionalismus.

8.1 Ausgangspunkte und Varianten des „open systems view"

Der gemeinsame Ausgangspunkt von Sichtweisen, die Organisationen als offene im Unterschied zu geschlossenen Systemen konzipieren, lautet: Wenn wir verstehen wollen, was Organisationen tun, wie erfolgreich sie sind, welche Entscheidungen sie treffen, welche Organisationsstruktur gewählt wird und welche organisationalen Praktiken und Routinen sie einsetzen, dann müssen wir die Einbettung einer Organisation in ihre Umwelt berücksichtigen. Organisationen sind keine klar nach außen abgegrenzten bzw. abgrenzbaren Robinson-Inseln, sondern stehen in einem vielfältigen Austausch- und Abhängigkeitsverhältnis zu ihrer Umwelt. Gemäß Abschnitt 4.4 tauscht eine Organisation in ihrer Aufgabenumwelt („task environment") auf der Input- und Outputseite ständig Leistungen mit anderen Akteuren aus. Auf der Branchenebene („domain") ist sie u.a. mit bestimmten Konkurrenz- und Wettbewerbsverhältnissen und mit einer mehr oder weniger weit reichenden Unternehmenskonzentration konfrontiert, die als Rahmenbedingungen für das eigene Handeln auf jeden Fall in Rechnung gestellt werden müssen. Und die jeweiligen gesamtwirtschaftlichen und gesamtgesellschaftlichen Gegebenheiten („global environment") bescheren einer Organisation konjunkturelle Schwankungen, staatliche Vorschriften und individuelle Organisationsmitglieder, die heute noch postmaterialistisch und morgen vielleicht wieder eher materialistisch gesinnt sind.

Die Einflussrichtung im Zusammenwirken von Organisationen und Umwelt wird im Rahmen des „open systems view" meist dergestalt gesehen, dass die Organisationen von ihrer Umwelt beeinflusst werden und nicht umgekehrt. Während eine Organisation ihre Aufgabenumwelt zum Teil noch aktiv gestalten und wählen kann, ist dies in ihrer Domäne und ihrer globalen Umwelt mit Sicherheit weniger bzw. überhaupt nicht der Fall. Große Organisationen bilden hierbei eine Ausnahme. Weiterhin ist in diesem Zusammenhang auch an Zusammenschlüsse von Organisationen zu denken, die im Verbund versuchen, die Umwelt im Sinne ihrer Interessen zu beeinflussen (angefangen von wirtschaftlicher Marktbearbeitung bis hin zu politischem Lobbyismus).

Unterschiedlich ist die Art und Weise, wie eine Organisation bzw. ihre Repräsentanten die Umwelt wahrnehmen und in ihrem Grundmuster interpretieren können: Auf der einen Seite steht eine Sicht der Umwelt im Sinne von Chancen und Möglichkeiten, d.h. die Umwelt wird als ein „Außen" gesehen, das günstige Gelegenheiten bereit hält, in dem Ressourcen brach liegen und bislang nicht ausgeschöpfte Nischen bestehen, und es kommt darauf an, diese Chancen zu erkennen und zu nutzen („the world is full of opportunities"). Auf der anderen Seite wird die Umwelt dominant unter dem Blickwinkel von Risiken und Bedrohungen gesehen, d.h. Transaktionspartnern wird Egoismus und Opportunismus unterstellt, stets würden Konkurrenten im Hintergrund darauf lauern, zusätzliche Marktanteile zu ergattern, die Politiker ersinnen immer neue Gängelungen und finanzielle Zumutungen, und die Medien würden danach trachten, irgendwelche Ungereimtheiten und Unregelmäßigkeiten aufzudecken, um die Reputation der Organisation zu schädigen.

In der historischen Rückschau ist festzustellen, dass die Perspektive offener Systeme zeitlich erst später ausgearbeitet wurde als die zwei anderen Sichtweisen (rationale und natürliche Systeme). Scott (2003, S. 92) meint dazu: „Although open systems approaches to organizations were the last of the three perspectives to emerge, they have spread very rapidly and have had an enormous effect on organization theory". In der Tat ist es heute so, dass eigentlich alle aktuellen Organisationstheorien den so genannten Umweltbezug in der einen oder anderen Form explizit berücksichtigen.

Als die vier wichtigsten Einzeltheorien im Rahmen des Paradigmas offener Systeme und damit als Varianten dieser Sichtweise lassen sich einstufen: die

Kontingenztheorie, der Ressourcen-Abhängigkeits-Ansatz, die Organisations-ökologie und der neuere soziologische Institutionalismus. Die Kontingenztheorie wurde ausführlich bereits in Kapitel 5 besprochen, sodass hier nicht mehr darauf eingegangen werden muss. Die Organisationsökologie und der soziologische Institutionalismus werden Gegenstand der zwei nachstehenden Abschnitte sein. Es bleibt der mit dem Namen Jeffrey Pfeffer verbundene Ressourcen-Abhängigkeits-Ansatz. Dieser Ansatz fand in den 1980er Jahren relativ viel Beachtung, konnte sich dann aber in der Folgezeit nicht zu einem eigenständigen Forschungsprogramm mit empirischen Anwendungen und theoretischen Fortentwicklungen mausern, sodass er inzwischen eher in den Hintergrund der Aufmerksamkeit getreten ist. Deshalb sei er im Folgenden lediglich in seinen Grundideen skizziert.

Startpunkt des „Resource-Dependence"-Ansatzes (grundlegend Pfeffer und Salancik 1978; für eine zehnseitige Zusammenfassung vgl. auch Schreyögg 1999, S. 364 ff.) ist der elementare Tatbestand, dass Organisationen in ihrem Wohlergehen auf den Zustrom von Ressourcen aus ihrer Umwelt angewiesen sind. Dieser Ressourcenzustrom vollzieht sich in der Regel zum einen auf der Inputseite und zum anderen auf der Outputseite. Prekär dabei ist, dass die Input- und Outputströme oft ungewiss, unsicher und instabil sind. Laut Ressourcen-Abhängigkeits-Ansatz besteht das zentrale Interesse einer Organisation darin, die aus der Umweltabhängigkeit entstehende Unsicherheit zu absorbieren und zu bewältigen, d.h. die Ressourcenzuflüsse „wetterfest" zu machen. Im Rahmen eines breiten Arsenals möglicher Handlungsstrategien, um dies zu erreichen, unterscheidet Pfeffer stets zwei Gruppen von Instrumenten: nach innen gerichtete Maßnahmen (interne Ansatzpunkte, „passive" Instrumente) und nach außen gerichtete Maßnahmen (externe Ansatzpunkte, „aktive" bzw. „proaktive" Instrumente).

Zu den internen Maßnahmen gehört – gleichsam als Prophylaxe – eine systematische und kontinuierliche Umweltbeobachtung, um potenziell bedrohliche Veränderungen möglichst frühzeitig zu erkennen. Weiterhin schaffen sich Organisationen Reserven, angefangen von gezielter Lagerhaltung bis hin zur Hortung von Humankapital, um vorhersehbare oder auch unvorhersehbare Umweltturbulenzen abfangen zu können. Kurzfristig mag ein solches „Fettpolster" („organizational slack") ineffizient und verschwenderisch erscheinen, aber bei längerfristiger Betrachtung kann es sich als vorteilhaft erweisen. Wichtig bei den internen Maßnahmen sind ferner diverse Strategien zur Flexibilisierung der Organisationsstruktur, wie z.B. das Arbeiten mit einer Stammbelegschaft und einer ergänzenden und fungiblen Randbelegschaft. Auf der Outputseite haben aus der Sicht des Ressourcen-Abhängigkeits-Ansatzes Organisationen eine Vorliebe für Tätigkeits- und Geschäftsfelder, die einen möglichst stabilen und dauerhaften Ressourcenzufluss (z.B. in der Form nachgefragter Dienstleistungen) versprechen. Und wenn in riskante Bereiche hinein gegangen wird, dann auf jeden Fall mit der Maxime einer Risikodiversifikation.

Während bei den internen Maßnahmen die Organisation primär reagiert und insofern eher in einer passiven Rolle ist, ergreift sie bei den (pro-)aktiven Maßnahmen stärker die Initiative, indem sie versucht, zwecks Bewältigung der Ungewissheit ihre Umwelt zu bearbeiten und zu beeinflussen.[1] Die nach außen gerichteten Maßnahmen, die Pfeffer und Salancik diskutieren, kreisen um die drei Konzepte der Integration, Kooperation und Intervention. Mit Integration ist gemeint, dass eine Unsicherheitsquelle via Inkorporation aus der Welt geschafft wird, d.h. ein konkurrierendes Unternehmen wird aufgekauft, das Patent für eine neue Technologie wird erworben oder ein besonders befähigter Manager wird gezielt abgeworben. Bei Kooperationsstrategien wird versucht, durch Zusammenarbeit mit der Unsicherheitsquelle deren Verhalten berechenbarer zu machen; diese Zusammenarbeit kann z.B. die Form von Joint Ventures annehmen, es können langfristige Lieferverträge abgeschlossen werden, oder Mitglieder potenziell gefährlicher Organisationen werden kooptiert, indem sie z.B. in den eigenen Aufsichtsrat aufgenommen werden. Die Intervention schließlich erstreckt sich vor allem auf gezielte Öffentlichkeitsarbeit einerseits und auf die Beeinflussung von Politikern andererseits.

Kritisch wird gegen den Ressourcen-Abhängigkeits-Ansatz eingewandt, dass die Bewältigung und Stabilisierung von umweltbedingter Unsicherheit nicht immer bzw. sogar nur in Ausnahmefällen eine dominierende Handlungsmaxime von Organisationen ist (Schreyögg 1999, S. 373). Oft sind Organisationen auch an Veränderungen und Dynamik interessiert, weil sie sich davon neue Chancen und Opportunitäten versprechen. Die Stabilisierung von Unsicherheit zum alleinigen Kriterium etwa für personalpolitische Entscheidungen zu erheben, hat sich auch empirisch als nicht haltbar erwiesen. Gänzlich unbearbeitet bleiben beim „Resource-Dependence"-Ansatz die konkreten Mechanismen auf der Mikroebene, die eine faktische Durchsetzung der Ungewissheit absorbierenden Maßnahmen und Instrumente gewährleisten. An dieser Stelle, also wenn es darum geht, warum und weshalb sich bestimmte Instrumente (institutionelle Arrangements) eher durchsetzen als andere, erscheinen insbesondere die Agency-Theorie und der Transaktionskostenansatz theoretisch elaborierter als der Pfeffer-Ansatz.

8.2 Organisationsökologie

Neben dem Transaktionskostenansatz ist die „organizational ecology" der theoretische Ansatz in der Organisationsforschung, der in den zurückliegenden zwei Jahrzehnten die meisten theoretischen und empirischen Forschungsbemühungen auf sich gezogen hat. Dies zeigt sich nicht nur an der Zahl der einschlägi-

---

1 Es dürfte klar sein, dass die Unterscheidung intern-extern bzw. passiv-aktiv bei einer Reihe von Instrumenten/Maßnahmen nicht eindeutig und wenig trennscharf ist.

gen Publikationen in den wichtigsten Spezialzeitschriften der Organisationsforschung, sondern auch – bezogen auf die Soziologie – an in der Tat erstaunlich vielen Veröffentlichungen in den allgemeinen soziologischen Fachzeitschriften.[2] Die drei hauptsächlichen Vertreter und Promotoren des organisationsökologischen Ansatzes sind Michael Hannan, John Freeman und Glenn Carroll. Im Publikationsreigen bildete ein Aufsatz von Hannan und Freeman (1977) den Ausgangspunkt; inzwischen kann man auf mindestens zwei zusammenfassende Buchpublikationen zurück greifen, nämlich auf Hannan und Freeman (1989) sowie aktueller Carroll und Hannan (2000). Im Folgenden werden zunächst Grundanliegen und Hauptideen der Organisationsökologie erläutert. Anschließend wird – beginnend mit den zwei so genannten Liabilities – auf eine Reihe von speziellen Modellen im Rahmen dieses Ansatzes eingegangen. Am Ende werden noch ein paar Hinweise auf Verdienste sowie einige kritische Anmerkungen zur Organisationsökologie stehen.

Grundanliegen und Hauptideen der Organisationsökologie: Als das wesentliche Anliegen ihres Ansatzes bezeichnen Organisationsökologen die Erklärung des Wandels der Organisationslandschaft über die Zeit. Dabei werden in der Regel längere Zeitspannen ins Blickfeld genommen, mit Beobachtungsfenstern von 20, 50 oder sogar mehr als 100 Jahren. Die Analysen konzentrieren sich jeweils auf bestimmte Arten von Organisationen, auf so genannte Organisationspopulationen. Vergleicht man die Organisationslandschaft zwischen zwei Zeitpunkten t_1 und t_2, können sich folgende Prozesse abspielen: (1) Bereits zum Zeitpunkt t_1 bestehende Organisationen der Zielpopulation können zum Zeitpunkt t_2 weiterhin bestehen, sei es in der alten oder in gewandelter Form. (2) Zum Zeitpunkt t_1 existierende Organisationen der Population können zum Zeitpunkt t_2 „gestorben" sein. (3) Neue, zum Zeitpunkt t_1 noch nicht bestehende Organisationen können sich durch Gründung der Population zugesellt haben. Die bisherige Organisationsforschung hat sich ziemlich einseitig mit dem erstgenannten Prozess beschäftigt, d.h. mit dem Wandel, Veränderungen und der Adaptation bestehender Organisationen. Die Prozesse (2) und (3), die man zusammenfassend als Reproduktionsprozess einer Population bezeichnen kann, sind die Prozesse, denen die Organisationsökologie zentral ihre Aufmerksamkeit schenkt. Die Konzentration auf die Prozesse (2) und (3) impliziert, dass die Organisationsökologie ihren Blick weniger auf das interne Geschehen in Organisationen richtet, sondern Organisationen als Ganzes betrachtet. Das Schicksal einer einzelnen Organisation ist aus ökologischer Sicht primär insofern interessant, als diese scheitert oder aber neu gegründet wird. Da Organisationen, die

---

2 Wie schon in Abschnitt 1.1 erwähnt, sind im internationalen Kontext die wichtigsten Spezialzeitschriften der Organisationsforschung: Administrative Science Quarterly, Organization Science, Organization Studies, Academy of Management Journal und Academy of Management Review. Als die zwei unbestrittenen Top-Zeitschriften der Soziologie allgemein gelten: American Sociological Review und American Journal of Sociology.

neu gegründet werden, und auch diejenigen, die sterben, sehr häufig klein bzw. sogar sehr klein sind, ergibt sich weiterhin, dass die Organisationsökologie – anders als die sonstige Organisationsforschung, die eher auf größere Organisationen fixiert ist – auch und insbesondere die vielen kleinen Organisationen in ihre Betrachtung einbezieht.

Wenn sich die Organisationslandschaft entweder durch den Wandel bestehender Organisationen oder durch den Reproduktionsprozess des Absterbens und der Neugründung verändern kann, ergibt sich die Frage, welcher der beiden Prozesse (Adaptation versus Selektion) wichtiger ist. Die gängige Organisationsforschung hat, wie gerade schon erwähnt, einen Bias hin zur Betonung von Adaptationsprozessen. Dem setzen die Organisationsökologen die These entgegen, dass die Wandel der Organisationslandschaft zentral durch Selektionsprozesse vorangetrieben wird. Sicher erscheint in diesem Zusammenhang zunächst, dass beide Prozesse als Untersuchungsgegenstand ihre Berechtigung haben. Sicher ist weiterhin, dass das Gewicht der beiden Prozesse in verschiedenen Bereichen unterschiedlich ist. Auch der Zeithorizont, mit dem man an die Untersuchung der „Organisationsmorphologie" herangeht, ist von Bedeutung. Empirisch konnten die Organisationsökologen in einer Reihe von Anwendungsfeldern zeigen, dass sich die Organisationslandschaft mit einer Dynamik von Gründungs- und Sterbeprozessen ändert, die meistens erheblich unterschätzt wird. Theoretisch führen sie das Argument der strukturellen Trägheit („organizational inertia") ins Feld, um ihre These der Dominanz von Selektion im Wandelgeschehen zu stützen. Bestehende Organisationen haben eine bestimmte Struktur mit bestimmten Routinen ausgebildet und sind durch ihre Vergangenheit intern und extern vielfältig festgelegt („organizational imprinting"), was ihre Fähigkeit zum Wandel und zur Innovation begrenzt. Neue Organisationen sind frei von solchen Fixierungen und können deshalb auf aktuelle Umweltgegebenheiten problemloser und zielgenauer eingehen.[3]

Das Beiwort „ökologisch" in der Bezeichnung des organisationsökologischen Ansatzes soll darauf verweisen, dass sich die Theorie einem evolutionstheoretischen Forschungsprogramm verpflichtet fühlt. Diese Orientierung an der Evolutionstheorie läuft allgemein zunächst einmal darauf hinaus, dass die Umwelt als zentrale Steuerungsinstanz angesehen wird. So wie in der Natur eine Spezies in ihren Eigenschaften (Aussehen, Ernährung, Fortpflanzung etc.) entscheidend von den Umfeldbedingungen geprägt ist, werden die zeitlich-räumlichen Umweltgegebenheiten als ausschlaggebende Determinante für das Schicksal einer Organisationspopulation angesehen. Die Umwelt stellt die Ressourcen bereit, die Organisationen „ausbeuten" können; die Umwelt eröffnet Nischen, in die

---

3 Die Kontroverse um „Adaptation versus Selektion" ist vergleichbar mit der Diskussion in der soziologischen Wertewandelforschung, in der es darum geht, ob der gesamtgesellschaftliche Wertewandel eher durch individuelle Werteveränderungen (durch individuellen Gesinnungswandel) oder aber eher durch die Ankunft neuer und das Absterben alter Geburtskohorten voran getrieben wird.

neue Organisationspopulationen vorstoßen können; und der Wandel der Umwelt ist eine kritische Variable für das Überleben von Organisationen. Grundlegend ist dabei die Vorstellung einer „carrying capacity", d.h. die Umwelt bietet mit ihren Ressourcen ein Reservoir für eine bestimmte Zahl von Organisationen eines bestimmten Typs. Um den begrenzten Ressourcenpool wird mehr oder weniger ständig gerungen, wobei neue Organisationen nach dem Muster von Variationsprozessen gegründet und bestehende Organisationen nach dem Muster von Selektionsprozessen verdrängt werden.

Der Mechanismus der Variation spricht die ständigen Versuche von mehr oder weniger ideenreichen „Unternehmern" an, neue Organisationen ins Leben zu rufen. Organisationsökologen gehen dabei zwar nicht davon aus, dass Organisationen völlig „blind" kreiert werden, gleichwohl besteht gegenüber der Rationalität von Organisationsgründungen eine beträchtliche Skepsis. Ein bestimmtes Organisationsdesign lässt sich in der Regel nicht bruchlos umsetzen, und ebensowenig ist eine realistische Wahrnehmung der aktuellen oder gar künftigen Umweltkonstellation gewährleistet.

Einmal ins Leben gerufen, sind Organisationen im zweiten Schritt dem von der Umwelt (die andere Organisationen einschließt) ausgehenden Selektions- und Wettbewerbsdruck ausgesetzt. Eine geringe Übereinstimmung zwischen Organisationsstruktur und Umweltkonstellation gibt einer neuen Organisation (-sform) eine geringe „Fitness" bzw. einen geringen „Survival-Value" und führt über kurz oder lang zu deren Verschwinden von der Bildfläche. Wichtig erscheint der Punkt, dass das Scheitern von Organisationen weniger auf Missmanagement oder persönliches Versagen, sondern primär auf die Umweltkonstellation zurück geführt wird. „The mechanism of elimination is usually an environmental condition; thus, the key predictor of organizational survival is an interaction variable composed of organizational form and environmental condition" (Carroll 1984, S. 74).

Die Dominanz von Variation und Selektion gegenüber Adaptationsprozessen wird in der Evolutionsbiologie damit begründet, dass Einzelexemplare einer Spezies fixe Gene haben, die sich nicht ändern lassen. In ähnlicher Weise wird von Organisationsökologen argumentiert, einzelne Organisationen hätten bestimmte Kernkompetenzen (Comps = Competencies), die auf Grund von damit verbundenen Wettbewerbsvorteilen, auf Grund von interner Trägheit und auf Grund von Imprinting-Prozessen ziemlich starr und unabänderlich seien.

Während Begriffe wie der „Survival-Value" oder die „Comps" nur metaphorisch an die Evolutionstheorie angekoppelt sind, wird von Organisationsökologen zum Teil durchaus auch versucht, mathematische Kalküle der Evolutionstheorie zu nutzen und für die Organisationsforschung fruchtbar zu machen. Nicht alle, aber einige der konkreten Modelle der Organisationsökologie, die im Weiteren vorgestellt werden, haben diesen Charakter.

Liability of Newness/Adolescence und Liability of Smallness: Die Thesen der „liability of newness/adolescence" und der „liability of smallness" gehören zum Grundinventar der Organisationsökologie. Die These der Zwergensterblichkeit („liability of smallness") behauptet ein höheres Risiko des Scheiterns für Kleingründungen, d.h. für Organisationen mit einer geringen Startgröße. Dies u.a. deshalb, weil Gründungen mit einer bescheidenen Grundausstattung eine anfängliche Durststrecke schlechter überstehen, als weniger vertrauenswürdig gelten (z.B. bei der Vergabe von Krediten) und seltener qualifiziertes Personal rekrutieren können. Die These der Neulingssterblicheit („liability of newness") geht davon aus, dass Gründungen vor allem in der Anfangsphase ihrer Existenz gefährdet sind. Dies hat sowohl interne als auch externe Gründe, z.B. müssen neue Organisationen in ihrem Innenverhältnis erst einmal brauchbare Routinen entwickeln und eine Organisationsstruktur aufbauen, was mit Reibungsverlusten und zeitlichem Aufwand verbunden ist, und im Außenverhältnis müssen Kunden, Lieferanten, Mitglieder gewonnen und dauerhaft eingebunden werden. Bei genauerer Betrachtung ist die Liability of Newness allerdings eher eine Liability of Adolescence, denn unmittelbar nach der Gründung ist die Sterberate zunächst niedrig, steigt dann bis zu einem Maximum, und sinkt anschließend ab. Die anfängliche „Karenzzeit" ergibt sich daraus, dass es eine gewisse Zeit braucht, bis der Erfolg oder Misserfolg einer Gründung einigermaßen verlässlich eingeschätzt werden kann, und auch daraus, dass Neugründungen in der Regel gewisse Startressourcen haben, die ein Überleben für eine bestimmte Anfangszeit auf jeden Fall ermöglichen. Kombiniert man die beiden Liabilities, kann man Sterberatenverläufe nach dem Muster von Abbildung 8.1 erwarten.

Abbildung 8.1: Sterberatenverläufe bei einer Kombination der Liability of Adolescence mit der Liability of Smallness

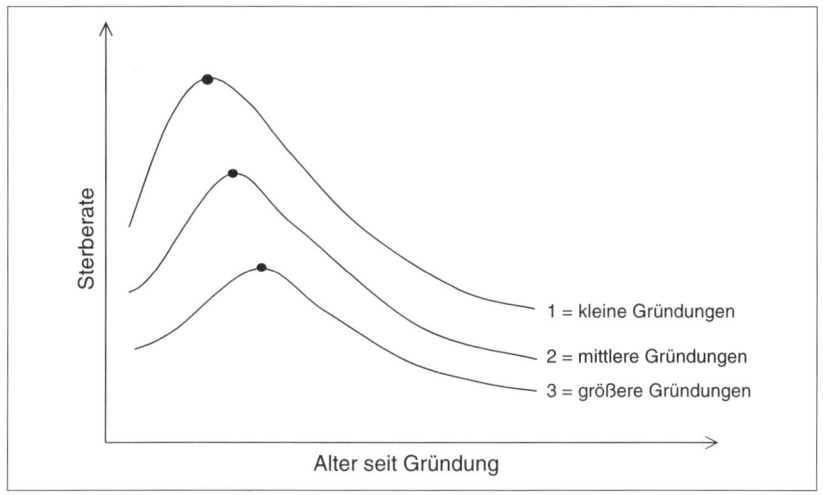

1 = kleine Gründungen
2 = mittlere Gründungen
3 = größere Gründungen

Sterberate

Alter seit Gründung

Aus der Abbildung lässt sich ablesen, dass zum einen die Sterberaten von kleineren Gründungen stets höher liegen sollten und dass zum anderen das Maximum der Sterberate bei kleineren Gründungen zeitlich früher liegen sollte als bei größeren Gründungen. Diese beiden Vorhersagen haben in empirischen Studien eine Bestätigung gefunden (vgl. z.B. Brüderl und Schüssler 1990).

„Overshooting"-These: Was die Dynamik der Expansion neuer Organisationspopulationen betrifft, gehen Organisationsökologen davon aus, dass sich diese oft mit einer logistischen Wachstumskurve nach dem Muster der so genannten Lotka-Volterra-Gleichung beschreiben lässt. Wenn es in einem bestimmten Bereich bisher keine Organisationen gibt, aber die Umwelt (z.B. durch technologische Innovation) eine Nische für eine neue Organisationspopulation eröffnet hat, dann expandiert die Zahl der Organisationen häufig auf einem s-förmigen Wachstumspfad bis hin zur „carrying capacity". In der anfänglichen Euphorie schießt die Zahl der Organisationen meistens sogar über die Kapazitätsgrenze hinaus, es kommt zu einem „overshooting", und erst im zweiten Schritt, im Zuge einer Bereinigung der Organisationslandschaft, nähert sie sich wieder der „carrying capacity" an. Graphisch kann man dies in der Form von Abbildung 8.2 darstellen.

Abbildung 8.2: Overshooting-These

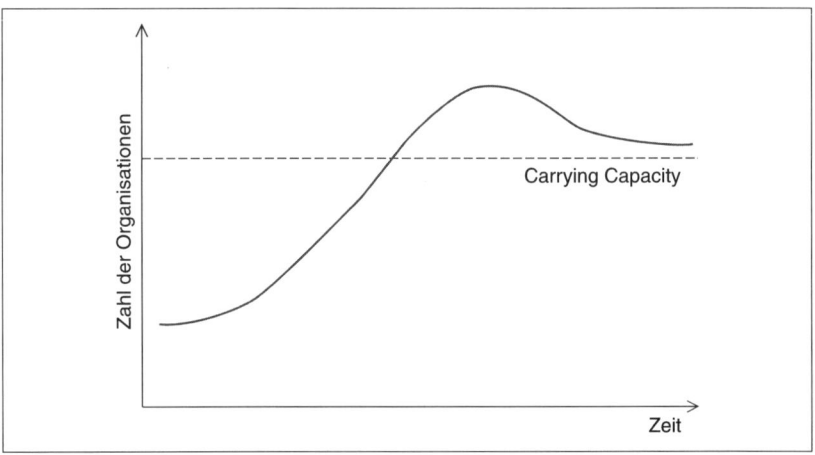

Mit Blick auf den Typ von Organisationen, die im Prozess der Annäherung an die „carrying capacity" gegründet werden, vertreten Organisationsökologen die These, dass in der Startphase zunächst die so genannten r-Strategen dominieren, die dann schrittweise von den so genannten K-Strategen verdrängt werden. R-strategisch angelegte Gründungen sind Organisationen/Betriebe, die opportunistisch agieren und vereinfacht gesprochen den schnellen Euro im Auge haben; sie versuchen möglichst schnell in eine Marktlücke vorzustoßen, sind an raschen Gewinnen auch auf Kosten der Kundenzufriedenheit interessiert und ziehen sich bei sinkenden Gewinnspannen wieder zurück. Demgegenüber sind K-Strategen Organisationen/Betriebe, die längerfristig investieren, an einem festen und zufriedenen Kundenstamm interessiert sind und mit vielen kleinen, aber regelmäßigen Gewinnen ihr Auskommen haben. Bei Annäherung an die Kapazitätsgrenze verdrängen sie die r-Strategen.[4]

Nischen-Modell: Im Rahmen eines ökologischen Nischen-Modells beschäftigen sich Freeman und Hannan (zuerst 1983) mit den relativen Vorteilen einer Spezialisten- im Unterschied zu einer Generalisten-Strategie. In Abhängigkeit von der Umweltvariabilität („environmental variability") und der Umweltkörnung („environmental grain") werden situationsspezifische Vorteile einmal für Spezialisten und ein andermal für Generalisten postuliert. Ist die Umwelt in geringem Maße variabel (stabile Umfeldbedingungen) bringt gemäß Freeman und Hannan eine Spezialistenstrategie immer – also unabhängig von der Umweltkörnung – einen Überlebensvorteil, und zwar deshalb, weil die Spezialisten ohne große Vorratshaltung („organizational slack") ihre Nische optimal ausbeuten können. Im Fall einer hohen Umweltvariabilität erscheint zunächst eine Generalistenstrategie vorteilhaft, da die auf eine breite Nische zielenden Generalisten durch eine unerwartete Verschiebung der Nachfrage weniger leicht betroffen werden können und über eine höheres organisationsinternes Anpassungspotenzial verfügen. Nach der Nischentheorie aber haben bei hoher Umweltvariabilität Generalisten nicht immer einen Vorteil, sondern nur dann, wenn gleichzeitig die Umwelt grobkörnig („coarse grained") ist, wenn also die Nachfrage typischerweise in großen Klumpen („patches") auf die Betriebe zukommt. Bei einer feinkörnigen („fine grained") Nachfragestruktur macht sich eine Nachfrageänderung der Umwelt im Zeitablauf rasch bemerkbar, sodass den Spezialisten hinreichend Zeit bleibt, sich darauf einzustellen. Tabelle 8.1 präsentiert die erläuterten Vorhersagen noch einmal im Überblick.

Empirisch getestet haben Freeman und Hannan (1983) ihre Nischentheorie an einer Stichprobe von Restaurants in Kalifornien. In der Gesamtbetrachtung hatten die spezialisierten Restaurants (mit einer begrenzten Speisekarte) einen Überlebensvorteil, und nur in der speziellen Konfiguration „hohe Umweltvariabilität und grobkörnige Umwelt" erwiesen sich die Generalisten tatsächlich als bestandsfester.

---

4 Die Bezeichnung der Strategien leitet sich aus der Lotka-Volterra-Gleichung her, in der r für die Wachstumsrate und K für die Kapazitätsgrenze stehen. Die erläutere Sequenz von erst r- und dann K-Strategen konnte man sehr schön z.B. in vielen Bereichen in Ostdeutschland nach dem Fall der Mauer 1989/90 beobachten (etwa beim Verkauf von Obst und Gemüse, von Textilien oder von Versicherungen).

Tabelle 8.1: Überlebensvorteile von Spezialisten und Generalisten
im Nischen-Modell

		Umweltvariabilität	
		Niedrig	Hoch
Umweltkörnung	Grobkörnig	Vorteile für die Spezialisten	Vorteile für die Generalisten
	Feinkörnig	Vorteile für die Spezialisten	Vorteile für die Spezialisten

Ressourcen-Teilungs-Modell („Resource-Partitioning"-Modell): Das Ressourcen-Teilungs-Modell von Carroll (zuerst 1985) fokussiert ebenfalls das Strategiepaar von Spezialisten versus Generalisten. Es wird behauptet, dass Organisationen, die als kleine und flexible Spezialisten antreten, am ehesten und besonders in solchen Bereichen gute Erfolgs- und Überlebenschancen haben, die von einigen wenigen Generalisten-Organisationen besetzt sind. Generalisten neigen dazu, ihr Angebot auf den Durchschnittskunden im Marktzentrum zu konzentrieren und spezifische Nachfrage auszublenden. Dies eröffnet Möglichkeiten, Chancen und Spielräume für in der Regel kleine Spezialisten, in den Markt einzudringen und auf nichtausgeschöpfte Ressourcen zuzugreifen. Empirische Belege für das Modell finden sich u.a. für die Zeitungsindustrie in amerikanischen Städten (in Städten mit nur einer oder zwei Großzeitungen florieren lokale Spezialblätter), für die Schallplatten- und CD-Industrie (Erfolg kleiner Firmen, die sich an die Liebhaber spezieller Musikrichtungen wenden) und für die amerikanische Brauereiindustrie, auf die – auch zur genaueren Erläuterung des Modells – in Kasten 8.1 etwas ausführlicher eingegangen wird.

Dichte-Abhängigkeits-Modell („Density-Dependence"-Modell): Sehr viel Arbeit haben die Organisationsökologen auch in ihr Dichte-Abhängigkeits-Modell investiert, das für die Sterbe- und Gründungsraten von Organisationen einer Population die Regelhaftigkeiten in Abbildung 8.3 annimmt. Wenn die Zahl der Organisationen in einer Population niedrig liegt (man denke z.B. an die Startphase der Population der Biotechnologiefirmen), ist die Sterberate von Gründungen auf Grund von Legitimationsproblemen zunächst einmal hoch, denn man weiß nicht so recht, ob und wozu diese Organisationen gut sein sollen. Mit zunehmender Dichte sinkt die Sterberate dann ab und steigt schließlich dann auf Grund von Wettbewerbs- und Verdrängungsprozessen wieder an. Ein umgekehrt u-förmiges Verlaufsmuster wird hingegen für die Gründungsraten behauptet: Sie sind in der Legitimationsphase zunächst niedrig, steigen dann an und sinken bei hoher Dichte wegen Konkurrenz und Wettbewerb wieder ab. In empirischen Studien für zahlreiche Industriezweige und Dienstleistungsbranchen hat sich dieses Modell relativ gut bestätigt (Hannan und Carroll 1992).

Kasten 8.1: *Die Renaissance der Kleinbrauereien in den USA im Lichte des Ressourcen-Teilungs-Modells*

Nachdem die Zahl der Brauereien in den USA bis Anfang der 1980er Jahre auf unter 50 gesunken war, ist sie durch einen Gründungsboom von „microbreweries" und „brewpubs" bis zum Jahr 2000 auf über 1400 gestiegen. Im Jahr 1997 gab es in den USA erstmals mehr Brauereien als in Deutschland, das im internationalen Vergleich stets als der unerreichbare Spitzenreiter in der Brauereiendichte (und im Bierkonsum) galt.

Die Frage „Why the Microbrewery Movement?" versuchen Glenn Carroll und Anand Swaminathan (2000) vor dem Hintergrund des Ressourcen-Teilungs-Modells zu beantworten. Dieses Modell (für eine Übersicht vgl. auch Carroll et al. 2002) bringt zwei auf den ersten Blick widersprüchliche Trends zusammen, die man historisch und aktuell in verschiedenen Wirtschaftszweigen beobachten kann: eine zunehmende Marktkonzentration auf der einen Seite und ein Erstarken kleiner, flexibler Spezialisten-Organisationen auf der anderen Seite. Die Generalisten-Organisationen, die einen Markt beherrschen, drängen gemäß Ressourcen-Teilungs-Modelle in ihrem Konkurrenzkampf hin zur so genannten Marktmitte bzw. zum Durchschnittskunden und werden sich dabei immer ähnlicher. Dies lässt am Rand des Ressourcenpools, auf den sich eine Organisationspopulation stützt, immer mehr Raum für kleine Spezialisten, die von der Restnachfrage leben, die die Generalisten nicht mehr bedienen können und/oder wollen.

Im Fall der amerikanischen Brauereiindustrie liegt die „four firms concentration ratio" (d.h. der Marktanteil der vier größten Firmen) bei über 80 Prozent und ist auch in den 1980er und 1990er Jahren trotz der Renaissance der Mikrobrauereien eher weiter gestiegen als gesunken. Mit empirischen Daten über die „life histories" aller 2.251 Brauereien, die in den USA in der Zeitspanne von 1938 bis 1997 dauerhaft oder vorübergehend aktiv waren, können Carroll und Swaminathan (2000) u.a. Folgendes zeigen: Mit zunehmender Marktkonzentration im amerikanischen Brauereiwesen ist (a) die Zahl der Gründungen von kleinen Spezialisten-Organisationen, also von Mikrobrauereien und von Braugaststätten, signifikant gestiegen und (b) die Sterberate der Spezialisten signifikant gesunken. Die großen Massenproduzenten von Bier stehen in einem harten Wettbewerb, ihre Biere sind sich immer ähnlicher geworden und diejenigen Generalisten, die vom Marktzentrum relativ weit entfernt positioniert sind/waren, haben eine überdurchschnittliche Sterberate. Insbesondere die unter (a) und (b) aufgeführten Befunde entsprechen genau dem, was das „resource-partitioning-model" behauptet.

Allerdings wird von Carroll und Swaminathan auch beschrieben, dass die großen „mass production breweries" (wie Anheuser Busch, Miller Brewing oder Coors) dem Treiben der Kleinbrauereien nicht bzw. immer weniger tatenlos zusehen. Sie haben ihrerseits (halb-)autonome (Tochter-)Firmen und neue Biersorten und -marken kreiert, die als „craft brewers" oder „specialty beers" (im Unterschied zu dem mit Imageproblemen kämpfenden „industrial beer") auf dem Markt auftreten und in ihrer Herkunft oft nicht ohne weiteres erkennbar sind. Zudem ist neben den Massenproduzenten, Mikrobrauereien und Brewpubs noch eine weitere Teilpopulation aufgetaucht: die „contract brewers" (n = 114 im Jahr 1997). Diese kaufen ihr Bier überwiegend von den großen Massenproduzenten, vermarkten es aber auf der Welle der Mikrobrauerei-Bewegung.

Quelle: Carroll und Swaminathan (2000).

Abbildung 8.3: Sterbe- und Gründungsratenverläufe im Dichte-Abhängigkeits-Modell

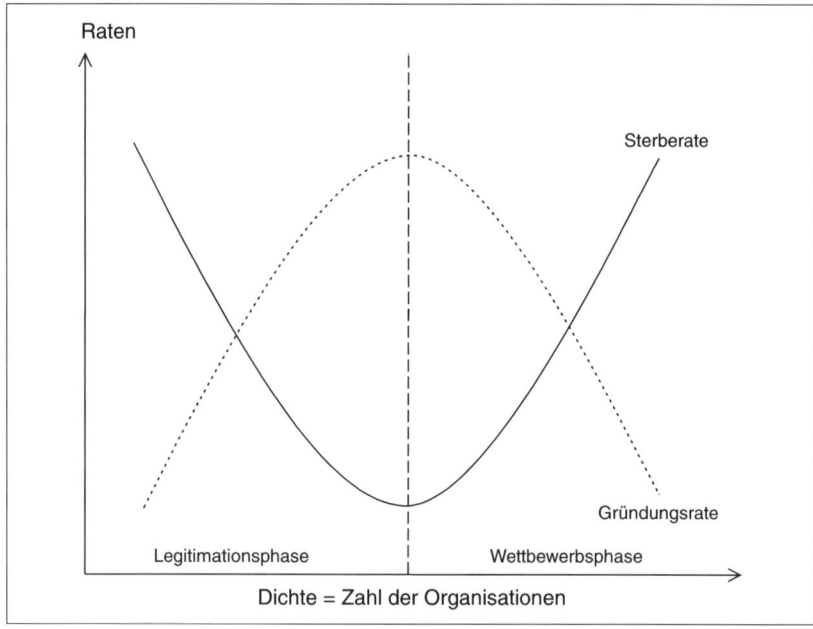

Trägheitstheorie und Organisationswandel: Insbesondere in der betriebswirt-schaftlichen Management- und Organisationsliteratur besteht eine ausgespro-chene Vorliebe für die allzeit flexible, dynamische, adaptive und lernfähige Or-ganisation (vgl. statt vieler Kaluza und Blecker 2005). Diesem Credo des konti-nuierlichen Organisationswandels stellen Organisationsökologen die Position entgegen, dass erstens organisationale Trägheit („organizational inertia") bis zu einem gewissen Grad (evolutionär) vorteilhaft ist und dass zweitens Organisa-tionswandel riskant und gefährlich ist (zusammenfassend Carroll und Hannan 2000, Chap. 16). Hinter der „inertia theory" steht die Vorstellung, dass der Er-folg einer Organisation zentral darauf beruht, dass sie in ihrem Handeln verläss-lich und berechenbar ist. Verlässlichkeit („reliability") und Berechenbarkeit („accountability") implizieren, dass eine Organisation über bewährte Prozedu-ren und Routinen verfügt, und dies wiederum impliziert eine gewisse „Einge-fahrenheit" und damit Trägheit. Wenn eine Organisation ständig ihre Routi-nen ändert, immer neue Programme fährt und auf jeden aktuellen Modetrend unverzüglich reagiert, wird sie von Außenstehenden als wenig stabil und ver-trauenswürdig eingestuft, und die Neigung, sich an einen solchen „Chaos-Laden" zu binden, ist gering. Für Organisationsökologen ist strukturelle Träg-heit fast per definitionem mit der Idee von Organisationen verknüpft, da diese immer versuchen, Aktivitäten zu routinisieren und relativ auf Dauer zu stellen. Mithin erscheint insgesamt ein mittleres Niveau an struktureller Trägheit für

Abbildung 8.4: Sterberatenverlauf im Fall eines Organisationswandels

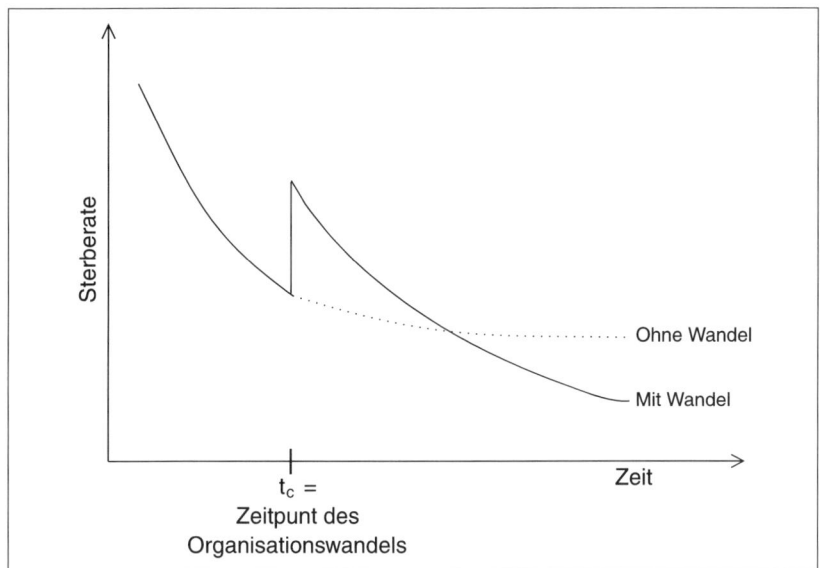

Organisationen vorteilhaft. Für den Fall, dass eine Organisation eine wesentliche Strukturänderung („organizational core change") vornimmt, postuliert die Organisationsökologie einen Verlauf ihres Sterberisikos gemäß Abbildung 8.4. Der Strukturwandel zum Zeitpunkt t_c (man denke z.b. an einen Wandel der Rechtsform, an einen Austausch des Managements oder an einen Übergang auf eine neue Produktionstechnologie) führt dazu, dass das Sterberisiko kurzfristig sprunghaft steigt. Bildlich gesprochen wird die „liability-of-newness clock" zurück gesetzt, und im Extremfall handelt es sich nach dem Wandel um eine ganz neue Organisation. Unabhängig davon, ob die Veränderung substanziell sinnvoll ist oder nicht, bewirkt der Wandel vorübergehende Reibungsverluste und Friktionen, was als negativer „Prozess-Effekt" des Wandels bezeichnet wird. Ein positiver „Inhalts-Effekt" des Wandels zeigt sich in Abbildung 8.4 dergestalt, dass die Sterberate später unter das Niveau ohne Wandel (gestrichelte Linie) sinkt. Wäre der Wandel inhaltlich eine Fehlentscheidung gewesen, würde die Sterberate auch längerfristig über dem Niveau ohne Wandel verbleiben. In einer tabellarischen Übersicht verweisen Carroll und Hannan (2000, S. 369) auf 15 empirische Studien, die sich mit dem Effekt von „organizational change" auf die Organisationsmortalität beschäftigt haben.

Hinweise zu Verdiensten und zur Kritik des organisationsökologischen Ansatzes:
Die Organisationsökologie hat dazu beigetragen, eine Reihe von Beschränkungen und Voreingenommenheiten der bisherigen Organisationsforschung zu überwinden. Sie beharrt darauf, nicht nur große Organisationen, sondern auch

und insbesondere kleine Organisationen und damit das gesamte Größenspektrum ins Blickfeld zu nehmen. Sie hat die Aufmerksamkeit weg von organisationalen Anpassungsprozessen hin zu Gründungs- und Sterbeprozessen von Organisationen gelenkt. Sie wendet sich gegen die in der Organisationsforschung und -praxis weit verbreitete Flexibilitäts- und Wandeleuphorie. Und auf Grund ihrer Verankerung im allgemeinen Forschungsprogramm der Evolutionstheorie ist sie skeptisch gegenüber dem optimistisch zupackenden Mach- und Gestaltbarkeitsdenken in der Managementliteratur. Theoretisch bietet die Organisationsökologie einen überschaubaren Satz von konkreten Modellen, die sich erweitern lassen und in den zurückliegenden Jahren auch ständig erweitert wurden. Auf der empirischen Ebene hat der Ansatz eine wahre Flut von Studien in sehr verschiedenen Bereichen angeregt (angefangen von der Auto-, über die Wein-, bis hin zur Bestattungsindustrie). Die einschlägigen empirischen Studien haben in der Regel Längsschnittcharakter, sind historisch angereichert und bedienen sich elaborierter statistischer Methoden (der Verlaufs- und Ereignisdatenanalyse), was insgesamt anzeigt, dass man sich an der Spitze der sozialwissenschaftlichen Forschung bewegt.

Kritisch wurde bereits oben angemerkt, dass etliche Konzepte der Organisationsökologie nur metaphorisch an die Evolutionstheorie angebunden sind. Weiterhin neigen Hannan und Freeman mitunter dazu, ihre Argumente zu überziehen (z.B. die Argumente zur begrenzten Bedeutung organisationaler Anpassungsprozesse und zu fehlenden aktiven Gestaltungsmöglichkeiten des Managements), was im Endergebnis aber wohl eher theorie-strategisch zu verstehen ist. Der hauptsächliche Kritikpunkt ist allerdings die unzureichende Mikrofundierung der Theorie. Bei all den schönen Modellen, die oben vorgestellt wurden, kommen individuelle Akteure praktisch nicht bzw. nur am Rande vor. Folgt man den Argumenten und Begründungen, die für die Modelle gegeben werden, deutet sich meistens eine Rational-Choice-Sicht der Akteure an (vgl. dazu auch die spärlichen Bemerkungen bei Hannan und Freeman 1989, S. 339 f.). Offenbar gehen Hannan, Freeman und auch Carroll davon aus, dass z.B. günstige Umfeldbedingungen, Nischen oder erfolgversprechende Strategien von (einigen) Akteuren (irgendwann) korrekt erkannt und zum eigenen Vorteil genutzt werden. Diese Hintergrundannahme bedarf auf jeden Fall einer genaueren Ausarbeitung. Wie eine solche Ausarbeitung auf der Basis einer Orientierung an der Evolutionstheorie allgemein aussehen könnte, erläutert z.B. Vanberg (2002). Es würde jetzt aber zu weit führen, hier in diese Grundlagendiskussion einzusteigen.

8.3 Soziologischer Neo-Institutionalismus

Im Spektrum der genuin soziologischen Organisationstheorien ist der soziologische Neo-Institutionalismus nach der Organisationsökologie der wichtigste Theorieansatz in der aktuellen Diskussion. Ähnlich wie die Organisationsökologie auf dem anerkannten Programm der Evolutionstheorie basiert, kann sich auch der Neo-Institutionalismus auf eine klassische Traditionslinie stützen. Diese beginnt spätestens mit Emile Durkheim, der in seinen Regeln der soziologischen Methode die Soziologie bekanntlich als „Wissenschaft von den Institutionen" verstanden wissen wollte. Etwa zeitgleich mit der Organisationsökologie wurde das institutionalistische Programm in der amerikanischen Organisationsforschung ab Mitte der 1970er Jahren (wieder-)entdeckt und inhaltlich neu belebt. Wegweisend waren dabei ein Aufsatz von John Meyer und Brian Rowan (1977) und ein Aufsatz von Paul DiMaggio und Walter Powell (1983). Die genannten Autoren mit einer bevorzugten Ansiedlung an der Stanford University in Kalifornien (wo übrigens auch die Organisationsökologen einen Schwerpunkt haben) gelten auch heute noch als die hauptsächlichen Verfechter des Neo-Institutionalismus, wobei ergänzend und zusätzlich Lynne Zucker und Richard Scott genannt seien. Im Weiteren sollen zuerst die Grundanliegen des organisationssoziologischen Neo-Institutionalismus vorgestellt werden. Sodann wird auf einige empirische Anwendungen verwiesen. Zuletzt kommen ein paar Kritikpunkte (für eine gelungene und kompakte deutschsprachige Darstellung des Ansatzes vgl. Hasse und Krücken 2005).

Grundanliegen und Grundideen des Neo-Institutionalismus: Trotz des gemeinsamen Begriffs der Institutionen ist der neuere soziologische Institutionalismus in weiten Teilen ein Art Gegenprojekt zu den institutionenökonomischen Ansätzen, d.h. konkret zum Transaktionskostenansatz und zur Agency-Theorie. Dies zeigt sich an einer programmatischen Charakterisierung von DiMaggio und Powell (1991, S. 8) in der Form: „The new institutionalism in organization theory and sociology comprises a rejection of rational-actor models, an interest in institutions as independent variables, a turn toward cognitive and cultural explanations, and an interest in properties of supraindividual units of analysis that cannot be reduced to aggregations or direct consequences of individuals' attributes or motives." Demnach zeichnet sich das neo-institutionalistische Programm erstens durch eine Skepsis gegenüber Theorieansätzen aus, die auf der individuellen Ebene vom „homo oeconomicus" ausgehen und/oder auf der Organisationsebene dem „rational systems view" folgen. Zweitens spielen Institutionen, d.h. normative Vorgaben, eingespielte Praktiken, formelle und informelle Regelsysteme, kulturelle Standards u.ä., als Erklärungsvariablen eine zentrale Rolle. Im Unterschied zu DiMaggio/Powell ist allerdings festzuhalten, dass Institutionen und institutionelle Arrangements oft auch als abhängige Variablen, als zu erklärende Größen fungieren. Drittens ordnet sich der Neo-Institutionalismus in den allgemeinen Trend einer Hinwendung zu konstruktivistischen und kulturellen Erklärungsmustern ein, also in einen Trend, der gerne als „cognitive turn" innerhalb der Sozialwissenschaften bezeichnet wird. Das vierte Element, das Interesse an supraindividuellen Analyseeinheiten, wendet sich indirekt gegen den methodologischen Individualismus und favorisiert Erklärungen, die ohne einen Rekurs auf die Handlungslogik individueller Akteure auszukommen versuchen.

Die Vorbehalte gegenüber Rational-Choice und gegenüber dem Transaktionskostenansatz – als dem einflussreichsten Beispiel einer Rational-Choice-Analyse von Organisationen (Voss 2002, S. 174) – finden ihren hauptsächlichen Ausdruck in der Position, dass dem im ökonomischen Denken dominierenden Effizienzkriterium nur ein begrenzter Einfluss auf die Ausgestaltung organisationaler Strukturen zugestanden wird. Unter der Überschrift „Jenseits der Effizienz" gehen Neo-Institutionalisten davon aus, dass es auch in modernen Gesellschaften zahlreiche ineffiziente Organisationen und Organisationspraktiken gibt und dass die Effizienz nur als ein Kriterium neben anderen für den Erfolg und das Überleben von Organisationen von Bedeutung ist. In einem Buch mit dem schönen Titel „Permanently Failing Organizations" beschreiben z.B. Marshall Meyer und Lynne Zucker (1989) ausführlich an vier Fallbeispielen, wie es auch offensichtlich hochgradig ineffizienten Organisationen gelingen kann, sich über lange Zeitperioden hinweg am Leben zu erhalten. Waren es in der Anfangsphase vor allem Non-Profit-Organisationen (wie Schulen, Museen, Stiftungen oder Krankenhäuser), an denen die Neo-Institutionalisten die begrenzte Wirkungskraft des Effizienzkriteriums demonstrierten, haben sie sich später intensiv auch gewinnorientierten Unternehmen zugewandt. Ein wesentlicher Grund für die Grenzen der Effizienz ist aus institutionalistischer Sicht der schlichte Tatbestand, dass oft unklar ist, ob konkrete Organisationen oder Organisationskomponenten tatsächlich effizient sind oder nicht. Möglicherweise sind bestimmte organisationale Praktiken zwar aktuell (noch) nicht effizient, aber eventuell in der Zukunft oder aber lediglich bei längerfristiger Betrachtung. Aus dieser Offenheit und Unbestimmtheit des Effizienzkriteriums ergibt sich die Vermutung, dass es in vielen Fällen eine Frage der Definition, Präsentation und Konstruktion ist, ob etwas als effizient eingeschätzt wird oder nicht. Kulturelle Vorlieben und Voreingenommenheiten und kurzfristige Moden und Zeitgeistströmungen spielen gemäß Neo-Institutionalismus bei der „Effizienzdiagnose" eine wichtige Rolle.

Was nun aber steht jenseits bzw. anstelle der Effizienz? Der Effizienzperspektive stellen die Neo-Institutionalisten eine Sichtweise gegenüber, die sich am Leitgedanken der Herstellung und Aufrechterhaltung von Legitimität orientiert. Um erfolgreich zu sein und überleben zu können, sind Organisationen auf Unterstützung und Anerkennung von außen angewiesen, denn nur so ist ein halbwegs kontinuierlicher Zufluss von Ressourcen (angefangen von Geld bis hin zu Arbeitskräften) gewährleistet. Deshalb tun Organisationen alles, sich so zu positionieren bzw. zu präsentieren, dass sie die angestrebte Legitimität und Wertschätzung erreichen. Die Zielgröße der Legitimität zwingt oft auch zur Übernahme von Praktiken, die dem Effizienzstreben zuwider laufen. Dies bedeutet, dass z.b. technische Innovationen, neue Managementmethoden oder politische Vorgaben primär deshalb übernommen werden, weil deren Implementation von der Umwelt erwartet und gefordert wird.

Die generelle Folge des Strebens von Organisationen nach Legitimität ist laut Neo-Institutionalismus eine Strukturangleichung bzw. „Isomorphie" von Organisationen und deren Umwelt. Dies in dem Sinne, dass die Organisationen allgemeine Werthaltungen, normative Regelungen und kulturelle Praktiken aus ihrem gesellschaftlichen Umfeld aufgreifen und in ihre interne Struktur und in ihr Selbstverständnis einbauen. Verschiedene Varianten des Neo-Institutionalismus unterscheiden sich an dieser Stelle allerdings darin, ob die genannte Strukturanpassung von den Organisationen real vollzogen oder aber nur proklamiert wird. Während DiMaggio/Powell (1983) eine tatsächliche Strukturähnlichkeit von Organisationen und ihrer Umwelt postulieren, folgen die Organisationen bei Meyer/Rowan (1977) hauptsächlich der Proklamationsstrategie. Die Formalstruktur und die Aktivitätsstruktur von Organisationen sind gemäß Meyer/Rowan nur lose miteinander gekoppelt, und die gesellschaftliche Anpassung bleibt im Wesentlichen auf die Fassade der Formalstruktur beschränkt. Im Rahmen ihrer nach außen zur Schau gestellten formalen Strukturen suggerieren die Organisationen in modernen Gesellschaften Rationalität, Innovativität, Gleichbehandlung von Frauen und Männern, Verpflichtung zum Umweltschutz und sonstige gesellschaftspolitische Verantwortlichkeiten. Aber dies sind sehr oft nur Mythen und Lippenbekenntnisse, die der externen und internen Legitimitätssicherung dienen und den operativen Kern der Organisation (die Aktivitätsstruktur) absichern sollen. Speziell und insbesondere die Vorstellung von „organizations as rational systems" ist für Meyer/Rowan ein Phantom, das seit Max Weber den Organisationsforschern den Durchblick erschwert.

Geht man weniger kritisch davon aus, dass es auch jenseits der Proklamation und Mythenbildung Tendenzen in Richtung einer Isomorphie gibt, entsteht die Frage nach den Mechanismen, die auf eine solche Strukturanpassung zwischen Organisationen und gesellschaftlichem Umfeld hinwirken. DiMaggio und Powell (1983, S. 150 ff.; vgl. dazu auch Hasse und Krücken 2005, S. 25 ff.) unterscheiden hier drei Mechanismen zur Herstellung von Isomorphie: Zwang („coercive isomorphism"), Imitation („mimetic isomorphism") und normativer Druck („normative isomorphism"). Zwangsweise Strukturangleichung erfolgt vor allem durch staatliche Regelungen. So z.B. verordnet der Staat in Deutschland größeren Organisationen einen Betriebsrat mit diversen Mitbestimmungsrechten, weiterhin einen Beauftragten für den Arbeitsschutz, den Umweltschutz, den Datenschutz etc., und durch all diese formalen Regelungen wird eine gewisse Homogenisierung im Bereich der Arbeitsorganisationen erreicht. Insbesondere dann, wenn es um die Frage der Übernahme von Neuerungen geht, besteht für Organisationen oft eine hohe Ungewissheit angesichts mangelnder Information und fehlenden Erfahrungswissens. In solchen Situationen orientiert man sich gerne an so genannten Trendsetter-Organisationen, d.h. das, was die Trendsetter tun, wird nachgeahmt und kopiert. Als Trendsetter fungieren oft die Marktführer in einem Bereich oder aber – im Zeitalter des „Benchmarking" und der „best practice"-Euphorie – die aktuell überdurchschnittlich erfolgreichen Organisationen. Im Sinne einer Vorsichtsstrategie kann es selbst dann, wenn ich vom Nutzen einer Neuerung nicht überzeugt bin, rational sein diese zu übernehmen, denn wenn alle einen Fehler machen, ist zumindest gewährleistet, dass meine Wettbewerbsfähigkeit nicht beeinträchtigt wird. Was den Mechanismus der Imitation anbelangt, knüpfen die Neo-Institutionalisten an Forschungsbefunde an, die aus der experimentellen Sozialpsychologie, z.B. aus der Forschung zum autokinetischen Effekt von Sherif, seit langem bekannt sind (vgl. zuerst Zucker 1977).[5] Beim letzten der drei Isomorphismen, dem normativen Druck, spielen nach Einschätzung von DiMaggio/Powell die Professionen und deren berufsständische Vertretungen eine besondere Rolle. Die Studenten der BWL, von Business Administration und der Organisationssoziologie werden jeweils mit dem aktuellen Rüstzeug der (mutmaßlich) besten Organisations- und Managementpraktiken vertraut gemacht und tragen diese Ideen in die verschiedensten Organisationen hinein. Ebenso verbreiten Unternehmensberater ihr Wissen und ihre Vorstellungen in Industriebetriebe, Dienstleistungsunternehmen und staatliche Bürokratien, oft in gleicher Weise und ohne Berücksichtigung der organisatorischen Besonderheiten. Professoren, Wissenschaftler und Ärzte sind beruflich hoch mobile Gruppen, und dies trägt dazu bei, dass sich national und international ähnliche Vorstellungen dazu entwickeln, wie eine gute/effiziente Universität, ein gutes/ effizientes Forschungsinstitut oder ein gutes/effizientes Krankenhaus auszusehen hat. Nach dem Muster, dass Glaube Berge versetzen kann, ist es möglich, dass die Überzeugung, an einer Top-Universität, einem Think-Tank oder einer Spezialklinik zu arbeiten, tatsächlich die Leistungsfähigkeit beflügelt.

Empirische Anwendungen des Neo-Institutionalismus: Die Vertreter des organisationssoziologischen Institutionalismus beschränken sich nicht darauf, ihre Überlegungen an einzelnen Beispielen zu illustrieren, vielmehr haben sie inzwischen eine ganze Reihe von zum Teil auch quantitativ angelegten empirischen Studien durchgeführt. Diese Studien sind von ihrer inhaltlichen Reichweite her sehr unterschiedlich und tendieren dazu, den Geltungsbereich des Neo-Institutionalismus immer weiter zu spannen und den Ansatz von einer organisationssoziologischen in eine allgemein soziologische Theorieperspektive zu transformieren. Bei einem Überblick über die vorliegenden empirischen Studien bietet

---

5 Ein anderer Anknüpfungspunkt, der bislang allerdings unbeachtet geblieben ist, wäre die Spieltheorie, aus der u.a. bekannt ist: Speziell für Marktführer ist es in der Regel sinnvoll, ihren nächsten Verfolger zu imitieren, selbst wenn dieser einen eher zweifelhaften Weg einschlägt; Nicht-Marktführer hingegen tendieren entweder zur Strategie „Immer dem Führenden hinterher" oder aber zu besonders riskanten Manövern, z.B. zu grundlegenden Innovationen (vgl. Dixit und Nalebuff 1997, S. 13 ff.; allgemein zum Themenbereich „rational imitation" vgl. Hedström 1998).

sich an, diese drei Rubriken zuzuordnen (vgl. ähnlich die Gliederung bei Hasse und Krücken 2005, S. 33 ff.): (1) Studien zur Diffusion organisationaler Praktiken, (2) Studien zur Entstehung und Aufrechterhaltung von Markt- und Wettbewerbsstrukturen, (3) Studien zur „world polity".

Die Studien zur Diffusion organisationaler Praktiken sind das genuine und hauptsächliche Anwendungsfeld des organisationssoziologischen Institutionalismus. Im Rahmen dieser Studien wird im Detail und oft mit historischem Quellenmaterial nachvollzogen, wie sich Routinen und Praktiken organisationalen Handelns im Zeitablauf ausgebreitet haben, d.h. von immer mehr Organisationen in einem organisationalen Feld übernommen wurden.[6] Auffallend dabei ist, dass nach einer zögerlichen und konfliktträchtigen Anfangsphase der Diffusionsprozess meist ziemlich rasch verläuft und sich mit einem s-förmigen Muster beschreiben lässt. Die Grundintention der empirischen Untersuchungen besteht in der Regel darin zu zeigen, dass nicht so sehr Effizienzüberlegungen und -gesichtspunkte den Ausbreitungsprozess voran getrieben haben, sondern eher Bemühungen um Legitimität, gepaart mit den drei Mechanismen von DiMaggio/Powell (Zwang, Imitation, normativer Druck). Beispielhaft für diesen Typ von Untersuchungen sei verwiesen auf:

▶ eine historisch angelegte Arbeit von Neil Fligstein (1985), die das Geschehen im Zusammenhang mit der Ausbreitung der so genannten M-Form (der multidivisionalen Organisation) in den USA ins Blickfeld nimmt,

▶ eine quantitativ gestützte Arbeit von James Baron et al. (1986), in der – ebenfalls für die US-Wirtschaft und speziell für die Phase des Zweiten Weltkriegs – die Entstehung des modernen, auf bürokratische Regeln und Kontrollen vertrauenden Personalwesens beschrieben und in seinen mutmaßlichen Triebkräften (mit den drei Hauptakteuren: Gewerkschaften, Professionals, Staat) analysiert wird,

▶ eine theoretisch fokussierte Arbeit von Stephen Mezias (1990), in der mit einer Konfrontation von ökonomischen versus institutionalistischen Modellen nachvollzogen wird, wie und warum bestimmte, aus betriebswirtschaftlicher Sicht etwas befremdliche Bilanzierungspraktiken in den 200 größten US-Unternehmen im Zeitraum von 1962 bis 1984 eingeführt wurden.

In der Tat gelingt in diesen und ähnlichen Studien (vgl. ergänzend z.B. diverse Beiträge in dem Sammelband von Scott und Christensen 1995) der Nachweis, dass klare Belege für die wirtschaftliche Überlegenheit bestimmter organisationaler Praktiken meistens fehlen und im „Glaubensstreit" außerökonomische und jenseits der individuell-betrieblichen Rationalität liegende Faktoren eine wichtige Rolle spielen. Häufig sind wirtschaftliche und nicht-wirtschaftliche

---

6 Ein „organisationales Feld" ist gemäß DiMaggio/Powell (1983) eine Menge von Organisationen in einem räumlich abgrenzbaren Gebiet, die sich in ihren Strategien und Handlungsweisen wechselseitig aneinander orientieren und „a recognized area of institutional life" bilden.

Gesichtspunkte miteinander verschränkt, sodass es eine Frage der Perspektive ist, welche Triebkräfte jeweils als prioritär eingestuft werden.

Nicht nur organisationale Praktiken werden gemäß Neo-Institutionalismus diskursiv und kommunikativ etabliert und durchgesetzt, sondern auch (weiter gespannte) organisationale Felder, Wettbewerbs-Sets und Märkte. Eine Reihe von empirischen Studien beschäftigt sich mit Prozessen der ursprünglichen Definition und der längerfristigen Aufrechterhaltung von Markt- und Wettbewerbsstrukturen. Für die Hotelindustrie in Manhattan haben z.b. Theresa Lant und Joel Baum (1995) untersucht, ob und in welcher Weise die Hotelmanager die Gesamtheit der rund 170 Hotels in Untergruppen, in „competitive sets" einteilen. Die Manager tun dies im Wesentlichen auf der Grundlage der Größe, der Preisklasse und der Lage der Hotels mit einer Differenzierung von 14 Clustern. In den Clustern lassen sich Tendenzen in Richtung einer Homogenisierung der betrieblichen Strategien und der kognitiven Orientierungen nachweisen. Lant/Baum (1995, S. 36) sprechen von „cognitive communities that evolve within industries", und diese „communities" seien auf der Basis geteilter Wahrnehmungsmuster „socially constructed". Breiter und hauptsächlich theoretisch argumentierend ist eine Fligstein-Arbeit (1996), in der Märkte (und damit eines der Basismodule ökonomischen Denkens) als soziale Institutionen rekonstruiert werden. Wie alle Institutionen müssen Märkte irgendwann geschaffen werden (Formationsphase), die involvierten Akteure streben nach einer Stabilisierung der aufgebauten Beziehungen (Stabilisierungsphase), und stets gibt es Kräfte in Richtung einer Veränderung (Transformationsphase). Für alle drei Phasen formuliert Fligstein eine Reihe von Propositionen, die mit der Metapher „markets as politics" den Aushandlungscharakter und die sozio-kulturelle Eingebundenheit von Marktverhältnissen betonen.[7]

Weder Märkte noch organisationale Praktiken enden im Zeitalter der Globalisierung an den Nationalgrenzen. Dies führt auf die Idee, dass es auch im internationalen Rahmen Tendenzen in Richtung eines Institutionenangleichs gibt. Ihren ursprünglichen Blick auf organisationale Praktiken haben die Neo-Institutionalisten dabei auf zahlreiche andere normative Regelungen erweitert, vor allem auch auf Regelungen im politischen Bereich. Hauptsächlich im Umfeld von John Meyer wurde die so genannte „world polity"-Forschung entwickelt, die mit der Generalthese einer weltweiten Ausbreitung westlicher Kultur- und Strukturmuster operiert. Arbeiten in diesem Bereich erstrecken sich z.B. auf das Wachstum und die Rolle von Nicht-Regierungsorganisationen (NGOs), auf Gemeinsamkeiten der Umweltpolitik in zahlreichen Ländern, auf die Durchsetzung der (westlichen) Modellvorstellung eines demographischen Übergangs zwecks Bewältigung des Bevölkerungswachstums und auf die weltweite Diffusion von Konzepten einer angemessenen Förderung der Wissenschaft (vgl.

---

7 Erstaunlich ist, dass es Fligstein versäumt, auf Durkheim zu verweisen, der sich v.a. in seinem Buch über die Arbeitsteilung ausführlich mit den „vorvertraglichen Voraussetzungen" und den kulturell-normativen Rahmenbedingungen der Existenz und des Funktionierens von Märkten beschäftigt hat.

Hasse und Krücken 2005, S. 42 ff.). Da diese Arbeiten kaum mehr als genuine Organisationsforschung bezeichnet werden können, soll hier nicht weiter darauf eingegangen werden.

Kritische Anmerkungen zum Neo-Institutionalismus: Ähnlich wie die Organisationsökologie hat der Neo-Institutionalismus eine Fülle von empirischen Studien angeregt. Diese haben speziell unser Wissen um die Diffusion und Implementation neuer organisationaler Praktiken beträchtlich erweitert. Im Vergleich zur Organisationsökologie ist der neo-institutionalistische Ansatz allerdings ein in sich sehr viel weniger geschlossenes, stringentes und konsistentes Forschungsprogramm. Es gibt einen Mangel an empirisch eindeutig falsifizierbaren Modellen; die Propositionen haben oft den Charakter von Arbeits- und Orientierungshypothesen (dies dergestalt, dass man sich darauf beschränkt, bestimmte Sachverhalte oder Einflussfaktoren als wichtig einzustufen); und zum Teil widersprüchliche Theorievarianten stehen in der Literatur unverbunden nebeneinander (z.B. ob sich Organisationen primär ihrem gesamtgesellschaftlichen Umfeld oder aber primär anderen Organisationen in ihrem organisationalen Umfeld angleichen). Die spätere Ausdehnung hin auf die „world polity"-Forschung hat noch zusätzlich dazu beigetragen, die theoretische und thematische Inkohärenz zu verstärken. Mitunter räumen die Vertreter des Neo-Institutionalismus selbst ein, dass ihr Forschungsprogramm unfertig, disparat und partiell unstimmig ist (vgl. z.B. Scott 1995). Schärfer formuliert und mit einer etwas anderen Zuspitzung könnte man sagen, dass mit der Gleichsetzung von Institutionen und normativen Regelungen eine „Ausfransung" hin zum normativ-funktionalistischen Programm der allgemeinen Soziologie droht.

Für die herkömmliche Organisationsforschung sind insbesondere die Zweifel an der Effizienz vieler organisationaler Praktiken eine theoretische Herausforderung. Im Gegenzug wird argumentiert, dass sich Organisationen zwar stellenweise und kurzfristig gewisse Ineffizienzen leisten können, dies aber nicht in ihren Kernbereichen („organizational core") und nicht längerfristig. Effizienzmängel und -lücken machen eine Organisation angreifbar, sei es wirtschaftlich durch Konkurrenten oder politisch durch den Vorwurf der Ressourcenverschwendung, und stellen ein Bedrohungspotenzial dar, das rasch in eine Bestandsgefährdung münden kann. Damit verbunden ist der Einwand, das Kriterium der Legitimität stelle keine echte Alternative zur Effizienz dar. Speziell im Bereich der Wirtschaft ist das Streben von Betrieben nach Legitimität, Anerkennung und Reputation oft ein Mittel, um ökonomisch erfolgreich zu sein, ebenso wie ökonomischer Erfolg zumeist eine gute Basis dafür ist, gesellschaftliche Anerkennung zu finden. Auch für Organisationen außerhalb oder am Rande der (Markt-)Wirtschaft dürfte gelten, dass Legitimität und ein effizienter Einsatz der knappen Ressourcen, die einer Organisation zur Verfügung stehen, wechselseitig miteinander verbunden sind.

Literatur zur Vertiefung und zum Weiterlesen

(1) Scott, Richard W. (2003): Organizations: Rational, Natural, and Open Systems, 5. Auflage, International Edition, Upper Saddle River, NJ: Prentice-Hall, Chap. 4 (das Konzept von Organisationen als „open systems" wird vorgestellt und mit bevorzugt systemtheoretisch ausgerichteten Theorievarianten erläutert).

(2) Carroll, Glenn R. und Michael T. Hannan (2000): The Demography of Corporations and Industries, Princeton: Princeton University Press (ein voluminöses Werk, das den Stand der theoretischen und empirischen Forschung zur Organisationsökologie hervorragend zusammenfasst).

(3) Hasse, Raimund und Georg Krücken (2005): Neo-Institutionalismus, 2. Auflage, Bielefeld: transcript (ein 100-Seiten-Büchlein, das einen guten Einblick in den soziologischen Neo-Institutionalismus vermittelt).

9. Organisationen und Gesellschaft I: Effekte von Organisationen auf der individuellen und der kollektiven Ebene

Auch wenn Organisationen als offene Systeme gesehen werden, die in einem Austausch- und Beeinflussungsverhältnis zu ihrer Umwelt stehen, bleibt der Blick immer noch hauptsächlich auf Organisationen (als Gegenstand der Analyse) gerichtet. In den zwei letzten Kapiteln 9 und 10 soll jetzt die Blickrichtung gewechselt werden, indem die Umwelt und dabei speziell „die Gesellschaft" als Ausgangs- und Endpunkt der Betrachtung dient. Zuerst wird in Kapitel 9 die Sichtweise erläutert, die Ebene der Organisationen als Mesoebene zusätzlich zur Mikro- und Makroebene einer Gesellschaft zu konzipieren. Diese Sichtweise läuft für die soziologische Theorie und Empirie sehr häufig auf die Forderung „bringing organizations back in" hinaus. Die Angebrachtheit dieser Forderung kann und soll hier lediglich an einigen Beispielen illustriert werden. Ebenfalls noch im ersten Abschnitt von Kapitel 9 wird eine einfache Systematik vorgestellt, mit der man unterschiedliche gesellschaftliche Effekte von Organisationen einfangen kann. Diese Systematik mit einer Differenzierung positiver und negativer Effekte von Organisationen auf der Mikroebene der Individuen einerseits und auf der Makroebene der Gesellschaft andererseits liefert dann den Stoff für die weiteren Unterabschnitte von Kapitel 9.

9.1 Organisationen als Bindeglied zwischen Individuum und Gesellschaft

Im Rahmen allgemeinsoziologischer Betrachtungen wird vielfach vorgeschlagen, drei Untersuchungsebenen soziologischer Analysen zu unterscheiden: die Mikroebene von Individuen bzw. individuellen Akteuren, die Mesoebene von Organisationen bzw. korporativen Akteuren und die Makroebene der Gesamtgesellschaft.[1] Mit dieser Dreiteilung geht einher, dass Organisationen als Bindeglied, als Vermittlungsinstanz zwischen Individuum und Gesellschaft gesehen werden. Während die Gesellschaft für einzelne Personen stets abstrakt und

---

1 Eine etwas andere Dreiebenen-Differenzierung verwendet Niklas Luhmann im Rahmen seiner allgemeinen Systemtheorie. Als Ebenen sozialer Systembildung bzw. als Systemtypen unterscheidet er die Mikroebene der Interaktion, die mittlere/intermediäre Ebene der Organisation und die Makroebene der Gesellschaft (vgl. v.a. Luhmann 1975).

schwer fassbar bleibt, sind die Zumutungen und Leistungen von Organisationen sehr konkret und lebenspraktisch von unmittelbarer Bedeutung. Das Konzept der Gesellschaft ist ja letztlich eine gedankliche Konstruktion, die man nicht sieht und nicht direkt spüren und erleben kann. Demgegenüber sind die Anforderungen und Angebote von Organisationen reale Gegebenheiten, mit denen individuelle Akteure ständig konfrontiert sind. So z.B. erhalten wir in regelmäßigen Abständen Briefe und Bescheide von unserem Finanzamt, unsere Bank informiert uns über Zahlungsein- und -ausgänge, wir suchen nach einer guten Schule für unsere Kinder, und wir ärgern uns eventuell darüber, dass das Bestattungsinstitut für seine Arbeit zu viel Geld verlangt. Das, was heutzutage für Menschen Gesellschaft ausmacht und wie sie Gesellschaft erleben, sind in hohem Maße Erfahrungen im Umgang und in der Auseinandersetzung mit Organisationen. Deshalb ist es für die soziologische Analyse wichtig, diese Erfahrungen und die damit verbundenen realen Prozesse zu studieren.

Weil freilich Organisationen oft nicht leicht zugänglich, sehr unterschiedlich intern strukturiert und in ihrem Akteurstatus umstritten sind, blendet die soziologische Forschung diese Mesoebene der Organisationen noch immer gerne aus. Dies gilt vor allem auch für die Sozialstrukturanalyse und die Forschung zur sozialen Ungleichheit. Speziell dafür haben schon vor längerer Zeit James Baron und William Bielby (1980) den eindringlichen Aufruf gestartet: „bringing the firm back in". Wie es Menschen in ihrem Leben ergeht und was in puncto Beruf und sozialem Status aus ihnen wird, hängt nicht nur von ihrer individuellen Leistungsbereitschaft, ihrer Humankapitalausstattung und sonstigen persönlichen Merkmalen ab, sondern auch und in hohem Maße von „strukturellen Faktoren". Zu diesen strukturellen Faktoren gehören gesamtgesellschaftliche Rahmenbedingungen auf der Makroebene, aber eben auch organisationale Praktiken und Gegebenheiten auf der Mesoebene. Organisationen und Betriebe geben in der Regel den unmittelbaren Kontext ab, in dem sich berufliche Biographien und Veränderungen des sozialen Status vollziehen, und allein schon aus diesem Grund erscheint es sinnvoll, die Kanalisierung und Steuerung beruflicher Mobilitätsprozesse auf dieser intermediären Ebene genauer ins Blickfeld zu nehmen. Baron und Bielby haben die Empfehlung gegeben, den Blick dorthin zu richten, „where the action is", also vor Ort, wo die Entscheidungen über Einstellungen, Beförderungen, Entlassungen und Privilegierung oder Diskriminierung getroffen werden. Während sich die Effekte makrostruktureller Faktoren nur schwer in einen konsistenten theoretischen Rahmen bringen lassen, erscheint dies auf der Mesoebene organisationaler Bestimmungsfaktoren beruflicher Mobilitäts- und Platzierungsprozesse leichter möglich, weil sich das Ganze in der Form von Entscheidungshandeln und/oder von festgeschriebenen Regelungen in Organisationen theoretisch angehen lässt. Theoretische Modelle und empirische Studien, die bei der Untersuchung von Berufsverläufen und von sozialer Ungleichheit dem Baron/Bielby-Appell gefolgt sind (für Übersichten und konkrete Befunde vgl. z.B. Preisendörfer 1987; Brüderl 1991; Brüderl et al. 1993; Achatz et al. 2002), belegen und unterstreichen die Fruchtbarkeit dieser Herangehensweise. Und problemlos kann man den Aufruf „bringing the firm back in" auf „bringing the organization back in" erweitern, denn soziale Ungleichheiten werden nicht nur in Betrieben „produziert", sondern zuvor schon in Kindergärten, Schulen und Universitäten.

Eines der Ergebnisse der PISA-Studie im Jahr 2000 war, dass das Bildungssystem in Deutschland sozial stärker selektiv ist als in allen anderen untersuchten Ländern (vgl. Deutsches PISA-Konsortium 2001). Dies bedeutet, dass in Deutschland mehr als in den anderen Ländern der soziale Hintergrund der Eltern, d.h. deren sozioökonomischer Status und deren Bildung, den Erfolg der Kinder im Schulsystem vorbestimmt. Zusammen mit dem Hauptbefund, dass Deutschland im Leistungsniveau seiner Schüler/innen im unteren Drittel der 32 untersuchten Länder liegt, sind dies zweifellos ernüchternde Resultate. Wenn auf der Basis dieser Befunde eine Krise des deutschen Bildungssystems diagnostiziert wird und entschiedene Reformanstrengungen gefordert werden, dann heißt dies hauptsächlich, dass den Schulen Organisationsdefizite vorgehalten und Reorganisationsmaßnahmen für notwendig erachtet werden. Man geht zu Recht nicht davon aus, die deutschen Schüler/innen seien dümmer und/oder fauler als die in Finnland oder Japan. Vielmehr wird aus den PISA-Ergebnissen u.a. geschlussfolgert, in Deutschland sei die Lehrerausbildung unzureichend, die Lehrer hätten zu wenig Anreize für ein besonderes berufliches Engagement, das System der Halbtagsschule sei fragwürdig, die Zuweisung der Schüler zur Hauptschule, Realschule, Gymnasium sei zeitlich zu früh und zu wenig flexibel, und z.B. für eine ergänzende Förderung der ausländischen Kinder werde zu wenig getan. All dies verweist auf defizitäre organisatorische Strukturen und Regelungen. Um Verbesserungen zu erreichen, braucht man zum Teil gewiss neue pädagogische Konzepte, aber auch und sehr viel mehr organisationstheoretisches und organisationspraktisches Wissen. Organisatorische Neuregelungen im Schulsystem (konkret: im sozialen System einer Schule) lassen sich nicht von heute auf morgen und nicht „mit der Brechstange" durchsetzen. Notwendig ist ein behutsames und kontrolliertes Vorgehen, das auf (weitgehende) Zustimmung der Lehrer/innen als den hauptsächlichen Akteuren setzt. Sehr leicht kann man durch ein allzu forsches Vorgehen die Motivation der Lehrer/innen zerstören, was dann die Reformbemühungen erheblich erschweren und in ihrem Erfolg gefährden würde.

Strukturell ähnlich ist die Problemkonstellation in anderen „Krisenfeldern" unserer Gesellschaft. Wenn z.B. die bürokratische Betreuung und Vermittlung von Arbeitslosen nicht klappt und ins Leere läuft, dann wird von politischer Seite versucht, den zuständigen Behördenapparat zu restrukturieren, wobei die Reorganisation von schlichten Umbenennungen bis hin zur Privatisierung bestimmter Aufgaben („outsourcing") reichen mag. Dies lässt sich nicht in wenigen Monaten in einer „one man-show" mit einem neuen Vorstandsvorsitzenden bewerkstelligen, sondern ist ein längerer Prozess, der Experimente, Modellprojekte, Evaluationsstudien und insgesamt eine Periode aktiven Lernens verlangt. Und genauso verhält es sich z.B. im Gesundheitswesen, in dem gänzlich unterschiedliche Organisationsmodelle miteinander konkurrieren und in dem über die Effekte einzelner organisatorischer Maßnahmen heftig gestritten wird. Der langen Rede kurzer Sinn: Ob im Bildungssektor, in der Arbeitsmarktpolitik oder im Gesundheitswesen, politische Reformen zielen im Endergebnis sehr häufig auf eine Veränderung von Organisationsstrukturen. Deshalb könnte ein besseres Verständnis dessen, was effiziente Organisationen ausmacht und was typische Fallstricke beim Umbau von Organisationen sind, bei diesen Reformbemühungen mit Sicherheit nicht schaden.

Um die Diskussion über die Vorteile, Nachteile und Probleme von Organisationen etwas zu ordnen und um die verstreuten „Thematisierungen der Organisationsgesellschaft" in eine Systematik zu bringen, hat Uwe Schimank (2001) ein einfaches Vierfelderschema vorgeschlagen. Dieses wurde in Abbildung 9.1 in eine Graphik umgesetzt und soll für die weiteren Ausführungen dieses Kapitels als Gliederung und inhaltliche Orientierung dienen.

Abbildung 9.1: Förderliche und abträgliche Wirkungen von Organisationen auf der Mikro- und Makroebene

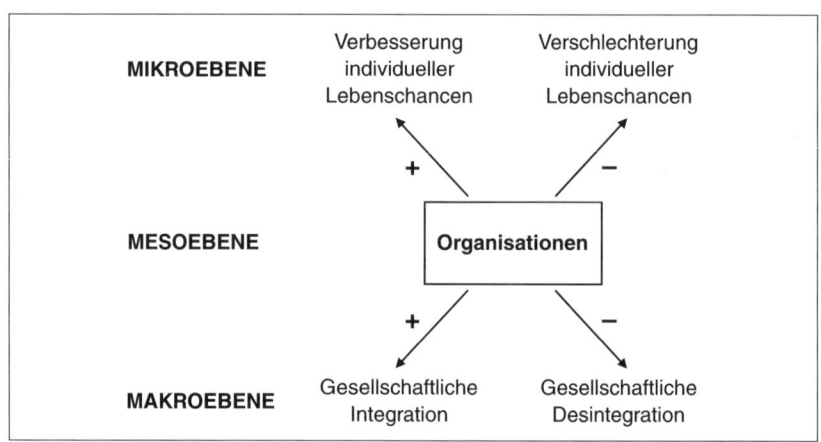

Quelle: In Anlehnung an Schimank (2001).

Ausgehend von der Mesoebene der Organisationen wird im Schimank-Schema zuerst nach Effekten von Organisationen auf der Mikroebene der Individuen gefragt. Diese Effekte können positiv oder negativ sein, d.h. Organisationen können zu einer Verbesserung oder aber zu einer Verschlechterung der Lebenschancen von Individuen beitragen. Im zweiten Schritt geht es um Effekte von Organisationen auf der Makroebene der Gesellschaft als Ganzes. Schimank unterscheidet dabei positive Effekte im Sinne eines Beitrags von Organisationen zur gesellschaftlichen Integration und negative Effekte im Sinne eines Beitrags zur gesellschaftlichen Desintegration.

9.2 Verbesserung individueller Lebenschancen durch Organisationen

Folgt man dem Modell der Ressourcenzusammenlegung (Kapitel 2), ergibt sich die theoretische Erwartung, dass Organisationen im Endergebnis dazu beitragen, die Lebenslage und die Lebenschancen von Individuen zu verbessern. Denn individuelle Akteure treten nur dann Ressourcen (wie Zeit, Geld oder Fertigkeiten) an einen korporativen Akteur ab, wenn sie sich davon – im Vergleich zu einer privaten bzw. separaten Ressourcenverwendung – einen Vorteil versprechen. Für den Fall, dass die erwarteten Vorteile ausbleiben, wird eine Tendenz entstehen, die Ressourcen dem korporativen Akteur zu entziehen und sie in andere individuelle oder korporative Verwendungen zu lenken. Von dem positiven Gesamtergebnis mag es Abweichungen geben, aber in der Summe ist die Unterstellung positiver Nettoeffekte geradezu zwingend.

Dies deckt sich mit Alltagserfahrungen in vielen Lebensbereichen dergestalt, dass eine kollektive Interessenvertretung wirkungsvoller ist als eine individuelle. Organisationen können durch Ressourcenbündelung mehr bewirken als Einzelpersonen. Deshalb schließen sich Arbeitnehmer zu Gewerkschaften zusammen, Umweltaktivisten arbeiten bei Greenpeace und bei der Partei der Grünen mit, Studenten organisieren sich in einer Fachschaft, und die Anhänger von Religionen versammeln sich in kirchlichen Organisationen. Durch Organisationen werden Anliegen und Aktivitäten mehr oder weniger auf Dauer gestellt, zwecks Interessenverfolgung können Organisationen eine so genannte Block-Mobilisierung (für Streiks, Boykotts, Demonstrationen etc.) initiieren, und auch Bedürfnisse nach sozialer Zugehörigkeit werden durch die Mitgliedschaft in Organisationen befriedigt. Allerdings sind Mitgliedschaft und Zugehörigkeit zu Organisationen immer auch mit einem Ausschluss bestimmter Personen verbunden, und die Durchsetzung organisierter Interessen geschieht oft auf Kosten nichtorganisierter Interessen. Dies verweist bereits auf die Schattenseiten von Organisationen.

Vom Punkt der Interessenbefriedigung durch Organisationen unterscheidet Schimank (2001, S. 283 ff.) die „Anspruchsbefriedigung durch die von Arbeitsorganisationen erbrachte teilsystemische Leistungsproduktion". Der Berg von Gütern und Dienstleistungen, wie wir ihn in modernen Wohlstandsgesellschaften haben, wird ganz überwiegend in Organisationen erarbeitet. So gesehen hängen wir in unserem Wohlergehen am Tropf von Organisationen, d.h. wir sind in unseren Konsummöglichkeiten abhängig vom reibungslosen Funktionieren der industriellen „treadmill of production" (Schnaiberg und Gould 1994). Der Tretmühle der Produktion steht gemäß Schnaiberg/Gould die Tretmühle des Konsums zur Seite. Das Bild von der „treadmill of consumption" signalisiert, dass wir in bestimmte Konsumstandards eingebunden sind und uns bestimmten Konsumerwartungen nicht ohne weiteres entziehen können. Allerdings ist es nach Einschätzung von Schnaiberg/Gould so, dass die Menschen in den westlichen Industrieländern inzwischen recht aktiv bei der Konsum-Tretmühle mitmachen. Sie haben sich an den Massenkonsum gewöhnt, sind vom

Besitz- und Eigentumsdenken durchdrungen, beziehen ihre Identität aus den
sie umgebenden Waren und haben den Konsumterror in persönliche Konsum-
sucht transformiert. Diese (wenig menschenfreundliche und kulturpessimistische) Diagnose ist gewiss überzeichnet, aber nicht ganz von der Hand zu weisen.

Insgesamt gilt „die flächendeckende Durchsetzung nahezu aller Lebensberei-
che mit formalen Organisationen" als eines der „augenfälligsten Merkmale, das
die moderne Gesellschaft von allen vormodernen Gesellschaftsformen unterscheidet" (Schimank 2001, S. 278). Gleichzeitig haben, wie wir alle wissen, die
als modern bezeichneten Gesellschaften ein historisch einzigartiges Wohlstands-
und Wohlfahrtsniveau erreicht. Dies unterstützt auch ohne direkte empirische
Belege die Sichtweise, dass Organisationen letztlich dazu beitragen, die Lebens-
qualität der Individuen zu verbessern.[2]

9.3 Verschlechterung individueller Lebenschancen durch Organisationen

Wie so oft in sozialwissenschaftlichen Analysen haben die negativen Aspekte,
d.h. mögliche Verschlechterungen individueller Lebenslagen durch Organisationen, sehr viel mehr Aufmerksamkeit und Beachtung gefunden als die positiven Aspekte. Im Rahmen solcher Negativbilanzen kann man den Blick zum
einen auf Individuen im Binnenverhältnis von Organisationen richten, also auf
Individuen in Organisationen, zum anderen auf Individuen im Außenverhältnis zu Organisationen, also auf Individuen, die als Außenstehende mit Organisationen interagieren (zusätzlich zu Schimank 2001, S. 287 ff.; vgl. auch Scott
2003, Chap. 12).

Probleme von Individuen im Binnenverhältnis von Organisationen: Ausgehend
von der klassischen Marxistischen Theorie sind das Konzept der Ausbeutung
und das der Entfremdung zwei Schlüsselkategorien im negativ betrachteten internen Austauschverhältnis von Individuen und (kapitalistischen) Arbeitsorganisationen. Die Ausgangskonstellation für Ausbeutung, wie sie Marx beschrieben hat, wird von aktuellen Organisationstheorien und hier speziell vom Transaktionskostenansatz und von der Agency-Theorie nicht bestritten, sondern geradezu wie eine Selbstverständlichkeit behandelt: Mit der Beschäftigung eines
Arbeiters kauft der Unternehmer zu einem fixen Preis eine bestimmte Menge
an Arbeitszeit, und sein zentrales Streben geht dahin, aus dieser Zeit möglichst

---

2   Ein empirischer Beleg bzw. ein empirisches Indiz könnte z.B. eine positive Korrelation zwi-
    schen Organisationsdichte und dem Sozialprodukt im Ländervergleich sein. Oder aber bezogen
    auf ein Land eine positive Korrelation zwischen Organisationsdichte und dem Sozialprodukt
    im Zeitablauf. Messtechnisch wäre dabei eine valide Erfassung der Organisationsdichte nicht
    ganz einfach.

viel in der Form von produzierten Gütern bzw. erbrachten Dienstleistungen „herauszuholen".[3] Nur werden die Arbeiter in den neueren Theorievarianten (z.b. als Agenten mit einem Informationsvorsprung in der Agency-Theorie) nicht mehr als ganz so schwach und machtlos angesehen wie in der Marxschen Theorie. Immerhin gehen sie jeden Tag aufs Neue zu ihrer Arbeit, und aus der Tatsache, dass sie dies tun, kann man schlussfolgern, dass ihnen dies im Vergleich zu ihren sonstigen Handlungsalternativen einen Vorteil, einen positiven Nettonutzen bringt. Wenn man Marx in die neuere Theoriesprache übersetzt, besteht die Crux offenbar darin, dass die Unternehmer von der Austauschbeziehung in der Regel sehr viel mehr profitieren als die Arbeiter. Während es noch eine empirische Frage ist, wie viel Unternehmer (oder auch leitende Manager) tatsächlich mehr verdienen/profitieren als Arbeiter und Angestellte, wird es zu einer normativen Frage bzw. zu einem Problem von Gerechtigkeitsvorstellungen, wenn man die Diskussion mit Termini wie „zu viel", „allzu viel", „ungebührlich viel" etc. führt.[4]

In seinen Frühschriften war für Marx das Phänomen der Entfremdung der Arbeiter von ihrer Tätigkeit ein wichtiges Thema. Dadurch, dass ihnen die Produktionsmittel nicht gehören, und durch die fortschreitende Arbeitszerlegung würden die Arbeiter den Sinnbezug zu ihrer Tätigkeit verlieren und sie als etwas Äußerliches erleben, mit dem sie sich nicht identifizieren können. Auch z.b. Adam Smith hat durchaus gesehen, dass die enormen Produktivitätsfortschritte durch die Arbeitsteilung zum Teil mit Monotonie, stumpfsinnigen Wiederholungen und einer Sinnentleerung industrieller Tätigkeiten erkauft werden. Angeregt durch diese klassischen Arbeiten hat man sich in der empirischen Sozialforschung lange und intensiv darum bemüht, das Konzept der Entfremdung in seinen verschiedenen Facetten zu klären und diese einer konkreten Messung zugänglich zu machen. In einem Rückblick auf diese Forschung differenziert z.b. Melvin Seeman (1975) sechs Dimensionen von Entfremdung: powerlessness (= sense of little control over events), meaninglessness, normlessness, self-estrangement (= engagement in activities that are not intrinsically rewarding), cultural estrangement, social isolation. Marx hatte mit seinem Entfremdungskonzept vor allem die Facetten der Machtlosigkeit und der Selbstentfremdung im Auge. Wenngleich der Begriff der Entfremdung heutzutage etwas antiquiert und befremdlich klingt, sind Probleme sinnentleerter Tätigkeiten in Arbeitsorganisationen mit hohem Spezialisierungsgrad keineswegs obsolet.

---

3 Ausführlicher zu diesem „Arbeitsextraktionsproblem" und zu den Parallelen zwischen Neo-Marxismus und der Agency-Theorie vgl. den Beitrag von Johannes Berger (1999) mit dem schönen Titel: „Warum arbeiten die Arbeiter?".

4 Neben der Gefahr der Ausbeutung der Arbeiter im Binnenverhältnis besteht in modernen Wohlfahrtsökonomien auch eine ernsthafte Gefahr der Ausbeutung der Allgemeinheit durch profitorientierte Unternehmen. Dies u.a. in der Form einer so genannten „Externalisierung sozialer Kosten": Arbeitskräfte werden in vielen Bereichen mit Arbeitsbedingungen konfrontiert, die sie längerfristig nicht durchhalten können, und wenn sie physisch und gesundheitlich nicht mehr mithalten können, werden sie in die Erwerbsunfähigkeit oder in den Vorruhestand entlassen.

Diese Probleme erstrecken sich nicht allein auf subjektive Gefühle wie Macht- oder Sinnlosigkeit, sondern betreffen auch weiter reichende Effekte der Arbeitsbedingungen auf die Person und die Persönlichkeit der Beschäftigten. Organisationen und Betriebe, in denen Menschen arbeiten, lassen sich als Sozialisationsinstanzen sehen, und man kann danach fragen, in welcher Weise und in welchem Ausmaß Beschäftigte durch ihre berufliche Arbeit geprägt und beeinflusst werden. Klassisch im Rahmen dieser Forschung zur betrieblichen bzw. organisationalen Sozialisation ist der Essay von Robert Merton (1940) „Bureaucratic Structure and Personality", in dem für diejenigen, die in bürokratischen Organisationen arbeiten, eine Tendenz zur Überkonformität behauptet wird. Diese Überkonformität zeigt sich gemäß Merton in einer übertriebenen und ritualistischen Regeltreue, die so weit geht, dass dabei der Sinn und Zweck der Regeln aus dem Auge verloren wird und in einem Prozess der Zielverschiebung die Regeln zum Selbstzweck werden. Empirisch besser fundiert als Merton sind die inzwischen ebenfalls fast schon klassischen Arbeiten von Melvin Kohn und Carmi Schooler (1983). Gestützt auf eine breite Datenbasis und unter Rückgriff auf psychologische Testbatterien haben die beiden Autoren untersucht, wie die jeweiligen Arbeitserfahrungen das „psychological functioning" der Betroffenen beeinflussen. Eines ihrer Ergebnisse war, dass die Komplexität der beruflichen Arbeit einen wesentlichen Einfluss auf die intellektuelle Flexibilität einer Person ausübt. Umstritten in derartigen Studien ist freilich das Ursache-Wirkungs-Verhältnis bzw. die Kausalrichtung. Es ist ja nicht auszuschließen, dass sich Personen mit hoher intellektueller Flexibilität eher herausfordernde und komplexe Jobs suchen und in diesen Jobs verbleiben als Personen mit geringer intellektueller Flexibilität. Und beispielsweise bei Polizisten ist es gewiss einerseits so, dass sie in ihrer Weltsicht und ihrem Charakter von ihren beruflichen Erfahrungen geprägt werden; andererseits aber ist der Zustrom zum Polizeiberuf mit Sicherheit hochgradig selektiv. Hinzu kommt in vielen Berufen die so genannte antizipatorische Sozialisation. Wer z.B. BWL studiert und eine Managerposition anstrebt, macht sich im vorauseilenden Gehorsam schon während seines Studiums die Denk- und Vorstellungswelt des Managerberufes zu eigen.

Probleme von Individuen im Außenverhältnis zu Organisationen: Im Außenverhältnis, also dann, wenn Personen als Kunden, Klienten, Bürger usw. mit Organisationen zu tun haben, ist vor allem die unpersönliche und pauschalisierende Behandlung individueller Anliegen ein regelmäßiger Anstoßpunkt für Kritik. Eine pauschale Kategorisierung individueller Situationskonstellationen ist allerdings im Normalfall nicht Ausfluss bürokratischen Starrsinns, sondern die eigentliche Grundlage für effizientes organisationales Handeln. Organisationen sparen Zeit und Geld, indem sie eine Vielzahl von individuellen Bedürfnissen, Wünschen oder Problemlagen bündeln und typisieren und dann nach demselben Schema abarbeiten. In den meisten Fällen funktioniert dieser Bearbeitungsmodus relativ problemlos. Schwierigkeiten entstehen erst dann, wenn einzelne

Personen besondere Anliegen haben und als „Sonderfälle" behandelt werden wollen. Dies sprengt die eingespielten Organisationsroutinen, verursacht zusätzlichen Aufwand und schafft eventuell ungeliebte Präzedenzfälle, auf die sich später dann andere berufen können. Deshalb ist es aus der Sicht einer Organisation nahe liegend, auch bei angeblichen Sonderfällen möglichst lange zu versuchen, diese im Rahmen der gängigen Routinen (mehr oder weniger angemessen) als Standardfälle zu prozedieren. Für Organisationen besteht ein dauerhafter Konflikt zwischen reibungslosen, kostensenkenden Pauschalbehandlungen auf der einen Seite und zeitraubenden, kostentreibenden Einzelfallbearbeitungen auf der anderen Seite.[5] Aus der Sicht der betroffenen Individuen stellt sich diese Situation allerdings so dar, dass Organisationen als starr, inflexibel und wenig kundennah erlebt werden.

Wenn die Einschätzung, dass Organisationen starr und unflexibel sind, noch mit dem Gefühl von Machtlosigkeit gegenüber Organisationen verknüpft ist, entsteht eine besonders prekäre Situationsdefinition. In der Tat ist die Diagnose, dass in vielen Bereichen moderner Gesellschaften ein Machtgefälle zwischen Individuen und Organisationen besteht, ziemlich unstrittig. Welche negativen Konsequenzen dies im Einzelnen hat und was man eventuell dagegen tun könnte, wird ausführlicher in Kapitel 10 behandelt und soll deshalb an dieser Stelle nicht vertieft werden.

Als Paradebeispiel für eine soziologische Studie, die das Spannungsverhältnis von Individuum und Organisation in den Mittelpunkt kritischer Betrachtung rückt, kann das Buch „Die McDonaldisierung der Gesellschaft" von George Ritzer (1993) gesehen werden. Der in 50 Jahren von einer Imbissbude zum Weltkonzern herangereifte McDonald's-Konzern[6] war und ist gemäß Ritzer Vorreiter für zahlreiche Entwicklungen, die neue Standards im Austauschverhältnis von Individuen und Organisationen gesetzt haben. Wie und auf welche Weise wird in Kasten 9.1 etwas näher erläutert.

Unabhängig davon, ob man der kulturkritischen Zeitdiagnose von Ritzer zustimmt oder nicht, sind Imbiss-Imperien wie McDonald's, Yum oder Burger King im Endergebnis kaum ein Segen für die Menschheit. Denn so wie Zigaretten längerfristig die Gesundheit von Rauchern beeinträchtigen, macht eine Ernährung im Fast-food-Modus die Menschen erwiesenermaßen dick und krank.

---

5 Die Argumentation zu diesem Konflikt kann sich theoretisch zum Teil auf die „Trägheitstheorie" stützen, wie sie im Rahmen des organisationsökologischen Ansatzes vertreten wird (vgl. Abschnitt 8.2).

6 Anlässlich des 50. Geburtstages von McDonald's finden sich im SPIEGEL (Nr. 15, 11. April 2005, S. 79) folgende Angaben zu dessen Geschäftsjahr 2003: Weltweit machte McDonald's 45,9 Milliarden Dollar Umsatz, hatte rund 1,5 Millionen „Beschäftigte" (so man auch die vielen Billigjobs als Beschäftigungsverhältnis zählen will) und betrieb 31.100 Filialen in 119 Ländern.

Kasten 9.1: Die McDonaldisierung der Gesellschaft

Den atemberaubenden wirtschaftlichen Erfolg von McDonald's führt Ritzer darauf zurück, dass das Unternehmen vier grundlegende Organisationsprinzipien konsequent realisiert: (1) McDonald's bietet Effizienz; dies nicht allein bei der strikt arbeitsteiligen Herstellung der Speisen in den Restaurants, sondern in der gesamten Produktions- und Dienstleistungskette, angefangen von der Beschaffung der Vorprodukte bis hin zur möglichst zügigen Abfertigung der Gäste. (2) McDonald's bietet Essen und Service, die sich leicht quantifizieren und berechnen lassen; die Berechenbarkeit erstreckt sich sowohl auf die jeweiligen Kosten und Erträge des Konzerns und seiner Filialen, als auch auf Größen wie die Wartezeiten der Kunden bis zur Bedienung, genau abgewogene Essensmengen oder die Verweildauer der Gäste im Restaurant. (3) McDonald's bietet Vorhersagbarkeit; denn wo immer in der Welt man einen Big Mac zu sich nimmt, kann man sich darauf verlassen, dass er in Größe, Konsistenz und Geschmack ähnlich ist. (4) Es wird eine umfassende Kontrolle über die Menschen ausgeübt, die sich in die McDonald's-Welt begeben; die Kontrolle der Beschäftigten erfolgt bevorzugt über so genannte „technical fixes", die subtilere Kontrolle der Kunden z.B. durch die Art der Einrichtung der Restaurants oder z.B. durch genaue Anweisungen, wie mit Gästen, die sich zu lange im Restaurant aufhalten, umzugehen ist.

Diese vier Elemente, die sich zum Teil überschneiden, sind nicht grundlegend neu und keineswegs revolutionär, denn sie finden sich so oder in ähnlicher Form theoretisch schon im Bürokratiekonzept von Weber, in der wissenschaftlichen Betriebsführung von Taylor oder bei der Fließbandproduktion von Ford. Allerdings hat das McDonald's-System den Gesamtprozess perfektioniert, und dies auch noch erfolgreich als eine Art schöne neue Welt im Dienste der Kunden propagiert.

Zuerst im Restaurantbereich und dann in immer mehr anderen, ja gänzlich anderen Bereichen wurden und werden die McDonald's-Prinzipien nachgeahmt und kopiert. Diesen Diffusionsprozess, „durch den die Prinzipien der Fast-food-Restaurants immer mehr Gesellschaftsbereiche in Amerika und auf der ganzen Welt beherrschen", bezeichnet Ritzer (1997, S. 15) als McDonaldisierung. Tendenzen in Richtung McDonaldisierung sieht Ritzer u.a. etwa auch im Hotelgewerbe (mit international agierenden Hotelketten), im Gesundheitswesen (mit der berühmt-berüchtigten ärztlichen Fünf-Minuten-Behandlung), im Bildungswesen (mit modularisierten Wissens-Häppchen für Schüler und Studierende), im Freizeitsektor (mit effizient durchkalkulierten Events und Abenteuern in der Walt-Disney-World) oder im Bestattungsgewerbe (mit so genannten Sarg-Discountern).

Freilich hat sich nach Einschätzung von Ritzer die (angebliche bzw. scheinbare) Rationalität organisationaler Abarbeitung menschlicher Anliegen vielfach längst in Irrationalität und Menschenverachtung verkehrt. Schon bei McDonald's gilt, dass dort zu essen nicht besonders billig, nicht unbedingt schnell und nicht gerade gesund ist. Andere Mc-Varianten gehen ebenso an den Bedürfnissen und wohlverstandenen Interessen der Menschen vorbei.

Quelle: Ritzer (1993, deutsch 1997).

9.4 Gesellschaftliche Integration durch Organisationen

Gehen wir von der Mikro- auf die Makroebene über, stellt sich die Frage nach den gesamtgesellschaftlichen Effekten von Organisationen. Gesamtgesellschaftlich ist in erster Linie von Interesse, ob und inwieweit Organisationen eher zu gesellschaftlicher Integration oder eher zu gesellschaftlicher Desintegration beitragen, also zu einem vermehrten sozialen Zusammenhalt oder zu einem vermehrten Auseinanderdriften der Gesellschaft. Das Konzept der Integration wird in der soziologischen Literatur in der Regel in die zwei Teilkomponenten der Sozialintegration und der Systemintegration zerlegt (vgl. Esser 2000, Kap. 6). Während Sozialintegration ein Merkmal von Individuen ist (eine Person ist mehr oder weniger gut in die Gesellschaft, Nachbarschaft u.ä. integriert), bezeichnet Systemintegration ein Kollektivmerkmal (man spricht von mehr oder weniger gut integrierten Gesellschaften, Nachbarschaften u.ä.).

Was die Sozialintegration und damit die soziale Einbindung der Individuen anbelangt, erscheint ohne weiteres klar, dass sich gesellschaftliche Teilhabe und Zugehörigkeit in modernen Gesellschaften zu einem beträchtlichen Teil über Organisationsmitgliedschaften vollzieht. Noch immer zentral ist dabei die berufliche Eingliederung, die zumeist eine Mitgliedschaft in Arbeitsorganisationen impliziert. Aber auch das Leben außerhalb der beruflichen Arbeit ist, soweit es sich nicht auf die Familie und die Verwandtschaft beschränkt, in hohem Maße durch Mitgliedschaften in Vereinen, Vereinigungen und Organisationen bestimmt. Und wenn nichts mehr hilft, hilft immer noch eine Mitgliedschaft bei der GEZ, die für unbegrenzt viele Stunden einen legitimen Zugriff auf diverse Fernsehkanäle eröffnet. Ob allerdings im Vergleich verschiedener Gesellschaften oder in der historischen Entwicklung einer Gesellschaft das Ausmaß der Organisationsdichte einerseits und die Stärke der Sozialintegration der Menschen andererseits positiv miteinander korrelieren, ist eine empirische Frage. Ein gängiges Vorurteil vermutet hier umgekehrt eine negative Korrelation, d.h. dass in den modernen Gesellschaften Phänomene wie Vereinzelung, Bindungsarmut und Einsamkeit zunehmen (für einen kurzen Einblick in diese Diskussion vgl. Döring 1997). Empirisch ist diese „Beziehungs-Zerfalls-These" nach wie vor umstritten. Unbestritten hingegen ist, dass sich – auch bedingt durch vielfältige Organisationsmitgliedschaften – in modernen Gesellschaften das Spektrum der Beziehungen, die Menschen unterhalten, erweitert hat. Dies in der Form, dass neben Primärkontakte und starke soziale Bindungen immer mehr Sekundärkontakte und schwache soziale Bindungen getreten sind. Mitgliedschaften im Berufsverband, bei der Gewerkschaft, in der freiwilligen Feuerwehr oder im Fitness-Studio sind Beispiele für solche, über Organisationen vermittelte Sekundärkontakte.

Mit Blick auf die Systemintegration lässt sich argumentieren, dass individuelle Anliegen und Interessen durch Organisationen gebündelt und in vielen Fällen auch diszipliniert und domestiziert werden. Organisationen haben die Eigenschaft, dass sie sich nur zäh und mühsam im Rahmen vorgegebener Routinen bewegen. Dies schwächt allzu heftiges Drängen einzelner Personen ab, erzwingt Kompromisse und führt so zu einer Kollektivorientierung individuellen Verhaltens, was letztlich den Systemzusammenhalt fördert. Beispielhaft dafür kann auf „die Mühen der Parteiarbeit" verwiesen werden. Wer in einer politischen Partei etwas durchsetzen will, muss seine Ideen zur Diskussion stellen, muss mit Einwänden und Bedenken rechnen und muss gegebenenfalls auch bereit sein, in bestimmten Punkten zurück zu stecken. Von Entscheidungen und Positionen, die im Kontext von Gruppen oder Organisationen gemeinschaftlich erarbeitet wurden, nimmt man wohl zu Recht an, dass sie im Durchschnitt vernünftiger und der Sachlage angemessener sind als einsame Individualentscheidungen. Und selbst dann, wenn dem nicht so ist, wird durch die kollektive Einbettung immerhin noch Legitimität erzeugt.

Während Individuen in dem, was sie wollen und tun, oft sprunghaft und launisch sind, werden durch Organisationen Interessenvertretungen und Problemlösungen auf Dauer gestellt. Diese Institutionalisierung schafft legitime, erkennbare und auch juristisch greifbare Ansprechpartner und Zuständigkeiten für bestimmte Anliegen und Probleme. Weiterhin kann man davon ausgehen, dass dann, wenn sich eine Organisation einmal für einen bestimmten Handlungskurs entschieden hat, dieser Kurs verbindlich ist bzw. als verbindlich akzeptiert wird. All dies erzeugt Stabilität und Vorhersagbarkeit, und damit die Basisingredienzen von sozialer Ordnung.

Weitgehend unabhängig vom inhaltlichen Bereich gibt es so etwas wie eine „Logik der Organisation", die in einer politischen Partei, einem Großunternehmen, einer Gewerkschaft oder in einem Profi-Fußballklub ähnlich ist. Diese Ähnlichkeit bringt es mit sich, dass deren Führungseliten zum Teil dieselbe Sprache sprechen, mit einem vergleichbaren Habitus auftreten und mithin austauschbar sind, d.h. von einem in den anderen Bereich wechseln können. In dem Maße, in dem dies der Fall ist, dürfte eine Integration der verschiedenen gesellschaftlichen Subsysteme (Politik, Wirtschaft usw.) problem- und reibungsloser gelingen.

9.5 Gesellschaftliche Desintegration durch Organisationen

Wie schon auf der Mikroebene der individuellen Lebenschancen haben auch auf der Makroebene der Gesamtgesellschaft negative bzw. problematische Effekte von Organisationen relativ mehr Aufmerksamkeit auf sich gezogen. Organisationen können desintegrative Wirkungen entfalten, indem sie erstens die soziale Einbindung der Menschen unterminieren und/oder zweitens die Systemintegration eher behindern als fördern.

Ausgangspunkt vieler Klagen ist die bereits oben (Abschnitt 9.4) angesprochene Vermutung eines Rückgangs persönlicher Bindungen in modernen Gesellschaften, ausgelöst und mitverursacht durch Organisationen und organisationale Vorkehrungen. Die Einrichtung bzw. das Vorhandensein einer Rentenversicherung z.B. führt in der Regel dazu, dass sich die Kinder für ihre Eltern, wenn diese einmal alt geworden sind, weniger verantwortlich fühlen. Ebenso dürfte eine staatliche Pflegeversicherung das Ausmaß an privaten und familiären Pflegeleistungen verringern. Und wenn Menschen heutzutage mit ernsthaften Krankheiten konfrontiert sind, denken sie als erstes ans Krankenhaus und an ihre Risikoabsicherung durch die Krankenkasse. Obwohl ein Rückgang an persönlichen Dienst- und Hilfeleistungen in diesen und ähnlichen Bereichen nicht zwangsläufig ist, ist er plausibel und nahe liegend. Man mag dies bedauern und für nicht gut befinden, sollte dabei aber im Auge behalten, dass letztlich das Gesamtniveau an Unterstützung, also die Summe aus persönlicher und organisationaler Unterstützung (PU+OU), die entscheidende Größe ist. Trotz einer gewissen Verdrängung privater Unterstützungsleistungen deutet elementare Rechenintuition darauf hin, dass die Summe aus PU und OU größer ist als die frühere alleinige PU.

Mehr oder weniger implizit schwingt bei der Besorgnis um abnehmende persönlich-private Zuwendung vielfach noch mit, persönliche Unterstützung sei (in der einen oder anderen Form) qualitativ besser als organisationale Unterstützung. Auch dies kann angezweifelt werden, wenn man bedenkt, dass organisationale Unterstützung (etwa im Bereich häuslicher Pflege oder bei der Erziehung von Kindern) oft kompetenter und professioneller ist als gut gemeinte private und familiäre Hilfe. Nicht selten steht hinter der uneingeschränkt positiven Bewertung privater Unterstützung auch ein Stück idealistischer Verklärung der Vergangenheit (frühere Vergemeinschaftung versus heutige Vergesellschaftung). Wer allerdings z.B. historische Berichte darüber liest, wie grob die junge Generation oft mit ihren Alten umgegangen ist, wird die staatliche Rentenversicherung als einen Segen sehen, der älteren Menschen ein großes Stück Unabhängigkeit beschert hat. Speziell bei der Rentenversicherung kommt hinzu, dass die Älteren vielleicht gerade wegen ihrer Rente für die Jungen an Attraktivität gewinnen, was sich dann durchaus auch in vermehrte private Zuwendung umsetzen kann. Aus zahlreichen Befragungen in verschiedenen Ländern wissen wir, dass die sozialen Sicherungssysteme in der Bevölkerung eine hohe Zustimmung genießen und in der Regel eine breite Mehrheit gegen Leistungskürzungen in diesem Bereich votiert. Ältere und hilfsbedürftige Menschen über mehr als nur einen Pfeiler abzusichern, erscheint eine ziemlich einleuchtende und vernünftige Strategie.

Zusätzlich zur Befürchtung einer Vereinsamung des modernen Menschen sind desintegrative Wirkungen von Organisationen auf der Systemebene eine Art Dauerbrenner in der soziologischen Diskussion. Schon in den 1970er Jahren ist Michel Crozier (1970) mit seiner These der „blockierten Gesellschaft" bekannt geworden. Staatliche Bürokratien und zu Bürokratien mutierte Großbetriebe haben sich gemäß Crozier zu Herrschaftsapparaten entwickelt. Diese sind in ihrer Binnenstruktur auf Grund eingespielter Machtverteilungen reformunfähig, und in ihrem Außenverhältnis betreiben sie überwiegend Abwehr- und Blockadepolitik, da von außen kommende Veränderungsbestrebungen die interne Machtbalance gefährden.

In den 1980er Jahren hat Mancur Olson (1982) bei seinem wirtschaftshistorisch angelegten Versuch, den ökonomischen Aufstieg und Niedergang von Nationen zu erklären, das Phänomen der „institutionellen Sklerose" in den Mittelpunkt seiner Argumentation gerückt. Mit zunehmendem Wohlstand in einem Land entwickeln und verfestigen sich laut Olson organisierte Anspruchsgruppen und so genannte Verteilungskoalitionen, die nichts zur Produktion des Reichtums beitragen, sondern nur ein möglichst großes Stück vom Kuchen abbekommen und verzehren wollen. Die jeweiligen Interessengruppen und -organisationen (Arbeitgeberverbände, Gewerkschaften, Berufsverbände und andere „Sonderinteressenorganisationen") werden in ihrer sachlichen und personellen Ausstattung immer stärker und mächtiger und halten sich wechselseitig in Schach. Dies mündet in bürokratische Rigiditäten und endlose Verrechtlichungsschleifen, führt zu sozialer Starrheit und politischer Bewegungsunfähigkeit und provoziert im Endergebnis zuerst Stagflation und später einen länger andauernden Rückgang der wirtschaftlichen Leistung. In seiner Übertragung auf Deutschland und Europa wurde Olsons institutionelle Sklerose begrifflich zur viel beklagten „Eurosklerose" umgemünzt.

Eine allgemeinsoziologische Diagnose in Richtung begrenzter Steuerungsfähigkeit und Problemlösungskapazität moderner Organisationsgesellschaften lässt sich schließlich aus der Systemtheorie von Niklas Luhmann herleiten. Wie schon in Abschnitt 1.2 kurz erwähnt, betont Luhmann (z.B. 1964, 1990, 2000) im ersten Schritt stets die Leistungssteigerung, die moderne Gesellschaften durch die über Organisationen bewerkstelligte funktionale Differenzierung erreichen. In arbeitsteiligen Gesellschaften sind die verschiedenen Funktionssysteme (Wirtschaft, Politik, Wissenschaft usw.) relativ eigenständig. Sie haben ihre eigenen spezialisierten Standards, Kriterien und Programme. Jedes System besitzt seine eigene primär selbstreferenzielle Funktionslogik, seine eigene Sprache, seinen eigenen binären Code und sein eigenes symbolisch generalisiertes Kommunikationsmedium. Das Kommunikationsmedium der Wirtschaft z.B. ist Geld (was bringt bzw. kostet Angelegenheit A in finanzieller Hinsicht?), das Medium der Politik ist Macht (fördert oder gefährdet die Angelegenheit A den Machterhalt?), und das Medium der Wissenschaft ist die Wahrheit (sofern im Zuge der Angelegenheit A etwas behauptet wird, ist das empirisch wahr oder falsch?). Der Aufbau von Komplexität durch bereichsspezifische Segmentierungen hat jedoch auch seine Kehrseiten: Es wird zunehmend schwieriger, die ausdifferenzierten Teilperspektiven zu integrieren und zu einem Ganzen zusammen zu fügen. Ein Manager kann sich am besten mit einem anderen Manager verständigen, ein Politiker mit einem anderen Politiker, und ein Wissenschaftler mit einem anderen Wissenschaftler. Bei Verständigungsversuchen über die Bereiche hinweg reden sie aneinander vorbei. Die Funktionssysteme haben auf Grund ihrer Partialsicht Schwierigkeiten mit einer umfassenden Problemaufarbeitung, sie haben eine beschränkte „Resonanzfähigkeit" und können jeweils nur mit und im Rahmen ihrer spezifischen Kommunikationsmedien (Geld, Macht, Wahrheit usw.) reagieren. Dies erschwert vor allem die Bewältigung von Problemen, die einen bereichsübergreifenden Charakter haben und mithin ein abgestimmtes Handeln erfordern würden. Als Beispiel für eine solche Situationskonstellation behandelt Luhmann (1990) in einem eigenen Buch die Umweltproblematik, also die Gefährdung moderner Gesellschaften durch lokale und globale Umweltprobleme. Ausgehend von seiner Grundthese, dass moderne Gesellschaften besondere Schwierigkeiten mit Querschnittsproblemen haben, und ausgehend von der Diagnose, dass vielen Umweltproblemen eben eine solche Problemtypik eigen ist, schätzt er die Chancen pessimistisch ein, dass sich die modernen Gesellschaften angemessen und rechtzeitig auf die ökologischen Gefährdungen einstellen können (zur Kritik dieser Position vgl. Diekmann und Preisendörfer 2001, S. 33 ff.).[7]

Literatur zur Vertiefung und zum Weiterlesen

(1) Schimank, Uwe (2001): Organisationsgesellschaft, in: Georg Kneer, Armin Nassehi und Markus Schroer (Hg.), Klassische Gesellschaftsbegriffe der Soziologie, München: Fink, S. 278–307 (in seiner Gliederung und im Argumentationsgang hat sich das voranstehende Kapitel an diesen Schimank-Aufsatz angelehnt).

(2) Scott, Richard W. (2003): Organizations: Rational, Natural, and Open Systems, 5. Auflage, International Edition, Upper Saddle River, NJ: Prentice-Hall, Chaps. 12–13 (unter der Überschrift „Organizations and Society" behandelt Scott in Kap. 12 „Organizational Pathologies", in Kap. 13 geht es um das Konzept und die gesellschaftliche Konstruktion von „Organizational Effectiveness").

(3) Ritzer, George (1993): The McDonaldisation of Society, Newbury Park, CA: Pine Forge Press (deutsch: Die McDonaldisierung der Gesellschaft, Frankfurt am Main: Fischer 1997; selbst wenn man Ritzers Zeitdiagnose nicht folgt, ist sein Buch nicht zuletzt wegen seiner Anbindung an die Bürokratietheorie von Max Weber organisationssoziologisch interessant).

---

7 Es sei darauf hingewiesen, dass die These einer eigenständigen Funktionslogik in den verschiedenen Teilsystemen kaum mit der am Ende von Abschnitt 9.4 vorgetragenen Sichtweise einer einheitlichen „Logik der Organisation" und einer „Austauschbarkeit der Eliten" harmoniert.

10. Organisationen und Gesellschaft II: Asymmetrie in den Beziehungen zwischen individuellen und korporativen Akteuren

Nachdem im voranstehenden Kapitel der Themenbereich „Organisationen und Gesellschaft" eher im Überblick behandelt wurde (mit der Differenzierung nach Ebenen und der Unterscheidung von positiven und negativen Organisationseffekten), soll in diesem Schlusskapitel auf eine spezielle und vergleichsweise eigenwillige Konzeption eingegangen werden, nämlich auf die „asymmetrische Gesellschaft", wie sie James Coleman in einem Buch mit diesem Titel sowie in anderen Arbeiten wiederholt beschrieben und kritisiert hat (vgl. vor allem Coleman 1982, weiterhin 1974, 1990). Als Vertiefung für den Problembereich von Organisationen und Gesellschaft wurde die „asymmetric society" nicht nur gewählt, weil sie nahtlos an das Modell der Ressourcenzusammenlegung aus Kapitel 2 anknüpft, sondern auch deshalb, weil Coleman in diesem Zusammenhang für die Soziologie als Aufgabenstellung definiert, fragwürdige gesellschaftliche Entwicklungen aufzuzeigen und konkrete Vorschläge und Ideen für eine Gegensteuerung zu unterbreiten. Im ersten Schritt werden die Ausgangspunkte der asymmetrischen Gesellschaft skizziert. Dies führt u.a. zu der These, dass in modernen Gesellschaften insbesondere die Beziehungen zwischen individuellen und korporativen Akteuren problembehaftet und prekär sind. Warum dies so ist, wird im zweiten Abschnitt besprochen. Der dritte Abschnitt widmet sich Möglichkeiten und Wegen für ein „empowerment" der individuellen Akteure.

10.1 Ausgangssituation in modernen Gesellschaften

Akzeptiert man Kollektivgebilde wie Unternehmen, Kirchen oder Kegelclubs für die Sozialtheorie als eigenständige Handlungseinheiten, dann haben wir in modernen Gesellschaften zwei Typen von Akteuren bzw. zwei Strukturelemente, nämlich individuelle Akteure und korporative Akteure. Die Gesellschaft ist nicht ein großes Gefüge von Personen, sondern ein Räderwerk aus Personen und Organisationen. Diese Sicht der Dinge mag auf den ersten Blick trivial erscheinen, aber im Endergebnis dürfte es für sozialwissenschaftliche Arbeiten schon wichtig sein, in welcher Weise die „Bausteine" und „Analyseeinheiten" gesetzt werden. Mit den zwei Strukturelementen natürlicher und juristischer

Abbildung 10.1: *Akteure und soziale Beziehungen in modernen Gesellschaften*

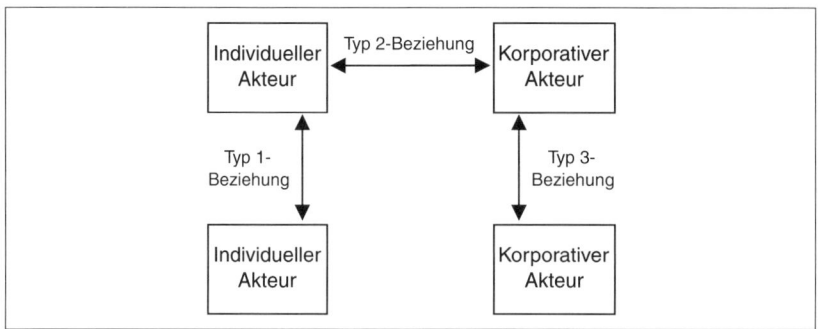

Personen als Ausgangspunkt ergeben sich drei unterschiedliche Arten von sozialen Beziehungen, die in Abbildung 10.1 aufgeführt sind.

Beziehungen können zwischen individuellen Akteuren bestehen (Typ 1 in der Abbildung), zwischen individuellen und korporativen Akteuren (Typ 2) und zwischen korporativen Akteuren (Typ 3). Während bei Typ 1 und 3 gleichartige Akteure aufeinander treffen, ist dies bei Typ 2 nicht der Fall. Beispiele für Typ 2-Beziehungen, die wir als individuelle Akteure haben, sind die Kundenrolle, die Rolle als Arbeitnehmer oder die Rolle als Vereinsmitglied. Während die Kundenrolle in der Regel den Charakter einer Marktbeziehung hat, bewegen sich Arbeitnehmer zumeist in einer Hierarchiebeziehung, und als Vereinsmitglied befinden wir uns in einer Gemeinschaftsbeziehung. Diese drei Beziehungsarten (Markt-, Hierarchie- und Gemeinschaftsbeziehung) sind für Coleman die wesentlichen Unterformen von Typ 2-Beziehungen.

Wenn wir nun mit dem elementaren Rüstzeug von zwei Akteuren und drei Beziehungstypen die längerfristige gesellschaftliche Entwicklung betrachten, lassen sich eine Reihe von interessanten Beobachtungen machen. Einige dieser Beobachtungen, die Coleman (1982, Chap. 1) für die USA zusammengestellt hat, seien im Folgenden – ohne das dazugehörige Zahlenmaterial – kurz skizziert. Zunächst einmal ist es so, dass die Zahl der korporativen Akteure im Sinne von juristischen Personen im Zeitablauf drastisch gestiegen ist. Coleman belegt dies speziell mit einer Graphik über die Zahl der „profit-making corporations" in den USA im Zeitraum von 1916–1972. Dabei fällt auf, dass es vor allem in der Zeit seit Ende des Zweiten Weltkrieges zu einem massiven Anstieg gekommen ist. Diese Diagnose dürfte in abgeschwächter Form für die meisten Industrieländer gelten. Es wäre einen empirischen Versuch wert, die pro Kopf-Dichte an korporativen Akteuren als gesellschaftlichen Modernisierungsindikator zu erproben. Was speziell die Zahl der Unternehmen anbelangt, gibt es auch in Deutschland seit geraumer Zeit so etwas wie eine Renaissance der beruflichen Selbstständigkeit, die mit einer steigenden Zahl von Neugründungen, Ausgründungen, Scheingründungen u.ä. einher geht (vgl. dazu z.B. Fritsch und

Grotz 2004). Diese Diversifizierung der Unternehmenslandschaft hat gewiss viele Ursachen, aber sie fügt sich ein in das Bild einer zunehmenden korporativen Durchdringung.

Nicht nur die Zahl der korporativen Akteure ist gestiegen, sondern auch der Anteil der Ressourcen und Vermögenswerte, der in den Händen von korporativen Akteuren liegt. Gerade deshalb, weil immer mehr Vermögenswerte bei korporativen Akteuren angesiedelt sind, erweisen sich sozioökonomische Analysen zur gesamtgesellschaftlichen Vermögensverteilung als methodisch schwierig und in ihren inhaltlichen Ergebnissen leicht angreifbar. Zum einen verdecken und verschleiern individuelle Akteure ihr Vermögen, indem sie es unter dem Namen korporativer Akteure laufen lassen. Zum anderen wird die „Wertigkeit" von Vermögenstiteln und -bestandteilen immer differenzierter (angefangen vom Handy-Kunden, den die Telefongesellschaft als einen Vermögenswert in Höhe von z.B. 3000 Euro für sich verbucht, über mutmaßliche Rentenansprüche, die jemand vielleicht in 20 Jahren geltend machen kann, bis hin zu echten Geldscheinen, mit denen ich heute noch im Supermarkt einkaufen will). Man könnte an dieser Stelle zwar argumentieren, dass hinter korporativen Akteuren stets individuelle Akteure stehen, sodass Vermögenstitel nur formal umdefiniert werden, aber es geht hier nicht allein um definitorische Umwidmungen, sondern (nach dem Modell der Ressourcenzusammenlegung) um einen Transfer von Ressourcen im Sinne von Befugnissen und Entscheidungsrechten.

Ihre vermehrte Zahl und Stärke haben dazu geführt, dass korporative Akteure das gesellschaftliche Leben immer mehr beherrschen. Coleman demonstriert dies beispielhaft an einer Auszählung der Akteure, die auf der Titelseite der „New York Times" im Zeitraum 1876–1972 genannt wurden. Dabei zeigt sich, dass – gemessen am Anteil der zwei Akteurtypen – korporative Akteure im Zeitablauf immer stärker in den Vordergrund gerückt sind. Heute kann man davon ausgehen, dass etwa 90 Prozent der Akteure, die auf der Titelseite der „New York Times" angesprochen werden, korporative Akteure sind. Und bei den individuellen Akteuren, die genannt werden, ist einschränkend zu berücksichtigen, dass sie zumeist nicht in ihrer Rolle als natürliche Personen, sondern auf Grund einer Rolle als Agent eines korporativen Akteurs erwähnt werden. In Abhängigkeit von der Art der täglichen Lektüre (Neue Zürcher Zeitung versus Bild-Zeitung) ist das Mischungsverhältnis von individuellen und korporativen Akteuren gewiss unterschiedlich, aber im Zeittrend bei einer einzelnen Zeitung dürfte die Entwicklung ähnlich verlaufen sein. Es böte sich an, das genannte Mischungsverhältnis einmal im Sinne eines Qualitätsindikators für Zeitungen, Zeitschriften und andere Medien zu erproben.

Ein weiterer exemplarischer Beleg für die gewachsene Bedeutung der korporativen Akteure ist deren Verwicklung in gerichtliche Auseinandersetzungen. Betrachtet man die Parteien (Kläger und Beklagte) bei allen Prozessen vor dem Appellationsgericht im Bundesstaat New York in der Zeitspanne von 1853 bis 1973, ergibt sich, dass sich der Anteil der korporativen Akteure von rund 15 auf rund 50 Prozent erheblich erhöht hat. Leider werden bei Coleman nur die

Akteurtypen berichtet. Gerne hätte man auf der Basis der drei Beziehungstypen noch gewusst, wer gegen wen geklagt hat und wie sich dabei die Anteile der Beziehungstypen im historischen Zeitverlauf geändert haben.

Mit diesen und anderen Beobachtungen zum Vordringen und Machtzuwachs korporativer Akteure verknüpft Coleman zwei miteinander zusammen hängende Thesen, nämlich erstens, dass die je gleichartigen Akteure eine besondere Affinität zueinander haben, und zweitens, dass die Beziehungen zwischen individuellen und korporativen Akteuren in besonderem Maße problemträchtig und konfliktbehaftet sind. Die erste These besagt, dass individuelle Akteure eine Präferenz zur Interaktion mit individuellen Akteuren und korporative Akteure eine Präferenz zur Interaktion mit korporativen Akteuren haben. Und daraus ergibt sich fast zwangsläufig, dass Beziehungen vom Typ 2 relativ gesehen am häufigsten mit Schwierigkeiten und Problemen belastet sind. Der wesentliche Ausgangspunkt der asymmetrischen Gesellschaft bei Coleman lautet: „These relationships of type 2, which cross the boundary between two systems, constitute the weakest and most defective link in the structure of which modern society consists" (1974, S. 94). So diese Diagnose stimmt, ist sie nicht zuletzt deshalb wichtig, weil gleichzeitig von einem zahlenmäßigen Anstieg der Typ 2-Beziehungen ausgegangen wird.[1]

10.2 Gründe für die besonderen Probleme in den Beziehungen zwischen individuellen und korporativen Akteuren

Warum nun kann man annehmen, dass die Beziehungen zwischen individuellen und korporativen Akteuren das schwächste und unvollkommenste Glied in der modernen Gesellschaftsstruktur darstellen? Die Gründe erstrecken sich sowohl auf die individuellen als auch auf die korporativen Akteure. Was die individuellen Akteure anbelangt, geht Coleman davon aus, dass wir vielfach kognitive Schwierigkeiten im Umgang mit korporativen Akteuren haben. Im Zuge unserer Sozialisation wurden wir mehr auf Typ 1-Beziehungen als auf Typ 2-Beziehungen hin trainiert. Dass es neben persönlichen Beziehungen auch noch unpersönliche Beziehungen zu Organisationen und deren Agenten gibt, ist Kindern oft völlig fremd. Und dies bringt es mit sich, dass wir auch noch im Erwachsenenalter die Logik der Typ 1-Kontakte gerne auf die Typ 2-Beziehungen transferieren bzw. zu transferieren versuchen. In einer sehr schönen und lusti-

---

1 Trotz einer gänzlich anderen theoretischen Ausgangsposition gelangt Niklas Luhmann (1989) zu einer Diagnose, die mit der von Coleman in einem erstaunlichen Maße überein stimmt. Für Luhmann ist in modernen Gesellschaften nicht das personale Vertrauen, d.h. das Vertrauen zwischen Individuen, problematisch, sondern in erster Linie das Systemvertrauen, d.h. das Vertrauen von Individuen in Organisationen und Institutionen. Moderne, funktional sich zunehmend ausdifferenzierende Gesellschaften erzeugen nach Luhmann einen vermehrten Bedarf nach Systemvertrauen, aber die Menschen tun sich schwer damit, ein solches Vertrauen zu entwickeln und dauerhaft zu gewähren.

gen Form zeigt sich dies etwa bei Briefen, die Bürger an Behörden schreiben und die (selbstverständlich in anonymisierter Form) gelegentlich an Tagen der offenen Tür ausgestellt werden. Wegen einer versäumten Frist bei der Einkommenssteuererklärung schicken z.b. manche Bürger seitenlange handschriftliche Briefe an ihr Finanzamt, um im Detail zu erläutern, wie und warum es dazu gekommen ist. Ausführliche Passagen zur persönlichen Lebensgeschichte, Hinweise auf eigene und im Familienkreis aufgetretene Krankheiten, Schilderungen des anstrengenden Berufslebens usw. sind in diesen Briefen keine Seltenheit. Juristisch sind derartige „Personalia" für die Finanzbeamtin eigentlich gänzlich irrelevant, aber vielleicht wird sie im Endergebnis doch etwas milder gestimmt.

Ob allerdings das, was die Bürger ihrem Finanzamt erzählen, immer ganz wahr und richtig ist, kann ernsthaft bezweifelt werden. In ihren Beziehungen zu korporativen Akteuren neigen nämlich individuelle Akteure eher zu Tricks, Täuschungen und Sabotage als in ihren Beziehungen zu natürlichen Personen. Dem Finanzamt mehr oder weniger legal ein Schnippchen zu schlagen, gilt nicht nur bei den Besserverdienenden inzwischen als clever. Würde man in einer Bevölkerungsumfrage erheben, wie stark ein Schüler A bestraft werden sollte, der in der Pause einem Mitschüler einen Füllfederhalter gestohlen hat, und ein Schüler B, der ein solches Schreibgerät ohne zu bezahlen in einem Kaufhaus mitgenommen hat, würde die als angemessen eingestufte Strafe für Schüler A mit Sicherheit höher ausfallen. Während Studenten mitunter kaum Gewissensbisse dabei haben, ein Buch aus der Universitätsbibliothek zu entwenden, würden sie dies nie bei ihren Kommilitonen tun. Bei Betrug und Täuschung gegenüber einer natürlichen Person ist klar, dass sie und nur sie den Schaden davon trägt. Hingegen ist der Kreis der Geschädigten weniger klar und zumeist weiter gestreut, wenn ein korporativer Akteur betrogen und bestohlen wird. Hinzu kommt, dass korporative Akteure in der Regel ressourcenstärker sind, sodass die relative Schädigung geringer ist, wenn ich ihm in Robin-Hood-Manier etwas von dem nehme, was er meiner Einschätzung nach ohnehin nicht mit redlichen Mitteln erworben hat.

Spezielle und besondere Probleme haben individuelle Akteure erfahrungsgemäß mit der Agentenrolle, also dann, wenn sie als Beauftragte eines korporativen Akteurs handeln sollen. Auf diese Schwierigkeiten und verschiedene Versuche ihrer Bewältigung wurde in den Ausführungen dieses Buches schon wiederholt eingegangen, explizit und ausführlich vor allem im Rahmen der Agency-Theorie (Abschnitt 6.4). In soziologischer Terminologie lassen sich die Probleme, die individuelle Akteure mit der Agentenrolle und mit dem Positionsinhabergedanken haben, recht gut mit den so genannten „pattern variables" von Talcott Parsons einfangen (vgl. dazu z.B. Parsons und Shils 1962, S. 76 ff.). Abstellend auf die Art und Weise, wie und woran das Handeln von Personen ausgerichtet ist, unterscheidet Parsons die fünf Orientierungsalternativen des Verhaltens, die in der nachstehenden Tabelle 10.1 aufgeführt sind.

Der Idealtyp eines Agenten in (bürokratischen) Organisationen folgt der rechten Spalte in der Tabelle, ist also affektiv neutral, orientiert sich am Kollek-

Tabelle 10.1: Orientierungsalternativen des Handelns (pattern variables)
bei Talcott Parsons

(1) affectivity	versus	affective neutrality
(2) self-orientation	versus	collectivity-orientation
(3) particularism	versus	universalism
(4) ascription	versus	achievement
(5) diffuseness	versus	specificity

Quelle: Parsons und Shils (1962, S. 77).

tiv und an dessen gemeinsamen Zielen, folgt allgemeinen und situationsübergreifend gültigen Regeln, orientiert sich an Leistungen und Outcomes und definiert die Beziehung eng, auf funktional vorgegebene Sachverhalte beschränkt. Dieses idealtypische Verhalten wird in der Realität aber nur selten eingelöst. Menschen haben eine Tendenz zu emotionalem Handeln, gerne stellen sie ihre eigenen Interessen in den Vordergrund, je nach Situation und Person bringen sie unterschiedliche Regeln zur Anwendung, anstelle von Leistungen und Ergebnissen wird gerne auf feste Merkmale (soziale Herkunft, Geschlecht etc.) zurück gegriffen, und man/frau neigt dazu, soziale Beziehungen möglichst umfassend, bereichsübergreifend und damit funktional diffus anzulegen. Parsons sieht seine „pattern variables" als stets präsente Dilemmata, wobei die „personalen Systeme" (sprich Personen) in der Regel nach links tendieren, während moderne Gesellschaften, idealtypisch repräsentiert durch Organisationen, eine Tendenz nach rechts (in Tabelle 10.1) verlangen.

Für die besonderen Probleme in Typ 2-Beziehungen sind aber nicht nur und vermutlich nicht in erster Linie Eigenarten der individuellen Akteure ausschlaggebend, sondern vor allem Merkmale und Praktiken der korporativen Akteure. Entscheidend für Coleman ist das zumeist bestehende Machtgefälle zwischen den beiden Akteurgruppen zu Ungunsten der individuellen Akteure. Die Beziehungen sind asymmetrisch in dem Sinne, dass die korporativen Akteure zum einen normalerweise über sehr viel mehr Ressourcen verfügen und zum anderen mehr potenzielle alternative Interaktionspartner haben als die individuellen Akteure. Und dies gibt den korporativen Akteuren die Möglichkeit, die Konditionen der Austauschbeziehung einseitig zu ihren Gunsten auszugestalten.

Konkret ergibt sich die schwache Position der individuellen Akteure oft daraus, dass auf der Seite der korporativen Akteure Experten am Werk sind, die ständig über eine Neugestaltung der Austauschbeziehung nachdenken, während auf der Seite der individuellen Akteure die jeweilige Beziehung nur eine von vielen und mitunter randseitig ist. Verbleiben wir beim Beispiel des Finanzamtes, ist klar, dass sich die Finanzbeamtin mit den Tücken und Lücken des Steuerrechts sehr viel besser auskennt als der kleine Bürger, der sich meist nur einmal im Jahr für ein paar Stunden mit der leidigen Steuermaterie befasst. Telefonunternehmen z.B. ändern in rascher Folge und in wechselseitiger Reaktion aufeinander ihre Tages-, Nacht-, Wochenend- und sonstigen Tarife, und zwar so, dass jedes Unternehmen mindestens in einem Bereich preislich am günstigsten abschneidet und damit Preisvergleiche nur bedingt möglich sind (es kommt darauf an, ob jemand häufiger Orts- oder Auslandsgespräche führt, häufiger um 3 Uhr nachts oder um 3 Uhr nachmittags telefoniert usw.). Der brave Telekom-Privatkunde ist verwirrt und reagiert mit sporadischen „Protest-Wahlen" (d.h. mit einer gelegentlichen Nutzung billiger Vorwahlnummern), hält aber ansonsten am Status quo ante fest. Nur größere korporative Akteure im so genannten Geschäftskundensegment können in direkte Verhandlungen mit der Telekom eintreten, um günstigere Tarife auszuhandeln, oder aber sie beschaffen sich ein Einwähl-Gerät, das immer automatisch den Telefonanbieter mit dem jeweils günstigsten Tarif aktiviert. Über Finanzämter und Telefonunternehmen hinaus gehend ließe sich die Liste der Beispiele fortführen, z.B. hin zu Versicherungsverträgen, zu Bankverbindungen oder auch zu Mitgliedschaften in Berufsverbänden.

Die im Auftrag der korporativen Akteure arbeitenden Experten tendieren dazu, die Typ 2-Beziehung, für die sie zuständig sind und mit der sie sich zentral beschäftigen, immer weiter auszudifferenzieren und in dem Sinne „an den Rand der Komplexität" zu führen, dass gerade noch sie selbst in der Lage sind, das Ganze zu durchschauen. Das Steuerrecht z.B. ist in Deutschland mittlerweile so kompliziert, dass sogar die oben erwähnte Finanzbeamtin und viele professionelle Steuerberater kaum mehr mithalten können. Die Ermittlung der Höhe der gesetzlichen Rente für eine Frau, die mit unterschiedlichen Arbeitszeiten teils als Arbeiterin und teils als Angestellte beschäftigt war und sich auch noch ein paar Jahre ganztags um ihre zwei Kinder gekümmert hat, ist ein langes und beeindruckendes Rechenwerk, das nur noch für wenige Experten nachvollziehbar ist. Und sogar Professoren an Universitäten finden immer wieder Zeit und Freude an der Erarbeitung neuer Prüfungsordnungen, die so verzwickt und verschachtelt sind, dass sie ein Jahr später selbst Schwierigkeiten haben, diese noch zu verstehen. Die individuellen Akteure reagieren auf derart ausgefeilte Beziehungsschablonen mehr oder weniger skeptisch und hilflos, zumindest fühlen sie sich nicht als gleichwertige Partner Ernst genommen. Die oben angesprochenen Tendenzen zu Betrug und Sabotage können als Reaktion der individuellen Akteure auf dieses Machtgefälle gesehen werden.

Der wesentliche Vorteil von Experten gegenüber Laien ist ein Vorsprung an Wissen und Information. Wie das Wissen verteilt ist, hängt nicht nur von der Ausbildung und der Zeitverwendung einer Person ab, sondern auch von der Ausgestaltung der Informationsmöglichkeiten und -rechte. Die systematische Benachteiligung der individuellen Akteure im Bereich der Möglichkeiten und Rechte auf Information ist für Coleman (1982, Chap. 5) ein wichtiger Teilaspekt der Asymmetrie und Konfliktträchtigkeit von Typ 2-Beziehungen. Dies erläutert er u.a. an zwei Beispielen:

Junge Leute, die sich an renommierten amerikanischen Universitäten um einen Studienplatz bewerben, werden in der Regel umfassend „durchgetestet" (angefangen von allgemeinen Tests zur Studierfähigkeit bis hin zu Tests ihrer Sozialkompetenz) und müssen vielfältige Angaben zu ihrer Person und ihrem sozialen Hintergrund liefern, auf dass sich die Universitäten ein verlässliches Bild von der „Qualität" der Bewerber machen können. Umgekehrt sind die Informationen, die die Universitäten hinsichtlich ihrer eigenen Qualität preisgeben, sehr viel weniger detailliert und verlässlich. In ihrer Eigendarstellung arbeiten die Universitäten mit Hochglanzbroschüren und mit professionell durchgestylten Internetseiten, auf denen sie einseitig die Verdienste, Vorzüge und Positiva ihrer Einrichtung propagieren. Über fächerspezifische Durchfallquoten, abgesagte Lehrveranstaltungen, Sparzwänge im Bibliotheksbereich u.ä. erfahren die Bewerber in der Regel nichts. Immerhin gibt es in den USA ein weithin akzeptiertes und mit viel Aufwand erarbeitetes Ranking der Universitäten in den einzelnen Studienfächern, sodass die Studenten mit ihren Studiengebühren nicht gänzlich „die Katze im Sack" kaufen. Die Diagnose eines Informationsungleichgewichts auf dem Hochschulzulassungsmarkt gilt aber nach wie vor.

Noch stärker ausgeprägt ist das Informationsungleichgewicht bei vielen klassischen Kundenbeziehungen auf dem Konsumgütermarkt. Die Firmen und Anbieter betreiben zum einen Markt-, Lebensstil- und sonstige Forschung, um die Bedürfnislagen und psycho-sozialen Befindlichkeiten potenzieller Kunden möglichst umfassend zu durchleuchten. Zum anderen investieren sie Unsummen von Geld in Werbung, die in der Regel auf „arousal" (= emotionales Wachrütteln) und nur in Ausnahmefällen auf solide Information abzielt. Wollen wir uns als Kunden tatsächlich etwas genauere Informationen über ein Produkt beschaffen, wird es sehr schnell mühsam und aufwändig, denn kritische Detailinformationen sind in kleingedruckten Listen über Inhaltsstoffe versteckt und werden uns allenfalls in Zeitschriften von Verbraucherschutzverbänden (Stiftung Warentest, Öko-Test u.ä.) näher gebracht. Um diese Informationsasymmetrie abzubauen, macht Coleman den Vorschlag, für jeden Dollar, den Firmen für Marktforschung und Werbung ausgeben, einen Dollar für den Verbraucherschutz zur Verfügung zu stellen. Müssten die Financiers von Marktforschung und Werbung diese Dollars direkt an die Verbraucherschützer abführen, würde mit Sicherheit das Gesamtvolumen an Marktforschung und Werbung drastisch sinken. Angesichts der Tatsache, dass in etlichen Märkten die Werbeausgaben die Herstellungskosten für die Produkte deutlich übersteigen (z.B. bei Zigaretten, Zahnpasta, Waschpulver), erscheint dies freilich nicht unbedingt tragisch. Dies zumal man sicher sein kann, dass im Endergebnis der Verbraucherschutz auf jeden Fall finanziell besser ausgestattet wäre als in der jetzigen Situation. Auf den ersten Blick mag diese Idee vom Verbraucherschutz-Dollar weltfremd und utopisch klingen. Aber letztlich würde viel Geld, das jetzt in oft fragwürdige Werbewettläufe investiert wird, in eine Verwendung fließen, die bessere und weniger einseitige Informationen erzeugt. Firmen, die schon jetzt qualitativ hochwertige Produkte anbieten, hätten davon einen Vorteil und könnten mithin für die Idee gewonnen werden. Und Firmen, die an der Qualität ihrer Produkte zweifeln bzw. deren Schwächen kennen, würden sich wohl sehr schnell umstellen. Aber mit diesem Coleman-Vorschlag sind wir eigentlich schon beim nächsten Abschnitt, den Möglichkeiten und Wegen zur Restitution, d.h. zur Wiederherstellung individueller Macht.

10.3 Möglichkeiten und Ansatzpunkte zur Restitution individueller Macht

Akzeptiert man die Asymmetriethese, was eine nicht nur inhaltliche, sondern zum Teil wohl auch normative Entscheidung ist, entsteht die Frage, was man tun kann oder könnte, um die Asymmetrie abzubauen, d.h. individuelle Akteure in modernen Gesellschaften wieder zu stärken und ihnen „zu ihren Rechten" zu verhelfen. Coleman unterscheidet drei grundsätzliche Wege, die selbst wiederum eine Reihe von konkreteren Ansatzpunkten und Vorschlägen enthalten: (1) den Weg über den Staat, (2) den Weg über interne Strukturänderungen der korporativen Akteure und (3) den Weg über die individuellen Akteure. Auf diese drei Wege soll im Folgenden etwas genauer eingegangen werden, wobei der zweitgenannte Weg besonders betont wird, da er auch bei Coleman im Vordergrund der Überlegungen steht und zudem den Charakter von angewandter Organisationsforschung hat.

Der Weg über den Staat: Wenn individuelle Akteure in demokratischen Gesellschaften sich bedroht und bedrängt sehen, wenden sie sich gerne an den Staat und dessen Einrichtungen. Der Staat soll dafür sorgen, die Macht der korporativen Akteure zu begrenzen und sie in ihre Schranken zu verweisen. Dies kann der Staat erreichen, indem er den korporativen Akteure konkrete inhaltliche Vorschriften in der Form von Geboten und Verboten macht und gleichzeitig einen Apparat zur Überwachung der Einhaltung dieser Vorschriften aufbaut. So gibt es z.B. in vielen Ländern gesetzliche Mindestlöhne, Vorschriften zum Arbeits- und Gesundheitsschutz, Grenzwerte für Emissionen von Industrieanlagen und Verbote für diverse Chemikalien in Lebensmitteln. Mit solchen Regelungen und deren Kontrolle tritt der Staat als Beschützer auf („state as protector"), er trifft direkte inhaltliche Festlegungen, die bindenden Charakter haben und im Fall einer Abweichung Sanktionen auslösen.

In einer zweiten Variante staatlichen Eingreifens („state as rule setter") beschränkt sich der Staat darauf, die jeweiligen Spielregeln bzw. das Procedere festzulegen. Die Zielrichtung ist, die Regeln, die die Beziehung zwischen individuellen und korporativen Akteuren bestimmen, so auszugestalten, dass die Asymmetrie überwunden oder zumindest abgeschwächt wird. Anstatt Mindestlöhne festzulegen, schreibt der Staat Tarifverhandlungen vor, deren Ergebnisse dann für allgemein verbindlich erklärt werden; in größeren Betrieben muss es laut Gesetz Arbeitsschutz-, Umweltschutz- oder auch Frauenbeauftragte geben; Unternehmen müssen Behörden und die Öffentlichkeit in regelmäßigen Abständen über ihre Emissionen unterrichten; und auf der Verpackung von Produkten müssen kritische Inhaltsstoffe klar, deutlich und verstehbar benannt werden. Als Regelsetzer überträgt der Staat die Verantwortung für substanziell-inhaltliche Sachverhalte nach Möglichkeit auf die direkt involvierten Akteure, wobei sicher gestellt sein muss, dass die unterschiedlichen Interessen tatsächlich vertreten sind.

Von der Idee her verträgt sich die „rule setter"-Funktion des Staates sehr viel eher mit einer pluralistischen Demokratie als die „protector"-Funktion. Als Beschützer muss der Staat dauerhaft eingreifen, braucht jeweils eine Vielzahl an aktuellen Informationen (z.b. über den neusten Stand der Technik im Umweltschutzbereich), muss einen kostspieligen Überwachungsapparat unterhalten und belastet sich mit Entscheidungen, die dezentral problemadäquater und zielgenauer getroffen werden könnten. Die Beschützer-Funktion ist in der Regel mit einer größeren Machtfülle des Staates verbunden und mündet leicht in staatlichen Paternalismus. Grenzen einer Beschränkung des Staates auf die Regelsetzer-Funktion ergeben sich erst dann, wenn ein erhebliches Gefälle im Organisationsgrad und damit in der Artikulationsfähigkeit der divergierenden Interessen besteht.[2]

Generell ist der „Ruf nach dem Staat" mit dem Problem belastet, dass der Staat selbst ein korporativer Akteur ist und mithin die Macht der korporativen Akteure beschränkt werden soll, indem einem hervorgehobenen korporativen Akteur, eben dem Staat, mehr Macht zugestanden wird. Damit taucht die aus der politischen Ideengeschichte zur Demokratietheorie geläufige Frage auf: „Who guards the guardian?". Und in unserem Kontext: Gibt es nicht noch andere Wege zur Restitution individueller Macht?

Der Weg über interne Strukturänderungen der korporativen Akteure: Um die Typ 2-Beziehungen stärker auf die Bedürfnisse und Ansprüche der individuellen Akteure auszurichten, sind gemäß Coleman in erster Linie innovative organisationale Arrangements erforderlich, die in ihrem Grundtenor auf eine Abkehr vom bürokratisch-hierarchischen Modell der Organisation hinaus laufen. Coleman gesteht zu, dass er selbst keine hinreichend ausgearbeiteten Vorstellungen von den zweckmäßigsten internen Strukturänderungen hat und dass für diese sozialen Innovationen wohl ein längerer historischer Such- und Entdeckungsprozess notwendig ist. Aber er traut sich zu, eine Reihe von Kernpunkten mit Beispielen zu nennen.

Ein wiederkehrendes Problem in Typ 2-Beziehungen ist aus der Sicht der individuellen Akteure deren Anonymität. Als eine Art Sofortmaßnahme bietet sich hier an, dass die Vertreter eines korporativen Akteurs in allen Interaktionen

---

2 Nach dem so genannten Subsidiaritätsprinzip sollte in einem Gemeinwesen eine höhere Ebene eine Aufgabe nur dann übernehmen, wenn die jeweils niedrigere Ebene nicht in der Lage ist, diese Aufgabe befriedigend zu erledigen. Abstellend auf die zwei Funktionen des Staates, die Coleman unterscheidet, spricht Schimank (2000, S. 252) von etatistischer staatlicher Steuerung einerseits und prozeduraler staatlicher Steuerung andererseits.

mit ihrem Namen auftreten. Dies kann gewährleistet werden durch Namensschilder, durch die Nennung des eigenen Namens in Gesprächen und Telefonaten und durch namentliche Kennzeichnungen und Ansprechpartner in Briefen. Die „Namenspraxis" hat sich inzwischen fast flächendeckend durchgesetzt, aber es sei daran erinnert, dass dies vor 20 Jahren noch nicht so war.[3]

Gravierendere interne Änderungen muss ein korporativer Akteur vornehmen, wenn er seine Leistungen in einem so genannten „Coaching-System" erbringen will. Bei einem solchen System wird eine Person, die mit einem korporativen Akteur interagiert, auf Seiten des korporativen Akteurs von einer und immer nur von einer Person betreut. Auf diese Weise soll verhindert werden, dass Menschen „von Amtsstube zu Amtsstube" geschickt werden. Ein und nur ein Vertreter des korporativen Akteurs ist zuständig und übernimmt die Verantwortung für den gesamten Verfahrensablauf in einer Angelegenheit. Der wesentliche Vorteil eines solchen Systems ist personale Kontinuität. Zudem dürfte klar sein, dass ein Coach die internen Verfahrensabläufe eines korporativen Akteurs besser kennt als eine außenstehende Person und dadurch eine zügigere und effektivere Bearbeitung möglich wird. Beispiele für derartige Coaching-Systeme finden sich inzwischen nicht nur bei staatlichen Behörden (Betreuung von Arbeitslosen, Häuslebauern und prospektiven Unternehmensgründern), sondern auch in der Privatwirtschaft (etwa in Krankenhäusern, bei Versicherungen und im Kundenservice des Großhandels). Wie fast alle organisatorischen Regelungen hat freilich auch das Coaching seine Probleme, so z.B. wenn ich an einen Coach geraten bin, der unwillig und inkompetent ist und mir offenbar wenig Sympathie entgegen bringt.

Die „Namenspraxis" ebenso wie „Coaching-Systeme" sind erste Schritte in Richtung einer Repersonalisierung korporativer Akteure. Der Sinn und Zweck einer solchen Repersonalisierung ist nicht nur die Überwindung von Anonymität, sondern auch die Erleichterung der Zuschreibung individueller Verantwortung im Kontext korporativen Handelns. Die Möglichkeit der Zuschreibung individueller Verantwortung soll organisierte Verantwortungslosigkeit in dem Sinne verhindern, dass im Namen korporativer Akteure Entscheidungen getroffen werden, hinter denen im Fall von Problemen niemand steht und für die niemand zur Rechenschaft gezogen werden kann. Im hierarchischen Modell der Organisation ist die Verantwortungsfrage im Außenverhältnis so geregelt, dass immer dann, wenn es Ärger und Schwierigkeiten gibt, die Verantwortung zunächst einmal der Organisation insgesamt und das heißt konkret der Organisationsspitze zugewiesen wird. Von der Grundidee her geschieht dies zum Schutz von Außenstehenden, damit diese eine klare Referenzstelle haben. Diese Form

---

3 Noch nicht durchgesetzt hat sich in Deutschland (anders als etwa in einigen Kantonen der Schweiz) die Praxis, dass z.B. Polizisten oder Kontrolleure in öffentlichen Verkehrsmitteln im Fall von Problemen ihrem „Gegenüber" eine Visitenkarte aushändigen. Ein drastisches Negativbeispiel ist hier Russland, wo es Bürokraten, Fahrkartenverkäuferinnen usw. geradezu als eine Zumutung ansehen, wenn man sie (z.B. weil man sich über etwas beschweren will) nach ihrem Namen fragt.

der stellvertretenden Verantwortung der Organisationsspitze ist jedoch fiktiv, da das Fehlverhalten sehr häufig nicht auf der obersten Ebene (z.b. bei einem Minister oder einem Vorstandsvorsitzenden), sondern auf einer niedrigeren Ebene seine Ursache hat. Wenn nun aber Personen (wie Minister oder Vorstandsvorsitzende) für etwas verantwortlich gemacht werden, was nur nominell, nicht aber praktisch in ihrem Aufgaben- und Tätigkeitsbereich liegt, dann entsteht bei ihnen eine Tendenz, im nächsten Schritt die Verantwortung in der Hierarchie nach unten abzuschieben und mehr oder weniger bereitwillige „Bauernopfer" zu suchen. Was ursprünglich Außenstehenden Klarheit und Schutz gewähren sollte, kann sich in diesem Prozess der Verantwortungsverschiebung leicht in sein Gegenteil verkehren. Oft wäre es für Außenstehende im Endergebnis günstiger, wenn sie direkt die Agenten eines korporativen Akteurs, die Probleme verursacht haben, zur Rechenschaft ziehen könnten. Um dies freilich zu ermöglichen, wäre eine Erweiterung der persönlichen Haftung der Agenten notwendig. Und generell müsste gemäß Coleman ein „opening up" der korporativen Akteure erfolgen, sodass Einblicke in die organisationsinternen Abläufe von außen leichter möglich wären.

Unabhängig davon, wie man die Verantwortung im Außenverhältnis einer Organisation regelt, ist es im Innenverhältnis stets wünschenswert, klare und eindeutige Regelungen der Verantwortung zu haben. Dabei muss die Verantwortung dort liegen, wo auch die Entscheidungen getroffen werden, d.h. Verantwortung und Entscheidungsbefugnisse sollten möglichst weitgehend übereinstimmen. Eine solche Übereinstimmung lässt sich nach der Einschätzung von Coleman am ehesten in dezentralisierten Organisationen erreichen und deshalb plädiert er für Reorganisationsprozesse mit der generellen Zielrichtung einer stärkeren Dezentralisierung. Dezentrale Organisationseinheiten können faktisch wie eigenständige Unternehmen funktionieren, mit eigenen Planzielen, einer eigenen Personalpolitik und einer eigenen Kosten-Ertrags-Rechnung. In der Gesamttendenz „verschwimmen" mit zunehmender Dezentralisierung die Organisationsgrenzen, denn es bestehen nur noch graduelle Unterschiede zwischen Unterabteilungen einer Organisation, Subunternehmen, Spin-offs, langjährigen Zulieferern und vertraglich gebundenen Abnehmern. Genau dies ist die Richtung, in die sich – zumindest in bestimmten Bereichen – die Organisationslandschaft seit nunmehr etlichen Jahren bewegt.

Bemühungen um Dezentralisierung sind in der Regel eng gekoppelt mit dem, was Coleman und inzwischen viele andere (vgl. statt vieler Dörre und Röttger 2003) als die Schaffung von Marktbeziehungen in Organisationen bezeichnen. Durch die Schaffung von Quasi-Märkten in Organisationen und durch den Einsatz marktorientierter Steuerungsformen soll erreicht werden, dass die Organisationsmitglieder so etwas wie unternehmerische Verantwortung entwickeln („intrapreneurship") und ihr Eigeninteresse reibungsloser mit den Organisationszielen harmoniert. Beispiele für Quasi-Märkte in Organisationen sind, wenn eine Abteilung ihre Produkte gleichsam an die nächste Abteilung weiter verkauft, wenn eine Abteilung auch organisationsintern für die Nutzung ihrer Ressourcen Geld verlangt, wenn eine Abteilung Räume vermietet oder wenn Abteilungen offen um qualifizierte Mitarbeiter konkurrieren. Speziell für öffentliche Verwaltungen, die noch immer als Inbegriff bürokratischer Organisation gelten, hat sich in den zurück liegenden Jahren die so genannte „New Public Management"-Bewegung etabliert, die ein ganzes Inventar von neuen und ganz überwiegend marktorientierten internen Steuerungsinstrumenten propagiert. In dem Maße, in dem Marktmechanismen in Organisationen Einzug halten, löst sich die Dichotomie von Markt versus Hierarchie, wie sie ursprünglich dem Transaktionskostenansatz zugrunde liegt (vgl. Kapitel 3), zunehmend auf. Die klassische bürokratisch-hierarchische Organisation geht über in eine repersonalisierte, dezentrale und marktmäßig gesteuerte Organisation.

Der Weg über die individuellen Akteure: Obwohl eine Änderung eingespielter Praktiken der Sozialisation und Erziehung von Kindern erfahrungsgemäß mühsam ist und sehr häufig im Sande verläuft, beharrt Coleman auf der These eines Sozialisationsdefizits im Umgang mit korporativen Akteuren und gibt diesbezüglich Empfehlungen bzw. Anregungen für das Bildungs- und Erziehungssystem. Möglichst frühzeitig sollten Kinder mit dem elementaren Tatbestand vertraut gemacht werden, dass es neben individuellen auch korporative Akteure gibt und dass in Typ 2-Beziehungen zum Teil andere Regeln gelten als in Typ 1-Beziehungen. Lesebücher in Grundschulen z.B. seien noch immer viel zu stark auf natürliche Personen zentriert und würden die Population der korporativen Akteure weitgehend ausblenden. Zusammen mit einer Überarbeitung der Lehrbücher sollten die Curricula und Unterrichtspläne in Kindergärten, Schulen und anderen Bildungseinrichtungen daraufhin überprüft werden, ob sie die Realität einer korporativ durchdrungenen und von Organisationen gesteuerten Gesellschaft hinreichend abbilden.

Wichtiger als Erziehung im Sinne eines absichtsvollen Einwirkens auf den Nachwuchs ist im primären und sekundären Sozialisationsprozess jedoch bekanntlich das so genannte „hidden curriculum", d.h. all das, was Kinder durch Beobachtung, Erfahrung und Nachahmung lernen (Lernen am Modell). Demgemäß käme es darauf an, einen Sozialisationskontext zu schaffen, der mehr direkte Erfahrungen mit korporativen Akteuren ermöglicht. Vor allem durch die in modernen Gesellschaften vollzogene Trennung von Familie und Arbeitsplatz ist eine Situation entstanden, die Kinder von wesentlichen Lernmöglichkeiten und von einem wichtigen Erfahrungsschatz ausschließt. Im Extremfall kennen Kinder ihren Vater hauptsächlich als Bier trinkenden Fernsehzuschauer, der vielleicht gelegentlich noch eine halbe Stunde mit ihnen Fußball spielt, während ihre Mutter (in der fernsehfreien Zeit) rastlos mit Einkaufen, der Verwandtschaft und ihren Freundinnen beschäftigt ist. Mit einer erstaunlichen Hartnäckigkeit und in fast illusorischer Manier räsoniert Coleman hier über Möglichkeiten einer Reintegration der Kindererziehung in die laufenden produktiven Tätigkeiten des Erwerbslebens. Eine vermehrte Anwesenheit von Kindern am Arbeitsplatz ihrer Väter und Mütter wäre zwar mit gewissen Effektivitätsverlusten bei der Arbeit verbunden, aber dadurch würden – neben ersparten Kosten bei der Kinderbetreuung – realitätsnahe Lernfelder und neue Erfahrungshorizonte für die Kinder erschlossen. Den Einbezug von Kindern in das Erwerbsleben könnte man in einer bescheidenen Variante umsetzen, indem man Erwachsenen an ausgewählten Tagen und zu bestimmten Zeiten ermöglicht, (ihre) Kinder zur Arbeit mitzubringen. Kaum ausreichend dürfte es allerdings sein, lediglich einmal im Jahr eine Art Kindertag zu veranstalten. Coleman selbst spielt mit der weiter gespannten Idee altersgemischter Organisationen („age-balanced organizations"). Ausgehend von der Beobachtung, dass es eine Tendenz hin zu immer mehr altershomogenen Organisationen gibt (Kindergärten, Grundschulen, Werbeagenturen, Altenheime), schlägt er im Gegenzug altersheterogene Organisationen vor, deren Altersstruktur im Idealfall in etwa der der Gesellschaft entspricht. Solche altersgemischten Organisationen müssten eine größere Vielfalt an Tätigkeiten und Funktionen enthalten und würden nicht nur Kinder, sondern auch ältere Menschen wieder stärker an die Kernbereiche der Gesellschaft anbinden.

Während Colemans Idee der altersgemischten Organisation kaum Beachtung gefunden hat, gilt dies nicht für die von ihm (und anderen) vorgeschlagenen „Voucher-Systeme".[4] Durch Vouchers, zu deutsch Bezugs- oder Berechtigungsscheine, sollen die Einflussmöglichkeiten der individuellen gegenüber den korporativen Akteuren gestärkt werden, indem eine relativ einfache Umorganisation in den Ressourcenströmen vorgenommen wird. Abbildung 10.2 zeigt diese

Abbildung 10.2: Gängige Form und Voucher-Form der Finanzierung von Bildung

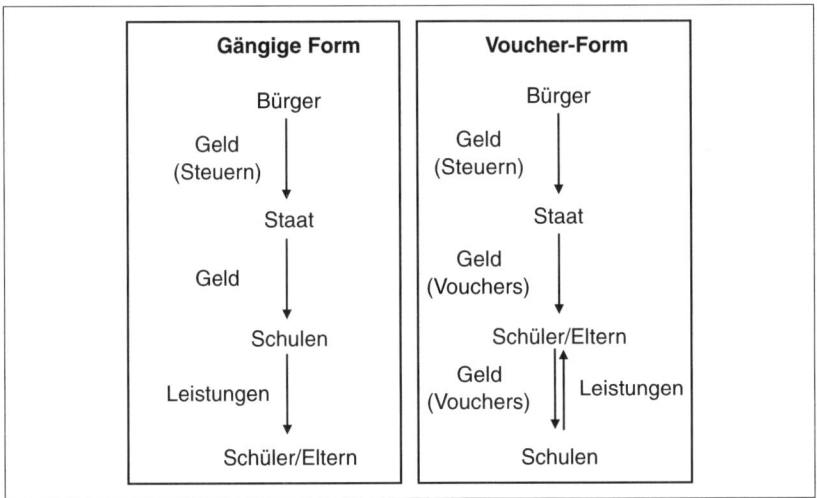

---

4 „Education vouchers" wurden von Milton Friedman, dem Ökonomie-Nobelpreisträger des Jahres 1976, bereits in den 1950er Jahren gefordert.

Umorganisation schematisch am Beispiel von Vouchers für den Besuch von Schulen. Kasten 10.1 vermittelt konkret einen Einblick in die Anfang 2003 in Deutschland eingeführte Regelung mit Bildungsgutscheinen für Arbeitslose.

Kasten 10.1: Bildungsgutscheine für Arbeitslose

Seit Januar 2003 gibt es in Deutschland die Möglichkeit, dass Arbeitsämter an Arbeitslose Bildungsgutscheine vergeben, die diese dann bei einem Weiterbildungsträger einlösen können. Im Gespräch mit dem zuständigen Berater beim Arbeitsamt muss zuvor geklärt werden, ob individuell tatsächlich die Notwendigkeit für eine Weiterbildung besteht und ob auf Grund der Weiterbildung mit hinreichender Wahrscheinlichkeit eine Eingliederung in den Arbeitsmarkt erwartet werden kann. Ist beides gegeben, stellt der Arbeitsberater einen Bildungsgutschein aus, der das Bildungsziel, die wesentlichen Qualifizierungsinhalte, die erforderliche Dauer, den regionalen Geltungsbereich und die Gültigkeitsdauer (von in der Regel drei Monaten) benennt. Der Bildungsgutschein kann nur für Maßnahmen/Kurse bei Trägern verwendet werden, die vom Arbeitsamt für die Weiterbildung und Umschulung zugelassen wurden.

Wichtige Gründe für die Einführung von Bildungsgutscheinen waren u.a. regelmäßige Klagen über fragwürdige Praktiken der Zuweisung von Arbeitslosen zu Weiterbildungsangeboten sowie häufige Beschwerden über die Qualität von Kursen. Um geplante und bereits genehmigte Kurse starten zu können, wurden sie oft mit Arbeitslosen „aufgefüllt", ohne dass deren Wünsche und Interessen ausreichend Berücksichtigung fanden. Hinzu kamen sporadische Verdächtigungen über Träger-Patronage und Günstlingswirtschaft seitens einzelner Arbeitsämter oder Arbeitsvermittler (z.B. Bevorzugung gewerkschaftsnaher oder aber arbeitgebernaher Träger). In Verbund mit Motivationsproblemen bei vielen Kursteilnehmern und vielfach tatsächlich dürftigen Kursinhalten bildete dies den Nährboden für schlechte Qualitätsurteile über die berufliche Weiterbildung für Arbeitslose.

Mit den Bildungsgutscheinen wurde – laut offizieller Regierungsdeklaration – „ein Systemwechsel von der Angebots- hin zur Nachfragesteuerung" vollzogen. Den Arbeitslosen werde jetzt eine größere Wahl- und Entscheidungsfreiheit eingeräumt und gleichzeitig auch mehr Eigenverantwortung übertragen. Die Träger müssten sich mit ihren Kursen nunmehr im Wettbewerb bewähren, was im Endergebnis die Qualität der Weiterbildungsangebote nur verbessern könne.

Welche Erfahrungen wurden in den Pilotjahren 2003/04 mit den Bildungsgutscheinen gemacht? Folgt man diversen Kurzberichten in den Medien und im Internet, überwiegen die negativen Einschätzungen. Die Auswahl eines konkreten Trägers für eine ins Auge gefasste Weiterbildung überfordere die Arbeitslosen, weil sie den einschlägigen Markt (mit den Details der verschiedenen Anbieter/Träger) kaum oder überhaupt nicht kennen. In dieser Situation wenden sie sich ratsuchend hauptsächlich an das Arbeitsamt bzw. an ihren Arbeitsberater. Diese sind aber zu Neutralität verpflichtet und dürfen (streng genommen) nur Überblickslisten der anerkannten Träger verteilen. Das Ergebnis sei Hilf- und Orientierungslosigkeit der Betroffenen. Als ein Indiz dafür wird gewertet, dass im Jahr 2003 rund die Hälfte der Bildungsgutscheine in den drei Monaten ihrer Gültigkeit überhaupt nicht eingelöst wurde.

Neben der „Überforderungsthese", die oft noch auf die Gruppe der z.B. bildungsmäßig schwächeren Arbeitslosen konzentriert wird, spielen in der einschlägigen Diskussion die Auswirkungen auf die Träger und allgemein auf die Infrastruktur der Weiterbildung eine zentrale Rolle. Klar ist, dass die Gutschein-Regelung die Weiterbildungsbranche kräftig erschreckt und relativ unvorbereitet getroffen hat. Die Träger

haben jetzt sehr viel größere Schwierigkeiten mit der Vorausplanung ihres Kurs-
programms, da viele Kurse auf Grund mangelnder Nachfrage überhaupt nicht stattfinden, während bei anderen Kursen Interessenten auf Grund zu weniger Plätze
nicht zum Zuge kommen. Die „Eigenwilligkeit" der Nachfrage erfordert von den
Trägern eine höhere organisatorische Flexibilität – mit neuen Routinen der Sach-
und Personalplanung und vielfach auch neuen Kursinhalten und Kursmethoden
(E-Learning von Einzelpersonen am Computer mit nur gelegentlich anwesenden
Kursbetreuern?).

Insgesamt wäre es mit Sicherheit verfrüht, auf Grund des negativen Presseechos
das Experiment mit den Bildungsgutscheinen für Arbeitslose als gescheitert einzustufen. Die meisten Schwierigkeiten, über die berichtet wird, hängen auch mit Über-
gangsproblemen zusammen. Es müssen sich erst Wege und Möglichkeiten einspie-
len, wie sich die Arbeitslosen gezielt und mit vertretbarem Aufwand über die für sie in
Betracht kommenden Kursangebote informieren können. Und genauso braucht es
Zeit, bis die Weiterbildungsträger – gestützt auf Erfahrungen – ihre organisatorischen Praktiken den neuen Gegebenheiten angepasst haben. Die Gutschein-
Regelung wurde in ihren Startjahren 2003 und 2004 zusätzlich dadurch belastet,
dass gleichzeitig das gesamte Finanzvolumen für die Weiterbildung von Arbeitslosen
deutlich reduziert wurde.

Die gängige Form der Finanzierung von Bildung für unsere Kinder und Ju-
gendlichen besteht gemäß Abbildung 10.2 darin, dass die Bürger an den Staat
Steuern zahlen, der Staat damit die Schulen finanziert und die Schulen dafür an
die Schüler und deren Eltern ihre Leistungen erbringen. Im Voucher-System finanziert der Staat die Schulen nicht direkt, sondern gibt das Geld in Form von
Gutscheinen, die z.B. jeweils zum Besuch einer Schule für ein Jahr berechtigen,
an die Schüler und Eltern. Diese können sich dann diejenige Schule aussuchen,
die ihren Wünschen und Vorstellungen am ehesten entspricht. Es erscheint
plausibel anzunehmen, dass die Begünstigten auf der Grundlage der Qualität
und der Reputation der Schulen entscheiden, wo sie ihre Vouchers einlösen.
Die Gutscheine stärken die Position der Eltern und Schüler, indem sie ihnen
„Marktmacht" einräumen. Sie sollen gleichzeitig einen Qualitätswettbewerb der
Schulen in Gang setzen und letztlich zu einer Verbesserung des Leistungsni-
veaus der Schüler beitragen.

In der Tat wird inzwischen in verschiedenen Ländern (vor allem in den USA)
auf unterschiedlichen Ebenen (vor allem auf Gemeindeebene) und in diversen
Bereichen (vor allem im Bildungswesen) mit Voucher-Systemen gearbeitet bzw.
experimentiert. Wie kaum anders zu erwarten, gibt es eine Reihe von positiven
ebenso wie negativen Erfahrungen. Es kann an dieser Stelle nicht die Aufgabe
sein, die vorliegenden empirischen Evidenzen mit Blick auf mutmaßliche Bedingungen für ein effektives Funktionieren von Voucher-Projekten aufzuarbei-
ten. Im Lichte des übergeordneten Anliegens, den Einfluss und die Macht individueller Akteure in der asymmetrischen Gesellschaft zu fördern, sind Vouchers
auf jeden Fall ein Instrument, das in seinen Wirkungen häufiger erprobt und
ausgelotet werden sollte.

Insgesamt sind die Vorschläge und Anregungen von Coleman, die Asymmetrie in den Beziehungen zwischen individuellen und korporativen Akteuren abzubauen, trotz oder gerade wegen ihrer Unvollkommenheiten ein instruktives Beispiel für anwendungsorientierte Organisationsforschung, die aus einer genuin soziologischen Perspektive heraus argumentiert. Gewiss bilden die Beschreibung und Erklärung organisationaler Strukturen und Prozesse den Kern der Organisationssoziologie, aber der Bedarf nach intelligenten organisatorischen Regelungen, nach kreativen institutionellen Lösungen und nach sachkundiger Organisationsberatung ist in modernen Gesellschaften enorm. Für Soziologinnen und Soziologen, die sich auf die Organisationsforschung spezialisieren, bietet sich hier ein breites, ertragreiches und sinnvolles Betätigungsfeld. Wenn das vorliegende Lehrbuch dazu beigetragen hat, einen gewissen Enthusiasmus für diesen Bereich zu wecken, ist eines seiner Hauptanliegen erreicht.

Literatur zur Vertiefung und zum Weiterlesen

(1) Coleman, James S. (1982): The Asymmetric Society, Syracuse: Syracuse University Press (deutsch: Die asymmetrische Gesellschaft, Weinheim: Beltz 1986; wie aus den obigen Ausführungen deutlich geworden sein sollte, enthält dieses recht eigenwillige Büchlein eine Fülle von inhaltlichen Anregungen).

(2) Hirschman, Albert O. (1970): Exit, Voice, and Loyalty. Responses to Decline in Firms, Organizations, and States, Cambridge, Mass.: Harvard University Press (deutsch: Abwanderung und Widerspruch. Reaktionen auf Leistungsabfall bei Unternehmungen, Organisationen und Staaten, Tübingen: Mohr 1974; um individuelle Akteure in ihrer Position gegenüber korporativen Akteuren zu stärken, kann man ihnen gemäß Hirschman mehr Voice-Möglichkeiten einräumen oder aber bessere Exit-Optionen gewähren; Coleman spricht in diesem Zusammenhang von Organisations- versus Marktmacht).

Literaturverzeichnis

Abraham, Martin und Günter Büschges (2004): Einführung in die Organisationssoziologie, 3. Auflage, Wiesbaden: VS Verlag für Sozialwissenschaften.

Achatz, Juliane, Stefan Fuchs, Janina von Stebut und Christine Wimbauer (2002): Geschlechterungleichheit in Organisationen. Zur Beschäftigung hochqualifizierter Frauen, in: Jutta Allmendinger und Thomas Hinz (Hg.), Organisationssoziologie. Sonderheft 42 der Kölner Zeitschrift für Soziologie und Sozialpsychologie, Wiesbaden: Westdeutscher Verlag, S. 284–318.

Aldrich, Howard E. (1999): Organizations Evolving, London: Sage.

Arrow, Kenneth J. (1951): Social Choice and Individual Values, New York: Wiley.

Axelrod, Robert (1984): The Evolution of Cooperation, New York: Basic Books (deutsch: Die Evolution der Kooperation, München: Oldenbourg 1991).

Banerjee, Abhijit (1992): A Simple Model of Herd Behavior, in: Quarterly Journal of Economics, Vol. 107, S. 797–817.

Barnard, Chester I. (1938): The Functions of the Executive, Cambridge, Mass.: Harvard University Press (deutsch: Die Führung großer Organisationen, Essen: Girardet 1970).

Baron, James N. und William T. Bielby (1980): Bringing the Firm Back in: Stratification, Segmentation, and the Organization of Work, in: American Sociological Review, Vol. 45, S. 737–765.

Baron, James N., Frank R. Dobbin und P. Devereaux Jennings (1986): War and Peace: The Evolution of Modern Personnel Administration in U.S. Industry, in: American Journal of Sociology, Vol. 92, S. 350–383.

Batenburg, Ronald, Werner Raub und Chris Snijders (2000): Vertrauen und Verträge: Eine empirisch-theoretische Analyse der Effekte „sozialer Einbettung" auf die Steuerung wirtschaftlicher Transaktionen durch Normen und Institutionen, in: Regina Metze, Kurt Mühler und Karl-Dieter Opp (Hg.), Normen und Institutionen: Entstehung und Wirkungen, Leipzig: Leipziger Universitätsverlag, S. 385–413.

Bea, Franz Xaver und Elisabeth Göbel (2002): Organisation. Theorie und Gestaltung, 2. Auflage, Stuttgart: Lucius und Lucius.

Berger, Johannes (1999): Warum arbeiten die Arbeiter?, in: Johannes Berger, Die Wirtschaft der modernen Gesellschaft, Frankfurt am Main: Campus, S. 51–75.

Berger, Johannes (2002): Normativer Konsens und das Agenturproblem der Unternehmung, in: Andrea Maurer und Michael Schmid (Hg.), Neuer Institutionalismus, Frankfurt am Main: Campus, S. 193–217.

Berger, Ulrike und Isolde Bernhard-Mehlich (2002): Die Verhaltenswissenschaftliche Entscheidungstheorie, in: Alfred Kieser (Hg.), Organisationstheorien, 5. Auflage, Stuttgart: Kohlhammer, S. 133–168.

Berle, Adolph A. und Gardiner C. Means (1932): The Modern Corporation and Private Property, New York: Macmillan.

Beyer, Jürgen (2005): Pfadabhängigkeit ist nicht gleich Pfadabhängigkeit! Wider den impliziten Konservatismus eines gängigen Konzepts, in: Zeitschrift für Soziologie, Jg. 34, S. 5–21.

Blau, Peter M. (1970): A Formal Theory of Differentiation in Organizations, in: American Sociological Review, Vol. 35, S. 201–218.

Blau, Peter M. (1972): Interdependence and Hierarchy in Organizations, in: Social Science Research, Vol. 1, S. 1–24.

Blau, Peter M. und Richard A. Schoenherr (1971): The Structure of Organizations, New York: Basic Books.

Blumberg, Boris (1998). Management von Technologiekooperationen, Wiesbaden: Deutscher Universitäts-Verlag.

Brinig, Margaret F. (1990): Rings and Promises, in: Journal of Law, Economics, and Organization, Vol. 6, S. 203–215.

Bruch, Michael (2000): Betriebliche Organisationsform und gesellschaftliche Regulation, in: Günther Ortmann, Jörg Sydow und Klaus Türk (Hg.), Theorien der Organisation, 2. Auflage, Wiesbaden: Westdeutscher Verlag, S. 181–210.

Brüderl, Josef (1991): Mobilitätsprozesse in Betrieben. Dynamische Modelle und empirische Befunde, Frankfurt am Main: Campus.

Brüderl, Josef, Peter Preisendörfer und Rolf Ziegler (1993): Upward Mobility in Organizations: The Effects of Hierarchy and Opportunity Structure, in: European Sociological Review, Vol. 9, S. 173–188.

Brüderl, Josef und Rudolf Schüssler (1990): Organizational Mortality: The Liabilities of Newness and Adolescence, in: Administrative Science Quarterly, Vol. 35, S. 530–547.

Buchanan, James M. und Gordon Tullock (1962): The Calculus of Consent, Ann Arbor: University of Michigan Press.

Burns, Tom und George M. Stalker (1961): The Management of Innovation, London: Tavistock.

Burschel, Carlo (1996): Umweltschutz als sozialer Prozess. Die Organisation des Umweltschutzes und die Implementierung von Umwelttechnik im Betrieb, Opladen: Westdeutscher Verlag.

Carlton, Dennis W. und Jeffrey M. Perloff (1999): Modern Industrial Organization, 3. Auflage, Reading, MA: Addison Wesley.

Carey, Alex (1967): The Hawthorne Studies: A Radical Criticism, in: American Sociological Review, Vol. 32, S. 403–416.

Carroll, Glenn R. (1984): Organizational Ecology, in: Annual Review of Sociology, Vol. 10, S. 71–93.

Carroll, Glenn R. (1985): Concentration and Specialization: Dynamics of Niche Width in Populations of Organizations, in: American Journal of Sociology, Vol. 90, S. 1262–1283.

Carroll, Glenn R., Stanislav Dobrev und Anand Swaminathan (2002): Theorie der Ressourcenteilung in der Organisationsökologie, in: Jutta Allmendinger und Thomas Hinz (Hg.), Organisationssoziologie. Sonderheft 42 der Kölner Zeitschrift für Soziologie und Sozialpsychologie, Wiesbaden: Westdeutscher Verlag, S. 381–413.

Carroll, Glenn R. und Michael T. Hannan (2000): The Demography of Corporations and Industries, Princeton: Princeton University Press.

Carroll, Glenn R. und Anand Swaminathan (2000): Why the Microbrewery Movement? Organizational Dynamics of Resource Partitioning in the U.S. Brewing Industry, in: American Journal of Sociology, Vol. 106, S. 715–762.

Cebon, Peter (1996): Eine organisationstheoretische Analyse von Maßnahmen gegen Punktquellenverschmutzung, in: Andreas Diekmann und Carlo C. Jäger (Hg.), Umweltsoziologie. Sonderheft 36 der Kölner Zeitschrift für Soziologie und Sozialpsychologie, Opladen: Westdeutscher Verlag, S. 441–471.

Child, John (1972): Organization Structure, Environment, and Performance: The Role of Strategic Choice, in: Sociology, Vol. 6, S. 1–22.

Child, John (1973): Predicting and Understanding Organization Structure, in: Administrative Science Quarterly, Vol. 18, S. 168–185.

Coase, Ronald (1937): The Nature of the Firm, in: Economica, Vol. 4, S. 386–405.

Coase, Ronald (2000): The Acquisition of Fisher Body by General Motors, in: Journal of Law and Economics, Vol. 43, S. 1–32.

Cohen, Michael D., James G. March und Johan P. Olsen (1972): A Garbage Can Model of Organizational Choice, in: Administrative Science Quarterly, Vol. 17, S. 1–25.

Coleman, James S. (1974): Power and the Structure of Society, New York: Norton (deutsch: Macht und Gesellschaftsstruktur, Tübingen: Mohr 1979).

Coleman, James S. (1982): The Asymmetric Society, Syracuse: Syracuse University Press (deutsch: Die asymmetrische Gesellschaft, Weinheim: Beltz 1986).

Coleman, James S. (1990): Foundations of Social Theory, Cambridge, Mass.: Belknap Press (deutsch: Grundlagen der Sozialtheorie, drei Bände, München: Oldenbourg 1991–1994).

Crozier, Michel (1970): La Societe Bloquee, Paris: Editions du Seuil.

Crozier, Michel und Erhard Friedberg (1993): Die Zwänge kollektiven Handelns. Über Macht und Organisation, Frankfurt am Main: Hain.

Cyert, Richard M. und James G. March (1963): A Behavioral Theory of the Firm, Englewood Cliffs, NJ: Prentice Hall.

Deutsches PISA-Konsortium (Hg.) (2001): PISA 2000. Basiskompetenzen von Schülerinnen und Schülern im internationalen Vergleich, Opladen: Leske + Budrich.

Diekmann, Andreas und Peter Preisendörfer (2001): Umweltsoziologie. Eine Einführung, Reinbek: Rowohlt.

DiMaggio, Paul J. und Walter W. Powell (1983): The Iron Cage Revisited: Institutional Isomorphism and Collective Rationality in Organizational Fields, in: American Sociological Review, Vol. 48, S. 147–160.

DiMaggio, Paul J. und Walter W. Powell (1991): Introduction, in: Walter W. Powell and Paul J. DiMaggio (Hg.), The New Institutionalism in Organizational Analysis, Chicago: Chicago University Press, S. 1–38.

Dixit, Avinash K. und Barry J. Nalebuff (1997): Spieltheorie für Einsteiger, Stuttgart: Schäffer-Poeschel.

Döhring, Nicola (1997): Einsamkeit in der „Informationsgesellschaft", in: ZUMA-Nachrichten, 21. Jg, Heft 40, S. 36–51.

Dörre, Klaus und Bernd Röttger (Hg.) (2003): Das neue Marktregime. Konturen eines nachfordistischen Produktionsmodells, Hamburg: VSA.

Douma, Sytse und Hein Schreuder (2002): Economic Approaches to Organizations, 3. Auflage, Harlow, England: Prentice-Hall.

Ebers, Mark und Wilfried Gotsch (2002): Institutionenökonomische Theorien der Organisation, in: Alfred Kieser (Hg.), Organisationstheorien, 5. Auflage, Stuttgart: Kohlhammer, S. 199–251.

Eisenhardt, Kathleen M. (1989): Agency Theory: An Assessment and Review, in: Academy of Management Review, Vol. 14, S. 57–74.

Endruweit, Günter (2004): Organisationssoziologie, 2. Auflage, Stuttgart: Lucius und Lucius.

Esser, Hartmut (2000): Soziologie. Spezielle Grundlagen, Band 2: Die Konstruktion der Gesellschaft, Frankfurt am Main: Campus.

Etzioni, Amitai (1967): Soziologie der Organisationen, München: Juventa.

Fishback, Price V. (1992): The Economics of Company Housing: Historical Perspectives from the Coal Fields, in: Journal of Law, Economics, and Organization, Vol. 8, S. 346–365.

Fligstein, Neil (1985): The Spread of the Multidivisional Form, in: American Sociological Review, Vol. 50, S. 377–391.

Fligstein, Neil (1996): Markets as Politics: A Political-Cultural Approach to Market Institutions, in: American Sociological Review, Vol. 61, S. 656–673.

Franke, Richard H. und James D. Kaul (1978): The Hawthorne Experiments: First Statistical Interpretation, in: American Sociological Review, Vol. 43, S. 623–643.

Freeland, Robert (2000): Creating Holdup through Vertical Integration: Fisher Body Revisited, in: Journal of Law and Economics, Vol. 43, S. 33–66.

Freeman, John und Michael T. Hannan (1983): Niche Width and the Dynamics of Organizational Populations, in: American Journal of Sociology, Vol. 88, S. 1116–1145.

Frey, Bruno S. (1997): Markt und Motivation. Wie ökonomische Anreize die (Arbeits-)Moral verdrängen, München: Vahlen.

Friedberg, Erhard (2003): Mikropolitik und Organisationelles Lernen, in: Helmut Brentel, Herbert Klemisch und Holger Rohn (Hg.), Lernendes Unternehmen, Wiesbaden: Westdeutscher Verlag, S. 97–108.

Fritsch, Michael und Reinhold Grotz (Hg.) (2004): Empirische Analysen zum Gründungsgeschehen in Deutschland, Heidelberg: Physika.

Gibbons, Robert (2000): Why Organizations Are Such a Mess (and What an Economist Might Do About It), Cambridge, Mass.: MIT Sloan School of Management (unveröffentlichtes Manuskript).

Gillespie, Richard (1991): Manufacturing Knowledge. A History of the Hawthorne Experiments, Cambridge: Cambridge University Press.

Gotthelf, Jeremias (1978): Die Käserei in der Vehfreude, Zürich: Diogenes (zuerst 1850).

Granovetter, Mark (1985): Economic Action and Social Structure: The Problem of Embeddedness, in: American Journal of Sociology, Vol. 91, S. 481–510.

Hall, Richard H. (2002): Organizations. Structures, Processes, and Outcomes, 8. Auflage, Upper Saddle River, NJ: Prentice-Hall.

Hannan, Michael T. und Glenn R. Carroll (1992): Dynamics of Organizational Populations, New York: Oxford University Press.

Hannan, Michael T. und John Freeman (1977): The Population Ecology of Organizations, in: American Journal of Sociology, Vol. 82, S. 929–964.

Hannan, Michael T. und John Freeman (1989): Organizational Ecology, Cambridge: Harvard University Press.

Hasse, Raimund und Georg Krücken (2005): Neo-Institutionalismus, 2. Auflage, Bielefeld: transcript.

Hatch, Mary Jo (1997): Organization Theory. Modern, Symbolic, and Postmodern Perspectives, Oxford: Oxford University Press.

Hedström, Peter (1998): Rational Imitation, in: Peter Hedström und Richard Swedberg (Hg.), Social Mechanisms. An Analytical Approach to Social Theory, Cambridge: Cambridge University Press, S. 306–327.

Hiller, Petra (2005): Organisationsanalysen, in: Soziologische Revue, 28. Jg., S. 219–228.

Hirschman, Albert O. (1970): Exit, Voice, and Loyalty. Responses to Decline in Firms, Organizations, and States, Cambridge, Mass.: Harvard University Press (deutsch: Abwanderung und Widerspruch. Reaktionen auf Leistungsabfall bei Unternehmungen, Organisationen und Staaten, Tübingen: Mohr 1974).

Hirschman, Albert O. (1992): Abwanderung, Widerspruch und das Schicksal der Deutschen Demokratischen Republik, in: Leviathan, 20. Jg., S. 330–358.

Homann, Karl und Andreas Suchanek (2000): Ökonomik. Eine Einführung, Tübingen: Mohr.

Jones, Stephen R. G. (1992): Was There a Hawthorne Effect?, in: American Journal of Sociology, Vol. 98, S. 451–468.

Kalleberg, Arne L., David Knoke, Peter V. Marsden und Joe L. Spaeth (Hg.) (1996a), Organizations in America, Thousand Oaks: Sage.

Kalleberg, Arne L., Peter V. Marsden, David Knoke und Joe L. Spaeth (1996b): Formalizing the Employment Relation, in: Arne L. Kalleberg, David Knoke, Peter V. Marsden und Joe L. Spaeth (Hg.), Organizations in America, Thousand Oaks: Sage, S. 87–112.

Kaluza, Bernd und Thorsten Blecker (Hg.) (2005): Erfolgsfaktor Flexibilität. Strategien und Konzepte für wandlungsfähige Unternehmen, Berlin: Erich Schmidt.

Khandwalla, Pradip N. (1977): The Design of Organizations, New York: Harcourt.

Kieser, Alfred (Hg.) (2002a): Organisationstheorien, 5. Auflage, Stuttgart: Kohlhammer.

Kieser, Alfred (2002b): Der Situative Ansatz, in: Alfred Kieser (Hg.), Organisationstheorien, 5. Auflage, Stuttgart: Kohlhammer, S. 169–198.

Kieser, Alfred (2002c): Max Webers Analyse der Bürokratie, in: Alfred Kieser (Hg.), Organisationstheorien, 5. Auflage, Stuttgart: Kohlhammer, S. 39–64.

Kieser, Alfred (2002d): Managementlehre und Taylorismus, in: Alfred Kieser (Hg.), Organisationstheorien, 5. Auflage, Stuttgart: Kohlhammer, S. 65–99.

Kieser, Alfred (2002e): Human Relations-Bewegung und Organisationspsychologie, in: Alfred Kieser (Hg.), Organisationstheorien, 5. Auflage, Stuttgart: Kohlhammer, S. 101–131.

Kieser, Alfred und Herbert Kubicek (1992): Organisation, 3. Auflage, Berlin: de Gruyter.

Kieser, Alfred und Peter Walgenbach (2003): Organisation, 4. Auflage, Stuttgart: Schäffer-Poeschel.

Kieserling, André (2005): Selbstbeschreibung von Organisationen: Zur Transformation ihrer Semantik, in: Wieland Jäger und Uwe Schimank (Hg.), Organisationsgesellschaft, Wiesbaden: VS Verlag für Sozialwissenschaften, S. 51–88.

Klein, Benjamin (1996): Vertical Integration as Organizational Ownership: The Fisher Body – General Motors Relationship Revisited, in: Scott E. Masten (Hg.), Case Studies in Contracting and Organization, New York: Oxford University Press, S. 165–178.

Klein, Benjamin, Robert A. Crawford und Armen A. Alchian (1978): Vertical Integration, Appropriable Rents, and the Competitive Contracting Process, in: Journal of Law and Economics, Vol. 21, S. 297–326.

Kohn, Melvin L. und Carmi Schooler (1983): Work and Personality: An Inquiry Into the Impact of Social Stratification, Norwood, NJ: Ablex.

Kosiol, Erich (1976): Organisation der Unternehmung, 2. Auflage, Wiesbaden: Gabler.

Kubicek, Herbert und Günter Welter (1985): Messung der Organisationsstruktur, Stuttgart: Thieme.

Kühl, Stefan (2003): Organisationssoziologie. Ein Ordnungs- und Verortungsversuch, in: Soziologie, Heft 1, S. 37–47.

Kühl, Stefan (2005): Ganz normale Organisationen. Organisationssoziologische Interpretationen simulierter Brutalitäten, in: Zeitschrift für Soziologie, 34. Jg., S. 90–111.

Kühl, Stefan und Petra Strodtholz (Hg.) (2002): Methoden der Organisationsforschung. Ein Handbuch, Reinbek: Rowohlt.

Kühl, Stefan, Petra Strodtholz und Andreas Taffertshofer (Hg.) (2005): Quantitative Methoden der Organisationsforschung. Ein Handbuch, Wiesbaden: VS Verlag für Sozialwissenschaften.

Landesberger, Henry A. (1958): Hawthorne Revisited, New York: Cornell University Press.

Lant, Theresa K. und Joel A.C. Baum (1995): Cognitive Sources of Socially Constructed Competitive Groups. Examples from the Manhattan Hotel Industry, in: Richard W. Scott und Soren Christensen (Hg.): The Institutional Construction of Organizations, Thousand Oaks, CA: Sage, S. 15–38.

Lawrence, Paul R. und Jay W. Lorsch (1967): Organization and Environment: Managing Differentiation and Integration, Homewood, IL: Irwin.

Lazear, Edward P. (1979): Why is there Mandatory Retirement?, in: Journal of Political Economy, Vol. 87, S. 1261–1284.

Leavitt, Harold J. (1965): Applied Organizational Change in Industry: Structural, Technological an Humanistic Approaches, in: James G. March (Hg.), Handbook of Organizations, Chicago: Rand McNally, S. 1144–1170.

Leininger, Wolfgang (1993): The Fatal Vote: Berlin versus Bonn, in: Finanzarchiv, Bd. 50, S. 1–20.

Lorenz, Edward H. (1988): Neither Friends nor Strangers: Informal Networks of Subcontracting in French Industry, in: Diego Gambetta (Hg.), Trust. Making and Breaking Cooperative Relations, New York: Blackwell, S. 194–210.

Luhmann, Niklas (1964): Funktionen und Folgen formaler Organisation, Berlin: Duncker & Humblot.

Luhmann, Niklas (1973): Zweckbegriff und Systemrationalität. Über die Funktion von Zwecken in sozialen Systemen, Frankfurt am Main: Suhrkamp.

Luhmann, Niklas (1975): Interaktion, Organisation, Gesellschaft. Anwendungen der Systemtheorie, in: Niklas Luhmann (Hg.), Soziologische Aufklärung Bd. 2, Opladen: Westdeutscher Verlag, S. 9–19.

Luhmann, Niklas (1989): Vertrauen. Ein Mechanismus zur Reduktion von Komplexität, 3. Auflage, Stuttgart: Enke.

Luhmann, Niklas (1990): Ökologische Kommunikation. Kann die moderne Gesellschaft sich auf ökologische Gefährdungen einstellen?, 3. Auflage, Opladen: Westdeutscher Verlag.

Luhmann, Niklas (2000): Organisation und Entscheidung, Wiesbaden: Westdeutscher Verlag.

Lutz, Burkart (1976): Bildungssystem und Beschäftigungsstruktur in Deutschland und Frankreich, in: Hans-Gerhard Mendius, Werner Sengenberger, Burkart Lutz, Norbert Altmann, Fritz Böhle, Inge Asendorf-Krings, Ingrid Drexel, Christoph Nuber (Hg.), Betrieb – Arbeitsmarkt – Qualifikation I, Frankfurt am Main: Aspekte, S. 83–151.

March, James G. (1994): A Primer on Decision Making, New York: Free Press.

March, James G. und Herbert A. Simon (1958): Organizations, New York: Wiley.

Marsden, Peter V., Cynthia R. Cook und Arne L. Kalleberg (1996a): Bureaucratic Structures for Coordination and Control, in: Arne L. Kalleberg, David Knoke, Peter V. Marsden und Joe L. Spaeth (Hg.), Organizations in America, Thousand Oaks: Sage, S. 69–86.

Marsden, Peter V., Cynthia R. Cook und David Knoke (1996b): American Organizations and Their Environments, in: Arne L. Kalleberg, David Knoke, Peter V. Marsden und Joe L. Spaeth (Hg.), Organizations in America, Thousand Oaks: Sage, S. 45–66.

Martens, Wil (2000): Organisation und gesellschaftliche Teilsysteme, in: Günther Ortmann, Jörg Sydow und Klaus Türk (Hg.), Theorien der Organisation, 2. Auflage, Wiesbaden: Westdeutscher Verlag, S. 263–311.

Masten, Scott E. (Hg.) (1996): Case Studies in Contracting and Organization, New York: Oxford University Press.

Maurice, Marc, Arndt Sorge und Malcolm Warner (1980): Societal Differences in Organizing Manufacturing Units: A Comparison of France, West Germany, and Great Britain, in: Organization Studies, Vol. 1, S. 57–86.

Mayntz, Renate (1963): Soziologie der Organisation, Reinbek: Rowohlt.

Mayntz, Renate (1965): Max Webers Idealtypus der Bürokratie und die Organisationssoziologie, in: Kölner Zeitschrift für Soziologie und Sozialpsychologie, Jg. 17, S. 493–502.

Mayntz, Renate und Rolf Ziegler (1977): Soziologie der Organisation, in: René König (Hg.), Handbuch der empirischen Sozialforschung, 2. Auflage, Band 9: Organisation, Militär, Stuttgart: Enke, S. 1–141.

Mayo, Elton (1998): The Social Problems of an Industrial Civilization, London: Routledge (zuerst 1945).

McGregor, Douglas (1960): The Human Side of Enterprise, New York: McGraw-Hill (deutsch: Der Mensch im Unternehmen, München: Econ 1982).

Meffert, Heribert und Manfred Kirchgeorg (1998): Marktorientiertes Umweltmanagement, 3. Auflage, Stuttgart: Schäffer-Poeschel.

Merton, Robert K. (1940): Bureaucratic Structure and Personality, in: Social Forces, Vol. 17, S. 560–568 (deutsch: Bürokratische Struktur und Persönlichkeit, in: Renate Mayntz (Hg.), Bürokratische Organisation, Köln: Kiepenheuer und Witsch 1968, S. 265–276).

Meyer, Marshall W. und Lynne G. Zucker (1989): Permanently Failing Organizations, Newbury Park: Sage.

Meyer, John W. und Brian Rowan (1977): Institutionalized Organizations: Formal Structures as Myth and Ceremony, in: American Journal of Sociology, Vol. 83, S. 340–363.

Mezias, Stephen J. (1990): An Institutional Model of Organizational Practice: Financial Reporting at the Fortune 200, in: Administrative Science Quarterly, Vol. 35, S. 431–457.

Michels, Robert (1989): Zur Soziologie des Parteiwesens in der modernen Demokratie, 4. Auflage, Stuttgart: Kröner (zuerst 1911).

Milgram, Stanley (1982): Das Milgram-Experiment. Zur Gehorsamsbereitschaft gegenüber Autorität, Reinbek: Rowohlt.

Milgrom, Paul und John Roberts (1992): Economics, Organization and Management, Englewood Cliffs, NJ: Prentice-Hall.

Miller, Arthur (2001): Tod eines Handlungsreisenden, 46. Auflage, Frankfurt am Main: Fischer Taschenbuch.

Mintzberg, Henry (1979): The Structuring of Organizations, Englewood Cliffs, NJ: Prentice Hall.

Morgan, Gareth (1997): Images of Organization, Thousand Oaks: Sage.

Mueller, Dennis C. (2003): Public Choice III, Cambridge: Cambridge University Press.

Müller-Jentsch, Walther (2003): Organisationssoziologie. Eine Einführung, Frankfurt am Main: Campus.

Nassehi, Armin (2002): Die Organisationen der Gesellschaft, in: Jutta Allmendinger und Thomas Hinz (Hg.), Organisationssoziologie. Sonderheft 42 der Kölner Zeitschrift für Soziologie und Sozialpsychologie, Wiesbaden: Westdeutscher Verlag, S. 443–478.

Neuberger, Oswald (1995): Mikropolitik. Der alltägliche Aufbau und Einsatz von Macht in Organisationen, Stuttgart: Enke.

Nölle, Volker (1997): Vom Umgang mit Verstorbenen, Frankfurt am Main: Peter Lang.

Olson, Mancur (1965): The Logic of Collective Action, Cambridge, Mass.: Harvard University Press (deutsch: Die Logik des kollektiven Handelns, Tübingen: Mohr 1968).

Olson, Mancur (1982): The Rise and Decline of Nations. Economic Growth, Stagflation and Social Rigidities, New Haven: Yale University Press (deutsch: Aufstieg und Niedergang von Nationen, Tübingen: Mohr 1985).

Ortmann, Günther, Jörg Sydow und Klaus Türk (Hg.) (2000): Theorien der Organisation. Die Rückkehr der Gesellschaft, 2. Auflage, Wiesbaden: Westdeutscher Verlag.

Ostrom, Elinor (1990): Governing the Commons. The Evolution of Institutions for Collective Action, Cambridge, Mass.: Cambridge University Press (deutsch: Die Verfassung der Allmende, Tübingen: Mohr 1999).

Parsons, Talcott (1958): Struktur und Funktion der modernen Medizin. Eine soziologische Analyse, in: René König und Margret Tönnesmann (Hg.), Probleme der Medizin-Soziologie. Sonderheft 3 der Kölner Zeitschrift für Soziologie und Sozialpsychologie, Köln: Westdeutscher Verlag, S. 10–57.

Parsons, Talcott (1969): Evolutionäre Universalien der Gesellschaft, in: Wolfgang Zapf (Hg.), Theorien des sozialen Wandels, Köln: Kiepenheuer und Witsch, S. 55–74.

Parsons, Talcott und Edward A. Shils (1962): Values, Motives, and Systems of Action, in: Talcott Parsons und Edward A. Shils (Hg.), Toward a General Theory of Action, Cambridge, Mass.: Harvard University Press, Part 2 (S. 47 ff.).

Perrow, Charles (1992): Normale Katastrophen. Die unvermeidbaren Risiken der Großtechnik, 2. Auflage, Frankfurt am Main: Campus.

Pfeffer, Jeffrey und Gerald R. Salancik (1978): The External Control of Organizations: A Resource Dependence Perspective, New York: Harper and Row.

Picot, Arnold, Ulf-Dieter Laub und Dietram Schneider (1989): Innovative Unternehmensgründungen, Berlin: Springer.

Porter, Michael E. (1999): Wettbewerbsstrategie, 10. Auflage, Frankfurt am Main: Campus.

Preisendörfer, Peter (1985): Verantwortung im Betrieb, Opladen: Leske + Budrich.

Preisendörfer, Peter (1987): Organisationale Determinanten beruflicher Karrieremuster, in: Soziale Welt, Jg. 38, S. 211–226.

Presthus, Robert V. (1979): The Organizational Society, 2. Auflage, London: Macmillan.

Pugh, Derek S., David J. Hickson, C.R. Hinings und C. Turner (1969): The Context of Organization Structure, in: Administrative Science Quarterly, Vol. 14, S. 91–113.

Richter, Rudolf (1994): Institutionen ökonomisch analysiert, Tübingen: Mohr.

Rindfleisch, Aric und Jan B. Heide (1997): Transaction Cost Analysis: Past, Present, and Future Applications, in: Journal of Marketing, Vol. 61, No. 4, October, S. 30–54.

Ritzer, George (1993): The McDonaldisation of Society, Newbury Park, CA: Pine Forge Press (deutsch: Die McDonaldisierung der Gesellschaft, Frankfurt am Main: Fischer 1997).

Roethlisberger, Fritz J. und William J. Dickson (1939): Management and the Worker, Cambridge, Mass.: Harvard University Press.

Rosenstiel, Lutz von (2002): Führung in Organisationen, in: Jutta Allmendinger und Thomas Hinz (Hg.), Organisationssoziologie. Sonderheft 42 der Kölner Zeitschrift für Soziologie und Sozialpsychologie, Wiesbaden: Westdeutscher Verlag, S. 203–244.

Rosenstiel, Lutz von (2003): Grundlagen der Organisationspsychologie, 5. Auflage, Stuttgart: Schaeffer-Poeschel.

Roy, Donald (1952): Quota Restriction and Goldbricking in a Machine Shop, in: American Journal of Sociology, Vol. 57, S. 427–442.

Scherer, Frederic M. und David Ross (1990): Industrial Market Structure and Economic Performance, 3. Auflage, Boston: Houghton Mifflin.

Schimank, Uwe (2000): Das „stahlharte Gehäuse der Hörigkeit", revisited – James Colemans „asymmetrische Gesellschaft", in: Uwe Schimank und Ute Volkmann (Hg.), Soziologische Gegenwartsdiagnosen I, Opladen: Leske + Budrich, S. 239–254.

Schimank, Uwe (2001): Organisationsgesellschaft, in: Georg Kneer, Armin Nassehi und Markus Schroer (Hg.), Klassische Gesellschaftsbegriffe der Soziologie, München: Fink, S. 278–307.

Schimank, Uwe (2002): Organisationen: Akteurkonstellationen – korporative Akteure – Sozialsysteme, in: Jutta Allmendinger und Thomas Hinz (Hg.), Organisationssoziologie. Sonderheft 42 der Kölner Zeitschrift für Soziologie und Sozialpsychologie, Wiesbaden: Westdeutscher Verlag, S. 29–54.

Schnaiberg, Allan und Kenneth A. Gould (1994): Environment and Society. The Enduring Conflict, New York: St. Martin's Press.

Schreyögg, Georg (1999): Organisation. Grundlagen moderner Organisationsgestaltung, 3. Auflage, Wiesbaden: Gabler.

Scott, Richard W. (1995): Institutions and Organizations: Theory and Research, Thousand Oaks, CA: Sage.

Scott, Richard W. (2006): Reflexionen über ein halbes Jahrhundert Organisationssoziologie, in: Konstanze Senge und Kai-Uwe Hellmann (Hg.), Einführung in den Neo-Institutionalismus, Wiesbaden: VS Verlag für Sozialwissenschaften, S. 201–222.

Scott, Richard W. und Soren Christensen (Hg.) (1995): The Institutional Construction of Organizations. International and Longitudinal Studies, Thousand Oaks, CA: Sage.

Seeman, Melvin (1975): Alienation Studies, in: Annual Review of Sociology, Vol. 1, S. 91–123.

Shelanski, Howard A. und Peter G. Klein (1995): Empirical Research in Transaction Cost Economics: A Review and Assessment, in: Journal of Law, Economics, and Organization, Vol. 11, S. 335–361.

Simon, Herbert A. (1957): Models of Man, New York: Wiley.

Simon, Herbert A. (1964): On the Concept of Organizational Goal, in: Administrative Science Quarterly, Vol. 9, S. 1–22.

Simon, Herbert A. (1997): Administrative Behavior, 4. Auflage, New York: Free Press (zuerst 1945).

Spaeth, Joe L. und Diane P. O'Rourke (1996): Design of the National Organizations Study, in: Arne L. Kalleberg, David Knoke, Peter V. Marsden und Joe L. Spaeth (Hg.), Organizations in America, Thousand Oaks: Sage, S. 23–44.

Stewman, Shelby (1976): Markov Models of Occupational Mobility: Theoretical Development and Empirical Support, in: Journal of Mathematical Sociology, Vol. 4, S. 203–247.

Stewman, Shelby (1988): Organizational Demography, in: Annual Review of Sociology, Vol. 14, S. 173–202.

Taylor, Frederick W. (1911): The Principles of Scientific Management, New York: Harper (deutsch: Die Grundsätze wissenschaftlicher Betriebsführung, Weinheim: Beltz 1995).

Thom, Norbert (1992): Organisationsentwicklung, in: Erich Frese (Hg.), Handwörterbuch der Organisation, 3. Auflage, Stuttgart: Poeschel, Sp. 1477–1491.

Treas, Judith (1993): Money in the Bank: Transaction Costs and the Economic Organization of Marriage, in: American Sociological Review, Vol. 58, S. 723–734.

Türk, Klaus (2000): Organisation als Institution der kapitalistischen Gesellschaftsformation, in: Günther Ortmann, Jörg Sydow und Klaus Türk (Hg.), Theorien der Organisation, 2. Auflage, Wiesbaden: Westdeutscher Verlag, S. 124–176.

Vaessen, Peter M.M. (1993): Small Business Growth in Contrasting Environments, Nijmegen: Catholic University of Nijmegen.

Vanberg, Viktor (1982): Markt und Organisation, Tübingen: Mohr.

Vanberg, Viktor (1983): Organisationsziele und individuelle Interessen, in: Soziale Welt, Jg. 34, S. 171–187.

Vanberg, Viktor (2002): Rational-Choice vs. Program-Based Behavior. Alternative Theoretical Approaches and their Relevance for the Study of Institutions, in: Rationality and Society, Vol. 14, S. 7–54.

Voß, Günther G. und Hans J. Pongratz (1998): Der Arbeitskraftunternehmer. Eine neue Grundform der Ware Arbeitskraft, in: Kölner Zeitschrift für Soziologie und Sozialpsychologie, Jg. 50, S. 131–158.

Voss, Thomas (1991): Die Evolution optimaler Organisationsstrukturen und der Transaktionskostenansatz, in: Reinhard Wittenberg (Hg.), Person-Situation-Institution-Kultur, Berlin: Duncker & Humblot, S. 293–314.

Voss, Thomas (2002): Rational-Choice-Analyse organisationaler Steuerungsstrukturen, in: Andrea Maurer und Michael Schmid (Hg.), Neuer Institutionalismus, Frankfurt am Main: Campus, S. 169–191.

Weber, Max (1972): Wirtschaft und Gesellschaft. Grundriss der verstehenden Soziologie, 5. Auflage, Tübingen: Mohr (zuerst 1922).

Williamson, Oliver E. (1975): Markets and Hierarchies: Analysis and Antitrust Implications, New York: Free Press.

Williamson, Oliver E. (1985): The Economic Institutions of Capitalism, New York: Free Press (deutsch: Die ökonomischen Institutionen des Kapitalismus, Tübingen: Mohr 1990).

Williamson, Oliver E. (1996): The Mechanisms of Governance, New York: Oxford University Press.

Woodward, Joan (1965): Industrial Organization: Theory and Practice, London: Oxford University Press.

Zucker, Lynne G. (1977): The Role of Institutionalization in Cultural Persistence, in: American Sociological Review, Vol. 42, S. 726–743.

Sachverzeichnis